SCORPIO

Tom Cronin | Jacqui Fifer

DAS
PORTAL

Wie Meditation
die Welt retten kann

Aus dem Englischen von
Thomas Görden

SCORPIO

© der deutschsprachigen Ausgabe:
2019 Scorpio Verlag GmbH & Co. KG, München
Redaktion: Désirée Schoen
Umschlaggestaltung: Guter Punkt, München
Layout & Satz: Robert Gigler, München
Druck und Bindung: Pustet, Regensburg
ISBN 978-3-95803-241-5
Alle Rechte, insbesondere der teilweisen oder kompletten
Abdruckrechte, vorbehalten.

Mehr über unsere Bücher
www.scorpio-verlag.de

Liebe Leserinnen und Leser,

Ihre Herausforderungen, Ihre Unruhe und Verwirrung, Ihre (und unsere) Höhen und Tiefen inspirierten uns zu diesem Buch. Mögen wir alle zu diesem ruhigen Sammelpunkt inmitten der Turbulenzen unseres Lebens finden, an dem unsere einzigartigen Geschichten und Perspektiven zusammenfließen und alles einen Sinn ergibt.

INHALT

»Mensch zu sein

ist ein brillantes Geschenk.«

RABBI RONNIE CAHANA

●

EINLEITUNG

Wie lassen sich die Turbulenzen des Lebens bewältigen?
Das ist die große Frage, seit Jahrtausenden.

Die Menschheit rast gegenwärtig einem Augenblick der Entscheidung entgegen, an dem die Zukunft unserer Spezies davon abhängt, was wir als Nächstes tun. Experten für Wirtschaft, Umwelt, Technologie und humanitäre Fragen stimmen darin überein, dass wir uns einer kritischen Wegmarke nähern. Wenn wir unseren Kurs nicht rasch ändern, könnte es zu spät sein, um den Untergang des Lebens auf unserem Planeten noch abzuwenden. Der weltweit bekannte Intellektuelle Noam Chomsky beschrieb die Lage als äußerst kritisch, als schwere Krise, die zum Zusammenbruch der Zivilisation, wie wir sie kennen, führen kann, wenn wir nichts ändern – und zwar bald.[1]

Auf der persönlichen Ebene hat es den Anschein, dass fast jeder Mensch, dem wir begegnen, unter der Intensität des modernen Lebens leidet und darum ringt, inmitten all dieser unerbittlichen Turbulenzen Glück und innere Klarheit für sich zu finden. Moderne Technologien, das Internet, Smartphones: Das alles ist doch eigentlich dazu gedacht, uns das Leben zu erleichtern, oder? Zwar haben wir unglaubliche technologische Fortschritte erzielt und Zugang zu mehr Nahrung und Luxusgütern als je zuvor, aber wie geht es uns damit? Wir haben Wunden an Herz und Seele davongetragen, und viele Menschen können gar nicht sagen, ob alles besser wird oder schlechter.

Die Medien und die Gesellschaft drängen uns, Trost in schnellen Scheinlösungen und dem ewigen Streben nach »Mehr« zu suchen (was nach Ansicht vieler Menschen erheblich zu der gegenwärtigen Krise beigetragen hat). Doch was wäre, wenn es einen nachhaltigen Weg gibt, uns an den persönlichen Vorteilen eines gut gelebten Lebens zu erfreuen? An einer Lebensweise, die nicht den Planeten verwüstet, der uns alle ernährt und erhält? In diesem Buch geht es darum, was wir persönlich zu einer solchen Lösung beitragen können.

Als Transformations-Coach und Meditationslehrer hat Tom immer wieder erlebt, wie die Menschen sich in nicht nachhaltige Denk- und Verhaltensmuster verstricken, die für gewöhnlich veralteten Ansichten und Vorstellungen entspringen. In den meisten Fällen werden sich die Betroffenen dessen erst bewusst, wenn ein das ganze Leben veränderndes Ereignis oder eine persönliche Krise eintritt, sodass sie buchstäblich am Scheideweg stehen. In einer solchen Situation sinken sie entweder noch tiefer in negative Muster und Chaos (manchmal nehmen sie sich gar das Leben), oder es gelingt der Durchbruch zu einer geordneteren und weiterentwickelten Lebensweise, das heißt, sie machen ein »geistiges Update« und befreien sich von veralteten Programmierungen.

In den Veden, einer großen Sammlung heiliger Texte, verfasst vor über dreitausend Jahren in Indien, ist von einer alles durchdringenden katastrophischen Kraft die Rede, die selbst die schwierigsten Situationen aufzubrechen vermag. Die Phasen, in denen diese große Zerstörung auftritt, nennt man *Rashi*. Seine Kraft gilt als ein Element der Evolution. Wenn wir mit einem Rashi konfrontiert sind, *zwingt* uns das dazu, uns zu verändern. Entweder finden wir einen neuen Weg, oder wir geraten in eine sehr destruktive Situation: Menschen sterben, Ehen enden, Unternehmen brechen zusammen oder ganze Länder versinken in Chaos und Unruhen. Dieses Buch enthält Erfahrungsberichte von Menschen, die mit solchen Herausforderungen konfrontiert waren.

Wir Menschen sind eine sehr anpassungsfähige Spezies, und doch können wir unglaublich störrisch sein und uns hartnäckig gegen Veränderungen sträuben. In diesem Buch beschäftigen wir uns mit der Frage: Sind wir als Gesellschaft zwangsläufig an jene veralteten Verhaltensmuster gekettet, die uns in diese globale Krise führten – an eine Weggabelung, wo sich entscheidet, ob wir kollektiv einen Zusammenbruch erleiden oder einen Durchbruch schaffen? Und was können wir dazu beitragen, dass dieser Durchbruch gelingt?

Toms Geschichte

Meine eigene Krise – mein Rashi – und die darauffolgende Transformation wurden zu einer großen Inspiration für dieses Buch. Im Februar 1996 erlitt ich einen Nervenzusam-

menbruch, der gewissermaßen der Kulminationspunkt jahrelangen negativen Denkens und eines Lebens voller Exzesse
jeglicher Art war: einer Sucht nach Erfolg, Geld und den Adre-
nalinschüben meiner Karriere als Börsenmakler. Obwohl ich
mich wie in einer Falle fühlte, gefangen in einer Spirale aus
Depression und Panik, was so weit ging, dass ich sogar daran
dachte, meinem Leben ein Ende zu setzen, kam ich nicht auf
die Idee, daran etwas zu ändern. Bis ich eines Morgens vor der
Arbeit zu Hause zusammenbrach. Ich lag auf dem Boden und
glaubte, ich hätte einen Herzinfarkt. Ich dachte: Das ist das
Ende – und merkte, dass es mir im Grunde genommen egal
war. Mit meinen heftigen Symptomen landete ich schließlich
in der Klinik eines führenden Psychiaters, der mir Psychopharmaka verschrieb.

Die Medikamente bewirkten, dass ich mich weniger ängstlich fühlte, aber sie erzeugten auch ein Gefühl dumpfer Be-
täubung. Ich spürte noch weniger als vorher. Die Traurigkeit
und Einsamkeit blieben, und tief drinnen war mir klar, dass
mich das nicht weiterbrachte. Damals kam ich zum ersten
Mal mit Meditation und fernöstlicher Philosophie in Kontakt.
Und von diesem Zeitpunkt an änderte sich mein Leben.

Die Meditation war für mich wie ein Portal in eine andere
Wirklichkeit. Die lähmende Angst wich einem inneren Frieden, wie ich ihn nie zuvor erlebt hatte. Ich konnte nachts wieder schlafen. Ich konnte das Haus verlassen und wieder unter
Menschen gehen. Die schnelle Veränderung erstaunte mich
zutiefst.

Seit Jahrtausenden haben Weise und spirituelle Meister
immer wieder Erleuchtungserfahrungen gemacht. In Höhlen,
Ashrams und Klöstern überall auf der Welt haben sie Glück-

seligkeit und bedingungslose Liebe erlebt. Und da war ich, mitten in einer quirligen Großstadt, und erlebte das Gleiche! Alles, wonach ich mein Leben lang gesucht hatte, in Nachtklubs, beim Konsum von Drogen und durch Geldverdienen, fand ich nun in mir selbst. Mehr noch: Ich entdeckte, dass ich es immer schon in mir getragen hatte. Damals war ich in meinem Umfeld die einzige Person, die meditierte. Warum taten das nicht viel mehr Menschen? War diese Erfahrung denn nicht eigentlich das, was wir uns alle wünschten?

Durch meine Beschäftigung mit Meditation und fernöstlicher Philosophie lernte ich mehr über den Geist und begriff, warum ich immer außerhalb von mir nach Glück gesucht hatte. Ich erfuhr, welche Faktoren meinen Problemen zugrunde lagen, warum eine drastische Änderung meines Lebens notwendig war und warum es schien, als wäre das, was ich mir wünschte, für mich kaum erreichbar. Ich lernte verschiedene spirituelle Traditionen kennen, unter anderem den Buddhismus und die vedische Philosophie des alten Indiens, und erfuhr, welche positiven physiologischen und neurologischen Wirkungen eine Haltung der Achtsamkeit und kontemplative Übungen haben. Und ich erlebte, wie ich mich, Schritt für Schritt, veränderte. Mein Gehirn vernetzte sich neu, veränderte seine Strukturen, weil ich mir neue Denkmuster zu eigen machte und das, was ich lernte, praktisch umsetzte.

Ich erkannte durch Erfahrung, wie sehr die negativen Muster und überholten Anschauungen, die ich von Geburt an »geerbt« hatte, mein Verhalten und meine Entscheidungen beeinflusst hatten. Zudem entdeckte ich, wie positiv sich die Veränderungen in meinem Bewusstsein und meiner Lebensweise auf die Menschen in meiner Umgebung (Familie, Freunde, Schüler) auswirkten. Wenn unsere Geisteshaltung erlernt ist, warum verändern wir sie dann nicht? Warum lernen wir nicht etwas anderes? Wie würde es sich auf die Menschheit als Ganzes auswirken, wenn wir alle einen mentalen Frühjahrsputz machten? Diese Möglichkeiten fand ich so aufregend, dass ich mich der Aufgabe widmete, sie möglichst vielen Menschen in aller Welt nahezubringen. So entstanden unter anderem Jacquis und mein Film *The Portal* und dieses Buch.

Jacqui lernte ich kennen, als das Projekt schon seit ein paar Jahren lief und sie zum Filmteam dazustieß. Sie zieht es vor, nicht »Teil des Systems« zu sein, und liebt es, unkonventionell und kreativ zu denken. Das ist erfrischend. Man trifft nur selten auf Menschen, die sich nicht an die Normen der Gesellschaft anpassen, sondern stattdessen die Grenzen des Möglichen erweitern. Jacquis Leidenschaft für unser Projekt speist sich aus ihrem starken Interesse daran, Wege zu finden, wie wir die menschliche Erfahrung reicher und tiefer machen können. Meditation ist dabei ein wertvolles Hilfsmittel. Jacqui setzt sich dafür ein, die Menschen zu inneren Veränderungen zu inspirieren, sie aus dem Kopf ins Herz zu führen. Sie wollte ein echtes Erlebnis für die Zuschauer und die Leser erschaffen, statt lediglich Ideen zu präsentieren, die rein intellektuell konsumiert werden. Film und Buch sollten *erfühlt* werden, sodass Zuschauer und Leser in einen anderen Bewusstseinszustand gelangen. Jacquis Konzept entsprach genau dem, was ich mir von diesem Projekt erhoffte.

Eine neue Realität

Wie wäre es, wenn wir ein Rashi nicht als etwas betrachten, was wir möglichst vermeiden sollten, sondern als etwas Positives: einen Katalysator für Veränderungen? Als einen Auslöser, der uns den Weg weist – oder vielmehr auf den richtigen Weg zurückführt? Es könnte uns veranlassen, tief in uns nach einer Antwort auf die Frage zu suchen, was im Leben wirklich wichtig ist und was uns am meisten bedeutet. Und wenn mehr von uns nach innen blicken und das, was sie dabei entdecken und herausfinden, für eine Veränderung nutzen – können wir auf diese Weise den Planeten vor einem globalen Rashi bewahren? Können wir Jahrhunderte – nein, Jahrtausende – voller Exzesse und Ignoranz hinter uns lassen und die drohende Katastrophe abwenden? Können wir der Katalysator für Veränderungen sein, eine evolutionäre Kraft, die unserer Welt eine erleuchtetere, nachhaltige Zukunft ermöglicht? Und wenn das so ist, wie würde dieser erleuchtete Planet dann aussehen?

Um die Antworten auf diese Fragen zu finden, interviewten wir über dreihundert Menschen, darunter viele, bei denen eine Lebenskrise der Auslöser für eine persönliche Transformation war. Die vielen zu Herzen gehenden Erfahrungsberichte bewegten uns zutiefst. Dass so viele Menschen bereit waren, uns für dieses Projekt Einblick in ihr Leben zu gewähren, zeigt, wie dringend Veränderungen inzwischen nötig sind. Wir sprachen auch mit Philosophen, Futurologen, Naturwissenschaftlern und anderen Vordenkern des Paradigmenwechsels in Technik und Gesellschaft. In diesem Buch präsentieren wir neun dieser Interviews, die uns besonders inspirierend und erkenntnisreich erscheinen.

Sie werden drei Vordenkern begegnen, die sich mit der »Außenansicht« befassen: mit den globalen und technologischen Systemen, von denen wir ein Teil sind, und der Rolle, die sie in der momentanen Krise spielen, sowie mit einer Vision, wie die Zukunft aussehen könnte. Daniel Schmachtenberger ist Evolutionsphilosoph und Experte für die Erforschung komplexer Systeme, Mikey Siegel Ingenieur für Robotik und Julia Mossbridge Neurowissenschaftlerin, die zur künstlichen Intelligenz (KI) forscht. Sie erläutern uns die neuen, aus dem gegenwärtigen Zeitgeist entstehenden Konzepte und laden uns dazu ein, uns mit den größeren Fragestellungen zu beschäftigen, denen sich die Gesellschaft heute gegenübersieht: Wie können wir das gegenwärtige globale Paradigma transzendieren? Kann Technologie ein Teil der Lösung sein? Was bedeutet es, ein Mensch zu sein?

Anhand der Erfahrungen von sechs Menschen, deren Erlebnisse episodisch das Buch durchziehen, zeigen wir Ihnen, wie die Faktoren, die zu einem globalen Kollaps führen können, sich auf der persönlichen Ebene (unsere »Innenansicht«) auswirken. Wir stellen Ihnen Ron »Booda« Taylor vor, einen pensionierten US-Soldaten, der an einer Posttraumatischen Belastungsstörung (PTBS) leidet; Due Quach, eine Vietnamesin, die ein Entwicklungstrauma überwand; die Leistungssportlerin Heather Hennessy, die sich selbst neu erfand, nachdem sie infolge einer Verletzung ihre Karriere beenden musste; den Unternehmer und Neurochirurgen James »Jim« Doty, der erst alles verlieren musste, um den Sinn des Lebens zu finden; die Menschenrechtsexpertin Amandine Roche, deren Einsatz für den Weltfrieden sie darauf brachte, sich als Erstes auf die Suche nach innerem Frieden zu begeben; und Rabbi Ronnie Cahana, der inmitten einer persönlichen Katastrophe Freiheit fand. Dadurch, dass unsere sechs Gesprächspartner in ihren eigenen Worten von ihren Leiden und Freuden berichten, ehren wir zugleich die uralte Tradition der mündlichen Überlieferung. Unsere sechs Protagonisten lassen uns Anteil nehmen an ihrem persönlichen Weg der Befreiung von der Last ihrer Vergangenheit und erzählen, wie sie sich ein Leben voller Verbundenheit, Liebe und Freude aufbauten – getragen von dem Wunsch, diese Welt positiv zu verändern. Ihre beeindruckenden Erfahrungen helfen uns, besser zu verstehen, was die Auslöser solcher Krisen sind, welche Folgen sie für uns haben und welcher Weg uns, sowohl individuell als auch als Menschheit insgesamt, zu einer erleuchteteren Lebensweise führt.

Denken Sie aber nicht, Sie hätten es hier mit einem der üblichen New-Age-Bücher über Selbsthilfe und Persönlichkeitsentwicklung zu tun. Dieses Buch wurde geschaffen, um Ihnen eine emotionale und transformative Erfahrung zu ermöglichen, und zwar dort, wo Sie gerade in Ihrem Leben stehen: Sie werden behutsam an die Hand genommen und erhalten einen Einblick in das Leben anderer Menschen. So erfahren Sie auf sehr persönliche Weise, welche Veränderungen durch Meditation erreicht werden können. Auf diese Weise entsteht nach und nach eine Vision, was für uns als Einzelne möglich ist – und für den Planeten als Ganzes.

Wir betrachten dieses Buch als Einladung zu Gespräch und Austausch – und ebenso als Erfahrung, die zu einem stärkeren Gefühl der Verbundenheit und Gemeinschaft führen kann. Es lädt Sie ein, sich auf alternative Betrachtungsweisen einzulassen und das Leben und seine Möglichkeiten in einem neuen Licht zu sehen. Immer wieder werden Sie bei der Lektüre auf Zitate des spirituellen Lehrers Rabbi Ronnie Cahana stoßen, der in Kapitel 4 von seiner tiefen persönlichen Verbindung zu Stille und Meditation erzählt. Wir hoffen, dass dieses Buch Sie dazu inspiriert, Ihr Leben, falls erforderlich, zu verändern und Ihre Erfahrung des Menschseins zu vertiefen und zu erweitern.

Während der Interviews für das Projekt gab es in Jordanien, in Petra, eine Situation, wo Jacqui auf einem Esel oben über die Felsen zu ihrem Hotel zurückritt, geführt von einem Beduinen. Die Felsen waren rutschig. Zwar schien der Esel trittsicher den Weg hinab zu finden – und der freundliche Beduine versicherte ihr, dass kein Grund zur Besorgnis bestand –, aber Jacqui klammerte sich ängstlich an dem Tier fest, um ihr Leben fürchtend. Jedes Mal, wenn sie an einen ihr gefährlich erscheinenden Felsen kamen, sprang sie von dem Esel und kletterte selbstständig hinab. Das geschah ein paarmal. Irgendwann, als sie wieder einmal absitzen wollte, berührte der Beduine sanft ihren Arm und sagte: »Schließe deine Augen und öffne deinen Geist.« Das sind Worte, die wir alle öfter gesagt bekommen sollten! Behalten Sie sie im Gedächtnis, während Sie dieses Buch lesen. Das Leben kann so viel reicher sein, wenn wir offen für andere Möglichkeiten bleiben.

Wir Menschen verfügen über die Fähigkeit, unseren Geist »umzuschulen«, dazuzulernen. Auch sind wir in der Lage, unsere eigene und unsere gemeinsame Zukunft neu zu gestalten – wenn wir uns dafür entscheiden. Doch in unserer durchtechnisierten Welt mit ihrem sich stetig beschleuni-genden Lebensrhythmus stellt sich angesichts der beängsti-genden Probleme der Gegenwart die Frage, ob wir uns schnell genug anpassen können, um die Krise noch zu bewältigen. Verfügen wir über genug Schwung und Inspiration, um es zu schaffen, mit vereinten Kräften? Kommen Sie, schließen Sie sich uns an. Erleben Sie selbst, was uns auf der anderen Seite des Portals erwartet.

»Ich erwachte in der Stille, und das

war eine wunderbare Erfahrung.

Es war ein echtes Geschenk,

das die Verdrehungen und Vertuschungen

in der Außenwelt mir machten.«

RABBI RONNIE CAHANA

●

1
DIE PROGRAMMIERUNG BEGINNT

Bei der Geburt und dann vor allem während unserer Kindheit erben wir einen »Code«, ein automatisch »heruntergeladenes« menschliches Betriebssystem, das unsere Realität formt und die Art und Weise beeinflusst, wie wir denken und uns verhalten.

Tom

Ich wuchs in einer Kleinstadt auf dem Land auf, wo ich eine katholische Schule besuchte. Die Messe am Freitag war für alle Pflicht. Vor dem Empfang der Eucharistie durften wir eine Stunde nichts essen, denn der Körper sollte vor dem Verzehr der Hostie rein sein. Einmal erwischte mich der Lehrer vor der Messe auf dem Schulhof beim Nägelkauen. Er schimpfte vor allen anderen mit mir, weil ich meinen Körper vor der Eucharistie verunreinigt hatte. An diesem Morgen wurde ich von der heiligen Kommunion ausgeschlossen. Am Abend flehte ich Gott im Gebet an, mir meine Sünden zu vergeben, und die Scham über die öffentliche Schelte hielt noch einige Zeit an.

In der uralten Weisheit der vedischen Philosophie, die ich viele Jahre später für mich entdeckte, gibt es ein Konzept namens *Pragya Parad:* der »Irrtum des Intellekts« – ein inneres starres Regelwerk, das uns sagt, »was das Leben ist«, »wer wir sind« und »wer die anderen sind«. Diese Art zu denken wird uns sowohl genetisch weitervererbt als auch in Kindheit und Jugend von Elternhaus und Gesellschaft anerzogen. Sie übt einen großen Einfluss darauf aus, was wir über uns selbst und unsere Umwelt denken. In den Zustand des Pragya Parad geraten wir, wenn diese Konditionierung unseren Blick auf die Realität verzerrt. Dann kann sie in unserem Leben großen Schaden anrichten.

Kulturen, Religionen und der Einfluss unseres sozialen Umfeldes – wozu auch mein beschämendes Erlebnis auf dem Schulhof gehört – sind alle Beispiele für Pragya Parad. Was in einer Kultur oder Religion als wahr gilt, kann das genaue Gegenteil von dem sein, was andere Kulturen oder Religionen für wahr halten. Weil diese Konditionierung so tief in unserem Bewusstsein verankert ist und im Alltag so schnell aktiv wird, erkennen wir gar nicht, dass es durchaus auch andere Sichtweisen gibt. Zum Beispiel habe ich einen bestimmten Schönheitsbegriff. Wäre ich bei einem Stamm der Machiguenga im peruanischen Amazonasgebiet zur Welt gekommen, hätte ich vielleicht ganz andere ästhetische Vorstellungen. Ich würde nicht einen bestimmten Autotyp besonders schön finden. Ich würde Autos überhaupt nicht schön finden. Ich hätte völlig andere Interessen.

Auch habe ich bestimmte ethische Grundsätze, ein bestimmtes Wertesystem. Wäre ich aber in eine fundamentalistisch muslimische Familie hineingeboren worden, oder in eine jüdische, könnte mein gesamtes Selbstkonzept vollkommen anders aussehen.

Alle diese Einflüsse führen zu festen, sich sehr oft wiederholenden Denkmustern in Bezug auf uns selbst und das Leben. Typischerweise denken wir täglich 50 000 bis 70 000 Gedanken, und 85 Prozent dieser Gedanken sind genau die gleichen wie gestern und vorgestern. Diese Wiederholungen graben sich tief in unsere Nervenbahnen ein. Es ist ein wenig wie beim Grand Canyon – je länger das Wasser einen immer gleichen Weg fließt, desto tiefer und starrer wird dieser Weg. Es ist ein Teufelskreis: Je mehr wir auf eine bestimmte Art denken, desto weniger denken wir auf eine andere.

Wir verbringen den größten Teil unseres Lebens damit, aktiv zu sein. Nie nehmen wir uns wirklich Zeit, innezuhalten und tief darüber nachzudenken, wie wir dorthin gelangt sind, wo wir gerade im Leben stehen, welche Wahlmöglichkeiten für unsere Zukunft wir haben und durch was – und wen – unsere diesbezüglichen Entscheidungen beeinflusst werden. Wir leben mit eingeschaltetem Autopiloten. Im Sanskrit bezeichnet das Wort *Vasanas* neurologische Verhaltensmuster, eine Art Programmierung, die uns dazu bringt, in bestimmten festen Bahnen zu denken. Der Kurs, den wir dadurch im Leben einschlagen, lässt sich oft nur schwer ändern. In den Interviews in diesem Kapitel untersuchen wir die Auswirkungen dieser automatischen Programmierung. Warum denken wir so und nicht anders – und wie wirkt sich das auf unser Leben aus – und auf die Menschheit als Ganzes?

Jacqui

Es gibt eine kleine, aber wachsende Zahl von Menschen, die einen neuen Weg in die Zukunft entwerfen, der nicht an die heute in unserer Zivilisation vorherrschenden Programmierungen gebunden ist. In diesem Kapitel stellen wir zwei dieser progressiven Denker vor: Daniel Schmachtenberger und Mikey Siegel. Warum haben wir unter den vielen von uns interviewten Philosophen, Kreativen und Futuristen gerade diese beiden ausgewählt?

Eine meiner Freundinnen empfahl mir, den Evolutionsphilosophen Daniel Schmachtenberger zu kontaktieren. Ich hatte vorher noch nie von ihm und seiner Arbeit gehört, aber als ich mich informierte, wurde mir schnell klar, warum sie der Ansicht war, er sei genau der Richtige für uns. Daniel gilt als Experte für komplexe Systemstrategien und ist fasziniert von neuen Zivilisationsentwürfen. Zudem ist er Neurohacker und befreite sich mithilfe der funktionalen Medizin (einem systembiologischen Gesundheitskonzept) von einer als unheilbar geltenden degenerativen Erkrankung des Nervensystems. Inzwischen hat er zahlreichen Menschen dabei geholfen, sich auf diese Weise selbst zu heilen.

Wenn Sie noch nie von Neurohacking gehört haben: Es handelt sich dabei um technologische Verfahren und andere Methoden zur Verbesserung unserer psychologischen und neurologischen Funktionen. In früheren Zeiten verwendete man hierfür Meditation, Schwitzhütten und psychedelische Drogen. Heute nutzen Neurohacker Erkenntnisse aus Psychologie, Epigentik, Bio-/Neurofeedback und Psychopharmakologie (z. B. die Einnahme sogenannter Smart Drugs). Diese Methoden können eingesetzt werden, um die geistige Leistungsfähigkeit zu erhöhen, Ängste zu lindern, den Schlaf zu regulieren und Bewusstseinsveränderungen herbeizuführen, die ein sinnerfüllteres Leben ermöglichen.

Daniel arbeitet daran, die DNA unserer sozialen und biologischen Systeme zu entschlüsseln. Dabei geht es ihm darum, sie von Grund auf neu aufzubauen, sodass völlig neue Resultate möglich werden. Er nennt das »synergistische Befriediger«. Damit sind Lösungen gemeint, mit denen auf allen relevanten Ebenen gleichzeitig befriedigende Resultate herbeigeführt werden. Aus unserer Perspektive lässt sich seine Arbeit am besten so zusammenfassen: Er konzentriert sich darauf, Win-win-Situationen zu erschaffen und unserer Gesellschaft Wege aufzuzeigen, wie wir die gegenwärtigen Muster, in denen es immer Gewinner und Verlierer gibt, hinter uns lassen können. Das erfordert ein totales Umdenken und die Bereitschaft, große, herausfordernde Fragen zu stellen. Und glücklicherweise ist Daniel ein sehr tiefsinniger Denker und Fragesteller.

Daniel wuchs in Fairfield, Iowa, auf, wo er das weltweit größte Schulungszentrum für Transzendentale Meditation (die Maharishi University) besuchte. Daniel wurde von seinen Eltern zu Hause unterrichtet und interessierte sich schon früh besonders für östliche Philosophie und Wissenschaft.

Schon als junger Mensch dachte er intensiv über Mensch und Gesellschaft nach und darüber, wie wir die normalen mentalen Grenzen dessen, was wir für »möglich« halten, sprengen können, um die schweren Probleme zu lösen, die der Menschheit zu schaffen machen. Dabei handelt es sich um einen Weg des Denkens und der Problembewältigung, zu dem er schon als Kind ermutigt wurde. Er ist der Auffassung, dass wir gegenwärtig eine globale Destabilisierung erleben, in der die Dinge gleichzeitig besser und schlechter werden und ein tiefgreifender Wandel unmittelbar bevorsteht.

Daniel wirkt an mehreren zukunftsweisenden Projekten mit und ist mitunter sehr schwer zu erreichen. Doch mochte unser Zeitplan aufgrund der Koordinierung der vielen Mitwirkenden auch noch so knapp sein, ich wusste, dass ich Daniel unbedingt für unser Projekt wollte. Nach sechs Wochen rief er uns endlich zurück. Ich werde das nie vergessen. Ich befand mich in den USA, auf der Rückfahrt mit dem Auto von einem Treffen mit Booda. Tom war in Sydney, Daniel in Kalifornien. Regen prasselte gegen die Windschutzscheibe, und ich war erschöpft. Ich hielt an, um mit Tom und Daniel zu sprechen.

Der ganze Anruf war höchst faszinierend, aber das, was Daniel als Letztes sagte, verblüffte uns ganz besonders: Es war eine Idee, die uns angesichts der ganzen Weltuntergangsszenarien, mit denen wir konfrontiert waren, sehr bedeutsam erschien. Daniel schlug vor, dass wir die Leser und Zuschauer dazu einladen sollten, ihre eigene persönliche Vision einer erleuchteten Zukunft zu entwickeln. Im Grunde ging es ihm darum, dass wir unser Publikum zu einer globalen Visualisierungsübung anregen sollten. Viele von uns sind bereits mit den Prinzipien der Visualisierung und deren Manifestation vertraut und wissen, dass wir mit der Kraft unseres Geistes Dinge physisch Gestalt annehmen lassen können. Aber stellen Sie sich vor, welche kollektive Energie aufgebaut werden kann, wenn alle, die dieses Buch lesen oder den Film sehen, diese Visualisierung praktizieren! Was wäre, wenn die gesamte Menschheit, sieben Milliarden Leute, dabei mitmachen? Das waren wirklich aufregende Möglichkeiten!

Daniel ist in der Lage, große Ideen rasch und mit Präzision zu entwerfen. Er besitzt die wunderbare Gabe, anderen mithilfe anschaulicher Beispiele gut erklären zu können, wie und warum die Dinge so wurden, wie sie gegenwärtig sind. Wenn man ihm zuhört, bekommt man das Gefühl, endlich zu verstehen, wie die Welt im Innersten funktioniert. So unterstützt er die Menschen darin, sich auf die Idee, eine auf anderen Prinzipien beruhende Welt zu erschaffen, einzulassen und an die Durchführbarkeit der entsprechenden Veränderungen zu glauben.

In den persönlichen Berichten in diesem Kapitel erhalten wir Einblicke in Boodas, Dues, Heathers, Jims und Amandines Kindheit und bekommen ein Gefühl dafür, wie sie zu den Menschen wurden, die sie heute sind. Daniel wird in diesem Buch immer wieder einzelne Aspekte der gegenwärtigen globalen Entwicklung herausgreifen und erklären. So erfahren wir mehr über die historischen Hintergründe unserer Zivilisation. Letztlich vertritt er die Auffassung, dass unsere derzeitige schwierige Situation ein Entwicklungsstadium und Teil der Evolution ist. Wir finden es äußerst hilfreich, die gegenwärtigen Ereignisse als Teil eines größeren Entwicklungsprozesses zu begreifen, denn so fällt es viel leichter, Hoffnung zu bewahren und sich nicht überfordert und entmutigt zu fühlen – und als Individuen aktiv daran zu arbeiten, dass die Menschheit die nächste Entwicklungsstufe erreicht.

Nun, Sie und ich und die Menschheit – wir alle leiden immer stärker.

Tatsächlich mussten Zivilisationen zu allen Zeiten Herausforderungen bewältigen, und manchmal sind sie daran gescheitert (ein Umstand, den Daniel uns wieder ins Gedächtnis rufen wird). Immer wieder zeigt sich, dass die gegenwärtigen Probleme von Menschen erschaffen wurden und dass deshalb die Menschen auch der Schlüssel zu ihrer Lösung sind.

Von Mikey Siegel stammt der wohlbekannte Satz: »Wir erschaffen, was wir sind.« Das klingt simpel und ist doch unglaublich wichtig. Es ist ein wirkliches Lebensprinzip.

Von Mikeys Arbeit erfuhr ich durch das Buch *Stealing Fire. Spitzenleistungen aus dem Labor: das Geheimnis von Silicon Valley, Navy Seals und vielen mehr* von Steven Kotler und Jamie Wheal (vom Flow Genome Project). Ich interessiere mich sehr für Spitzenleistungen, menschliche Selbstoptimierung, Gehirn-Hacking und dergleichen. Und das war zum damaligen Zeitpunkt das aufregendste mir bekannte Buch zu diesem Thema. Die Autoren sind führend bei der Erforschung des Flow-Phänomens, der Spitzenleistungen, die möglich sind, wenn wir uns »in der Zone« befinden – einem Zustand optimaler Erfahrung. Das Buch enthält zahlreiche unglaubliche und überaus lesenswerte Fallstudien. Dazu zählt Mikeys Bericht über seine Arbeit an transformativen technischen Entwicklungen: ein Gebiet, das heute als »erleuchtete Technologie« bekannt ist. Er erforscht, wie sich in Gruppen Verbundenheit und Zusammenhalt erhöhen lassen und wie wir mithilfe bahnbrechender neuer Technologien unseren eigenen Bewusstseinszustand »hacken« können. Er hält an der Stanford University Vorlesungen zum Thema »Technologie als Hilfsmittel für Transformation und eine blühende Zivilisation«. An der WellnessEd-Abteilung dieser Universität wirkt er derzeit an der Entwicklung eines neuen Lehrangebots an der Schnittstelle von Technologie, Meditation und kontemplativen Wissenschaften mit.

Ich bat das Team, den Kontakt zu ihm herzustellen. Wir mussten ihn unbedingt interviewen. Mikey strahlt eine bescheidene, lockere und doch zugleich intellektuelle Surfer-Vibe aus (ich weiß nicht, ob er tatsächlich Surfer ist). Er ist spirituell, aber nicht esoterisch und Optimist durch und durch. Ich konnte es kaum erwarten, ihn kennenzulernen.

Vor dem Treffen kam es zwischen uns zu einem unbeabsichtigten Hosentaschenanruf. Dabei hörte ich mit, wie Mikey mit einem Freund über das nächste Burning Man sprach. Burning Man ist ein großes, siebentägiges Kunst- und Musikfestival in der Wüste von Nevada mit 70 000 Besuchern. Mikey wollte diesmal nicht hinfahren, hatte dort aber in der Vergangenheit schon den Prototyp seines »HeartCart« getestet. Mit diesem Gerät gab er den Besuchern des Burning Man die Gelegenheit, ihren Herzschlag zu synchronisieren, um so größere Verbundenheit mit einem Partner oder einer Partnerin zu erleben. Abgesehen von diesem Hosentaschenanruf hatten wir keine Gelegenheit gehabt, vor unserem Treffen ein Kennenlern-Telefonat zu führen.

Wir lagen zeitlich etwas hinterher, waren aber sehr zufrieden mit dem Verlauf des Interviews, als Mikey unerwartet uns selbst ins Rampenlicht rückte. Er sagte sehr ernsthaft und aufrichtig: »Und jetzt schaue ich Sie an, die Schöpfer dieses Projekts … Ihre Absichten, Ihre Ideen, Ihre Vorurteile, Ihre Sichtweisen … all das wird durch diesen Film und das Buch transportiert werden und sich auf alle Menschen auswirken, die es lesen oder den Film anschauen.«

Schluck!

Das verfehlte seine Wirkung nicht. Es ist wirklich eine große Verantwortung, und wir hielten unwillkürlich den Atem an. Wo kommen in meiner Arbeit und meinem Leben meine Vorurteile zum Ausdruck? Sind meine Absichten rein und klar? Ich fokussiere mich stets auf die Selbstentwicklung, aber welche anderen Schritte könnte ich unternehmen, um sicherzustellen, dass die Arbeit, an der ich mitwirke, frei von unbewussten Aspekten meiner Persönlichkeit ist? »Wir erschaffen, was wir sind« ist zu einem meiner Mantras geworden – eine so wichtige Idee, dass ich mich bemühe, sie ständig in meinem Bewusstsein zu behalten, damit sie mich bestmöglich inspiriert.

Bewusstheit ist der erste Schritt zur Veränderung.

Außenansichten

Wer bin ich wirklich?

DANIEL SCHMACHTENBERGER, EVOLUTIONSPHILOSOPH
UND GLOBALER SYSTEMSTRATEGE

Wenn wir über unsere heutige Zivilisation und ihre Entwicklungskurve nachdenken, ist es wichtig, einen Blick auf frühere Zivilisationen zu werfen. Sie alle – das römische Imperium, Byzanz, die Reiche der Maya, der Azteken und so weiter – hatten etwas gemeinsam: Sie gingen unter. Keines dieser Imperien existiert heute noch so wie in seiner Blütezeit. Vielmehr sind sie Beispiele dafür, dass Zivilisationen einen Lebenszyklus haben und dass sie untergehen, wenn die Konstruktionsparameter, welche diese Kulturen einst erfolgreich machten, mit etwas konfrontiert werden, das sie nicht bewältigen können. Oder sie gehen unter, weil es in ihrem System etwas Selbstbeschränkendes (Anti-Revolutionäres) gibt, etwa die übermäßige Nutzung nicht erneuerbarer Ressourcen. Es gibt also in der Vergangenheit genug Beispiele dafür, dass Zivilisationen zusammenbrechen und untergehen können.

Allerdings gibt es heute einen Unterschied, der die Sache sehr verzwickt werden lässt: Zum ersten Mal in der Weltgeschichte haben wir es nicht mit verschiedenen lokalen Zivilisationen zu tun, sondern mit einer einzigen global vernetzten. Deren Zusammenbruch wäre daher ein existenziell bedrohliches Szenario für die gesamte Menschheit.

Immer wieder im Lauf der Geschichte hat die Landwirtschaft Umweltschäden verursacht. Es gab Szenarien, bei denen Machtmissbrauch Kriege auslöste, die dann den Zusammenbruch (einer Zivilisation, einer Gesellschaft oder eines Systems) zur Folge hatten. Oder ein zu starkes Bevölkerungswachstum überforderte die natürlichen Ressourcen einer Region. Doch nie zuvor gab es ein Szenario, bei dem der Zusammenbruch der Umwelt auf dem gesamten Planeten drohte oder mögliche Kriegsparteien in der Lage waren, mit ihren Waffen das Überleben der gesamten Menschheit zu bedrohen. Nie zuvor vermochten wir mit unserer Technologie die Fähigkeit des Planeten zu zerstören, geeignete Bedingungen für das Überleben der Menschheit aufrechtzuerhalten. Gleichzeitig verfügten wir aber auch nie zuvor über die Möglichkeiten, für alle Menschen eine Welt der Fülle und des Wohlstandes zu erzeugen. Genau an dieser Weggabelung stehen wir heute.

Als Kind begann ich, mir Gedanken darüber zu machen, wie das Leben auf einem erleuchteten Planeten wohl aussehen würde. Ich denke gerne über einen erleuchteten Planeten nach, weil diese Idee es uns ermöglicht, die alten gedanklichen Konditionierungen darüber, welche Grenzen dem Menschen angeblich gesetzt sind, hinter uns zu lassen. Wie würden also die Menschen auf einem erleuchteten Planeten mit ihren Emotionen umgehen? Wie würden sie kommunizieren, und wie würden sie mit den anderen Spezies umgehen, die den Planeten gemeinsam mit ihnen bewohnen? Mit den Unterschieden zwischen den Menschen? Mit ihrem Denken, ihren Wünschen, ihrer Sexualität und alledem? Was ist erforderlich, damit ein Planet wirklich gut funktioniert, sodass seine Bewohner ein erfülltes Leben in höchster Qualität führen können?

Bislang lernen nur sehr wenige Menschen von Kind an, sich mit solchen Fragen zu beschäftigen. Man bringt uns bei, in einer bestimmten Weise zu denken und uns zu verhalten, weswegen es oft heißt: »Aber so sind die Menschen eben nicht.« Oder: »So etwas können wir hier unmöglich einführen.« Und so weiter. Unser heutiges Bildungssystem wurde im Industriezeitalter entwickelt, um die Leute zu guten Akteuren innerhalb der Industriegesellschaft auszubilden. Es ist nicht daraufhin optimiert, Menschen zu helfen, ihre persönlichen Werte zu entdecken, das, was sie mit Leidenschaft erfüllt, was sie wertschätzen und lieben. Das gegenwärtige Bildungssystem dient dazu, die Menschen optimal auf ein Leben in der Marktwirtschaft vorzubereiten. Das Denken des Industriezeitalters sieht den Menschen als Teil einer industriellen Maschinerie.

Wenn ein Kind fragt: »Warum ist der Himmel blau?« – »Warum tut Feuer weh?« – »Wohin gehen wir nach dem Tod?«, wissen wir darauf keine guten Antworten, also beantworten wir die Fragen gar nicht – wir geben ihnen keinen Raum. Stattdessen zwingen wir diese Kinder, sich mit Dingen zu beschäftigen, für die sie sich überhaupt nicht interessieren. Auf diese Weise töten wir ihr Interesse an der Welt, ihre Neugierde ab – und programmieren sie damit darauf, im Leben zu versagen.

Wenn wir erkennen, dass fast alles, was wir für unser »Selbst« halten, in Wahrheit von anderen Menschen und dem System (Religion, Sprache, Kultur, Gesellschaft) in uns hineinprogrammiert wurde und dass zentrale Bestandteile unserer Identität ganz anders wären, wenn wir an einem anderen Ort geboren wären oder andere Erfahrungen gemacht hätten, fragen wir uns unweigerlich: »Wer bin ich wirklich?«

Unser inneres Betriebssystem

MIKEY SIEGEL, INGENIEUR FÜR ROBOTIK UND
ENTWICKLER TRANSFORMATIVER TECHNOLOGIEN

Wir leben in einer für unsere Spezies einzigartigen Zeit. Wenn Sie sich umschauen, erkennen Sie, dass fast jedes größere Problem, mit dem wir als Menschheit konfrontiert sind, im Gegensatz zu früheren Jahrtausenden heute menschengemacht ist. Es gibt so viele offensichtliche globale Herausforderungen: Umweltprobleme, politische Schwierigkeiten, Verteilungskämpfe. Aber ich glaube, dass all diesen Herausforderungen menschliches Leid zugrunde liegt. Das Problem, mit dem wir es zu tun haben, ist also ein menschliches.

Zu meinen Lieblingszitaten gehört die erste Zeile der Verfassung der UNESCO (der UN-Organisation für Bildung, Wissenschaft und Kultur). Dort heißt es: »Da Kriege im Geist der Menschen entstehen, muss auch der Frieden im Geist der Menschen verankert werden.«[2] Für mich bedeutet dieses Zitat, dass der menschliche Geist den Konflikt verursacht, in dem wir uns befinden: dass unsere Wahrnehmung, das, woran wir glauben, unser Bewusstseinszustand und der Umstand, dass wir uns selbst und die Welt um uns ablehnen, die Ursache für Krieg, Gewalt und die vielen existierenden Konflikte sind.

Wenn wir auf die Welt kommen, verinnerlichen wir – ob uns das gefällt oder nicht – die Überzeugungen und die Weltsicht unserer Eltern, von deren Eltern und Großeltern sowie der Gesellschaft und Kultur, in die wir hineingeboren werden. Es ist wie eine Programm, das wir von Geburt an herunterladen. Und wenn wir zur Schule gehen, fernsehen und die Rollenspiele erlernen, die in unserer Kultur üblich sind, wird diese Programmierung immer weiter verstärkt.

Doch, um die Wahrheit zu sagen: Dieses Programm ist nicht nur veraltet, es bringt uns um. Es zerstört unseren Planeten. Es treibt uns dazu an, uns gegenseitig umzubringen, und es erhält eine Kultur der Gier, des Hasses und der Gewalt am Leben.

Auch wird uns die Idee einprogrammiert, dass ganz bestimmte Umstände gegeben sein müssen, damit wir Erfüllung finden – und dass wir nur unsere Umwelt entsprechend verändern müssen, damit sie eintreten. Also gehen wir durch unser Leben und versuchen ständig, die Dinge zu reparieren und zu verändern – und indem wir uns selbst zu verändern versuchen, lehnen wir uns so, wie wir gegenwärtig sind, ab – in der Hoffnung, dann irgendwann endlich »richtig« und »okay« zu sein.

Ich begann meine berufliche Reise als Ingenieur. (Schon als kleiner Junge war es für mich das Höchste, Dinge zusammenzubauen und auseinanderzunehmen.) Schließlich studierte ich Robotik und arbeitete anschließend auf diesem Gebiet. Ich liebte meine Arbeit und konnte sehr gut davon leben, musste mir aber letztlich eingestehen, dass ich mich trotzdem mies fühlte. Ängste machten mir zu schaffen, ich fühlte mich isoliert und empfand eine ständige existenzielle Unsicherheit. So lebte ich dumpf vor mich hin, ohne emotionale Höhepunkte. Diese Erkenntnis veranlasste mich, mich auf die Suche danach zu begeben, was Menschen glücklich macht, und zwar aus der Perspektive eines Ingenieurs. Ich wollte herausfinden, wie es möglich war, dass ich mich so schlecht fühlte, obwohl alles um mich herum, meine gesamten Lebensumstände im Grunde gut aussahen. Und bei dieser Suche entdeckte ich mich selbst.

Mir wurde klar, dass ich als Ingenieur bisher nur die eine Hälfte der Gleichung berücksichtigt hatte: die äußere Welt, und dass es darüber hinaus ein ganzes Universum in mir gab – meine Gedanken, Überzeugungen und Emotionen. Dieses innere Universum ist der entscheidende Faktor dafür, wie ich die Realität erlebe und in der Welt agiere.

Es ist mein Code, mein Betriebssystem. Und ich erkannte, dass dieses Betriebssystem dringend ein Update benötigte. Die Herangehensweise eines geschulten Ingenieurs nutzend, überholte ich mein inneres Betriebssystem. Ich beschäftigte mich mit Meditation, nahm an Retreats teil, reiste nach Indien, experimentierte mit psychedelischen Drogen – kurz, ich probierte alles aus, von dem ich mir Unterstützung bei meiner Transformation erhoffte. Dabei gelangte ich zu bemerkenswerten Einsichten.

Erstens entdeckte ich, dass wir durch eine Umprogrammierung unseres inneren Betriebssystems unsere Wirklichkeitserfahrung radikal verändern können. Doch ich fand etwas noch viel Wichtigeres heraus: Mein inneres Betriebssystem beeinflusst alles, was ich in dieser Welt tue, und alles, was ich als Kreativer, als Ingenieur oder Erfinder erschaffe. Und mir wurde klar, dass das für jeden Menschen auf diesem Planeten gilt. Da wusste ich, dass ich von nun an eine Mission hatte! Es war offensichtlich: Für mich als Ingenieur gab es nur ein Problem, das zu lösen sich wirklich lohnte, nämlich ein Upgrade für das menschliche Betriebssystem zu entwickeln und zur Bewusstseinserweiterung beizutragen.

Uns stehen verschiedene Möglichkeiten zur Verfügung, um unser Bewusstsein weiterzuentwickeln und unser Wohlbefinden zu fördern: Technologie und Wissenschaft – und Meditation. Diese beiden Sphären – die wissenschaftliche und die spirituelle – scheinen auf den ersten Blick miteinander in Konflikt zu stehen, aber ich erkannte, dass diese Trennung künstlich ist. Es handelt sich dabei um ein kulturelles Relikt. Es gibt überhaupt keinen Grund, warum ich als Ingenieur nicht neue Technologien entwickeln kann, die genau die gleiche Funktion erfüllen können wie die jahrtausendealten Meditationstechniken und spirituellen Traditionen. Wir sind uns einig, dass Wasser, Nahrung und Obdach menschliche Grundbedürfnisse sind – sowie inzwischen auch das Recht auf Information. Ich bin überzeugt, dass der Zugang zu Hilfsmitteln und Techniken, die psychologisches, emotionales und spirituelles Wohlbefinden fördern, ebenfalls dazugezählt werden sollte.

Und so fand ich während meiner jahrelangen Entdeckungsreise meine Bestimmung darin, Wissenschaft und Technologie zu nutzen, um die Menschheit zu inspirieren, das allgemeine Wohlbefinden zu steigern und ein kollektives menschliches Erwachen zu unterstützen.

Es geht nicht einfach nur darum, sich besser zu fühlen. Es geht vielmehr darum, genauer und effektiver zu werden. Solange Politik, Bildungssystem, Wirtschaft, Wissenschaft und Technik nach der alten Programmierung arbeiten, werden überholte, destruktive Ideen beibehalten und richten weiterhin Schaden an.

Das wichtigste Problem, das wir heute lösen müssen, besteht darin, das menschliche Betriebssystem zu erneuern und die Fehler in unserer veralteten Programmierung zu korrigieren.

Innenansichten: Teil 1

BOODA | Gewalt war Teil meiner DNA

RON »BOODA« TAYLOR, EHEMALIGER SERGEANT
DER US-ARMEE

Meine am weitesten zurückreichenden Erinnerungen betreffen meine Zeit im Kindergarten in Fort Hood, Texas. Wir wohnten damals auf der Militärbasis, aber mein Vater war nur selten zu Hause. Auf seiner Kommode lag diese große, runde braune Mütze, wie Smokey the Bear sie trug. Daher wusste ich, dass mein Vater ein Ausbilder im Rang eines Sergeanten war. Er war ein paar Jahre im Ausland – in Deutschland –, und als er zurückkehrte, zogen wir in ein anderes, schöneres Haus. Jahre später erfuhr ich, dass mein Vater unehrenhaft aus der Armee entlassen worden war, weil er mit Drogen gedealt hatte.

Ich weiß nicht einmal, in was für einem Job er danach arbeitete, aber ich glaube, eine Zeit lang war er Lkw-Fahrer, und eine Weile fuhr er einen Schulbus. Auch in dieser Zeit war er selten zu Hause, und wenn er da war, fürchteten wir uns alle vor ihm. Entweder schlief er (und dabei durfte man ihn auf keinen Fall stören), oder er sah fern, und dann mussten alle mitschauen, was er sich ansah. Dabei durfte man keinen Laut von sich geben. Niemals teilte er sein Essen mit uns. Er hatte seins und wir unseres. Wer es wagte, etwas von Dads Essen anzurühren, wurde fürchterlich verprügelt.

Eines Abends kam es zwischen ihm und meiner Mutter zu einem heftigen Streit, einem richtigen Gewaltausbruch. Sie stritten auch sonst oft, aber niemals vor uns Kindern. Diesmal kämpften sie miteinander, erst im Schlafzimmer, dann im Wohnzimmer und schließlich draußen vor dem Haus. Es war entsetzlich. Hinterher kam Dad wieder ins Haus, packte sich ein paar Sachen und verschwand. Am nächsten Tag, während Mom in der Arbeit war, tauchte er wieder auf und packte, während wir Kinder dasaßen, alles ein, was tragbar war. Er stöpselte sogar den Fernseher aus und nahm ihn mit. Dann ging er. Die ganze Zeit sprach er kein Wort mit uns.

Für mich war mein Dad mein Ein und Alles. Was auch geschah, ich hielt ihn für ein Gottesgeschenk, und daher gab ich meiner Mutter alle Schuld an dem Zerwürfnis. Nach dem Auszug meines Vaters ging es bergab. Wir konnten uns nichts mehr leisten. Meine Mutter versteckte sich vor unserem Vermieter, weil sie die Miete nicht bezahlen konnte. Ich erinnere mich, dass uns erst der Strom abgeschaltet wurde und dann auch noch das Wasser. Wir schlossen einen Gartenschlauch an die Wasserleitung des Nachbarn an und füllten so unsere Badewanne und Töpfe mit Trinkwasser. Wenn es abends dunkel wurde, zündeten wir Kerzen an. Wenn wir aus der Schule kamen, gab es nichts zu essen.

Das wurde zur Normalität. Dabei war uns Kindern gar nicht bewusst, wie arm wir waren und wie sehr wir ums Überleben kämpften. Ich erhielt in der Schule ein kostenloses Mittagessen und stopfte mir etwas davon in die Taschen, um meine Familie zu ernähren. Oder ich sprang in die Müllcontainer vor Dunkin' Donuts auf der Suche nach den weggeworfenen Donuts vom Vortag. Die gab es dann zu Hause als Abendessen für alle. Wir durchwühlten die Abfallbehälter vor den Restaurants von Burger King und Jack in the Box. Das weggeworfene Essen, das wir darin fanden, säuberten wir von Zigarettenkippen und Asche. Mein Bruder und ich stahlen im Supermarkt. Wir waren Kinder, und deshalb klauten wir Kartoffelchips und Kekse und solche Sachen. Einmal wurden wir dabei erwischt, sehr zum Leidwesen meiner Mutter. Aber wenn man hungert, was soll man machen? Der Ladenbesitzer wusste nicht, unter welchen Umständen wir lebten, die Polizei auch nicht. Niemand half uns.

Schließlich kamen mein Onkel (er ist mein Pate) und meine Großmutter und holten uns nach Beaumont, Texas, wo wir dann bei meinen Großeltern wohnten. Damals war ich elf oder zwölf. Als wir dort ungefähr sechs Monate verbracht hatten, geriet meine Mutter zusehends auf die schiefe Bahn. Sie brachte alte Jungendfreunde mit nach Hause, bei denen man deutlich merkte, dass mit ihnen etwas nicht stimmte. Sie sahen aus wie Obdachlose. Wer Junkies kennt, weiß, dass sie sich selbst nicht für Junkies, sondern für völlig normal halten. Sie kommen zu dir und denken, sie würden normal reden, sich normal benehmen, aber das stimmt nicht. Sie zucken nervös und reden wirres Zeug. Als Kind hatte ich noch nie Menschen in diesem Zustand erlebt. Das war ein sehr unangenehmes Gefühl. Diese Leute waren einfach sonderbar. Meine Mutter nahm wieder Drogen, aber das war mir damals noch nicht klar. Meine Großeltern waren nicht bereit, das zu akzeptieren. Sie setzten uns vor die Tür.

Wir zogen in die Sozialsiedlung von Beaumont – das »Ghetto«. Beaumont war eine Kleinstadt, aber es gab viel Kriminalität, viel Gewalt. Wir reden hier von den 1990ern, als es eine Menge Gangs auf den Straßen gab und alle mit Drogen handelten. Vielleicht wolltest du gar nicht in eine Gang, aber es blieb dir nichts anderes übrig. Du hattest keine Wahl. Das war einfach die Umwelt, in der wir lebten. Was tust du also? Du passt dich an. Ich wusste, dass ich eigentlich dazu bestimmt war, mehr aus meinem Leben zu machen, aber zu der Zeit sah ich keinen Ausweg.

Ich musste die ganze Zeit tough sein. Wenn du nicht bereit warst zu kämpfen, machten sie dich fertig. Dir blieb keine Wahl. Entweder du siegtest oder du wurdest zusammengeschlagen. Jemand erzählte meiner Mutter, dass ich und mein Bruder am Schwimmbad im Park angegriffen und verprügelt werden sollten. Und was machte sie? Sie stürmte durch den Park wie ein wilder Stier, eine Axt und eine Pistole schwingend! Da leerte sich der Park schnell. Gewalt war einfach Teil meiner DNA.

Ich brach in Häuser ein – meine Mom wusste nichts davon, und so wird sie es jetzt erfahren. Ich stieg in Häuser, Hotels, Läden ein. Ich knackte Autos. Ich bedrohte Leute mit der Pistole. Wir raubten den armen Pizzaboten aus. Wir bestellten eine Pizza, und als er kam, raubten wir ihn aus und plünderten sein Auto. Meinen Job im Restaurant des Hilton Hotels verlor ich, weil ich klaute. Ich stahl alles, was nicht niet- und nagelfest war. So machte ich es auch in einem Restaurant, wo ich als Tellerwäscher angestellt war. Die Leute ließen das Trinkgeld auf dem Tisch liegen, und ich steckte es ein, wenn ich das Geschirr abräumte.

Als ich sah, wie viel Drogendealer verdienten, sagte ich mir, dass ich in dieses Geschäft einsteigen wollte. Ein Freund meiner Mutter dealte, also sagte ich zu ihm:

»Ich will ins Drogengeschäft. Was muss ich tun? Ich will für dich arbeiten.«

Zu meinem Erstaunen sagte er:»So eine dämliche Scheiße will ich nie wieder von dir hören! Das ist kein Leben für dich. Diesen Weg willst du nicht wirklich einschlagen, glaub mir. Ich gebe dir lieber Geld, um dich davon abzuhalten, diesen Weg zu gehen, als dir beizubringen, wie man dealt.«

Also schenkte er mir zwanzig Dollar. Später in dieser Nacht wurde er in einer Bar erstochen ... getötet im Streit um eine Frau.

Tot oder im Knast – das war die Perspektive.

Als meine Großmutter im Krankenhaus im Sterben lag, mussten wir ihr versprechen, etwas aus unserem Leben zu machen. Meine Großmutter bedeutete mir unendlich viel. Als ich klein war, bestrafte meine Mom mich, indem sie drohte, ich dürfte Grandma nicht besuchen. Morgens vor der Schule machte ich einen langen Umweg, um eine halbe oder ganze Stunde mit ihr zu verbringen. Als sie starb, war ich außer mir. Aber ich weinte nicht vor aller Augen. Ich beherrschte mich, wollte keine Schwäche zeigen. Aber ich verlor meinen inneren Halt, mein Gewissen, und wurde wirklich rebellisch.

Schließlich landete ich vor Gericht, weil ich eine rote Ampel überfahren und dafür eine Anzeige bekommen hatte. Die Richterin fragte mich:»Bist du nicht Marthas Enkel? Der Enkel von Martha May?«

Ich brach in Tränen aus, und sie sagte:»Überleg dir, was du mit deinem Leben anfangen willst. Denn wenn du noch mal hier im Gerichtssaal auftauchst, werde ich keine Gnade kennen. Warum gehst du nicht zur Armee? Mach etwas aus dir.«

Der Gedanke war mir noch nie gekommen. Aber ich wollte nicht als Leiche oder Häftling in den Statistiken auftauchen. Also befolgte ich ihren Rat und ging zum Rekrutierungsbüro der Armee.

Ich war erst siebzehn, und meine Mom musste ein Formular unterschreiben, damit ich nach Fort Polk, Louisiana, fahren durfte, um mir eine Artillerie-Vorführung anzusehen. Dort wurde mit allen möglichen Waffen geschossen. Der Rekrutierungsoffizier fragte mich:»Und, magst du Schusswaffen?« Ich sagte:»Ich liebe sie.« Also schauten wir uns die Schießvorführungen an, und dann fragte er:»Ist es das, was du gern tun möchtest?« Darauf ich:»Klar doch, das möchte ich jeden Tag tun.«

In vielerlei Hinsicht rettete es mir das Leben, dass ich Soldat wurde. Doch inzwischen habe ich nicht nur die Schrecken der Straßengewalt im Ghetto erlebt, sondern auch die Schrecken militärischer Gewalt im globalen Maßstab.

»Wir Menschen sind so leicht korrumpierbar,

so verletzlich und anfällig gegenüber dem,

was uns schadet. Wir haben einen Teil in uns,

der nicht wachsen will.

Ich suche immer nach dem inneren Antrieb,

weiterzumachen. Unsere engen Grenzen

sollten unser Wachstum nicht behindern.«

RABBI RONNIE CAHANA

•

DUE | Sie brachten ihr Trauma mit

DUE QUACH, UNTERNEHMERIN UND FLÜCHTLING

Als ich ein kleines Kind war, wohnten wir in Ho-Chi-Minh-Stadt im Chinesenviertel. Das war am Ende des Vietnamkrieges, und meine Eltern sahen, wie Nachbarn nachts abgeholt und in Konzentrationslager deportiert wurden. Manche kehrten niemals zurück. Zu dieser Zeit brach ein Krieg zwischen Vietnam und Kambodscha aus, und China, das ein Verbündeter Kambodschas war, marschierte in Nordvietnam ein.

Man signalisierte den Menschen chinesischer Abstammung deutlich, dass sie in Vietnam nicht länger erwünscht waren. Meine Eltern beschlossen, aus dem Land zu fliehen und meinen Bruder und mich nach Amerika zu bringen. Sie bezahlten Menschenschmugglern den geforderten Preis, und so fuhren wir mitten in der Nacht auf deren Boot hinaus ins Mekong-Delta. Ich war etwa sechs Monate alt, mein Bruder kaum zwei Jahre älter. Die Menschen auf dem Boot hatten nicht genug zu essen. Es gab Stürme, und das Boot war überladen. Über eine Woche trieben wir auf dem Meer, bis wir es endlich in ein Flüchtlingslager schafften.

Die Zustände in dem Lager waren schrecklich. Tropenkrankheiten grassierten, und jeden Tag starben viele Kinder und alte Menschen. Auch ich litt an Infektionen und wäre fast gestorben. Wir harrten über ein Jahr dort aus, bis wir endlich die Einreiseerlaubnis für Amerika erhielten.

Meine Eltern brachten ihre Angst und ihr Trauma mit nach Amerika.

Meine frühesten Erinnerungen habe ich an Philadelphia. Das war in den 1980er-Jahren. Damals gab es dort noch mehr Gewalt, mehr Gangs und eine Menge Crack-Dealer. Man konnte dem nur schwer ausweichen. Mein Vater wurde auf dem Nachhauseweg von seiner Arbeit mehrmals beinahe ausgeraubt. Einmal, als ich vielleicht fünf Jahre alt war und mein Bruder und mein älterer Cousin sieben, wurden die beiden auf der Straße verprügelt, einfach weil sie anders aussahen. Mein Cousin wurde dabei so schwer verletzt, dass er ins Krankenhaus musste. Es war nicht leicht, in einer solchen Umgebung aufzuwachsen, in der man sich ständig unsicher fühlte.

Als ich acht Jahre alt war, kauften meine Eltern ein kleines Imbiss-Restaurant. Sie hatten das Geld dafür gespart, denn es war einfacher, gemeinsam ein einziges Geschäft zu betreiben, als in mehreren Jobs arbeiten zu müssen, um die Miete bezahlen zu können. Auch verschlechterte sich die geistige Verfassung meiner Großmutter immer mehr, sodass meine Eltern zu Hause arbeiten wollten, um sie besser betreuen zu können. Sie hatten das kleine Restaurant zu einem sehr guten Preis kaufen können, aber es lag in einer Umgebung, wo es ebenfalls viel Gewalt und Kriminalität gab.

Als wir das Restaurant eröffneten, stellten wir fest, dass wir einigen Leuten dort überhaupt nicht willkommen waren. Wir bekamen Anrufe, in denen man uns auf schreckliche Weise rassistisch beschimpfte, auch dann, wenn eines von uns Kindern den Anruf entgegennahm. Das kümmerte die Anrufer nicht. Manche drohten sogar, dass sie uns umbringen würden. Ich lernte, dass es in unserer Nachbarschaft Menschen gab, die uns wegen unserer Hautfarbe vertreiben wollten.

Die Kinder, mit denen wir auf der Straße spielten, fingen an, Steine gegen unsere Fenster zu werfen. Mein Vater hatte ein Fahrrad vom Schrottplatz geholt und reparierte es für mich. Sie stahlen das Rad und zerstörten es. Es war eine schmerzhafte Erfahrung, dass Menschen, die ich für meine Freunde gehalten hatte, sich gegen uns wendeten.

Asiatische Flüchtlinge waren einfach nicht willkommen. Trotz der ethnischen Vielfalt in dem Stadtviertel standen die Leute neu Zugezogenen wie uns feindselig gegenüber. Mein Vater installierte im Restaurant kugelsichere Fensterscheiben aus Plexiglas. Da wurde mir bewusst, dass durchaus die Gefahr bestand, in meinem Zuhause von bewaffneten Leuten überfallen und ausgeraubt zu werden.

Tatsächlich wurde auf unser Imbiss-Restaurant geschossen. Ich fand immer wieder Kugeln, und es erschien mir wie ein Wunder, dass niemand verletzt wurde. Weil die Situation so gefährlich war, montierte mein Vater zusätzlich Gitter vor den Fenstern und ein massives Hoftor, damit niemand hereinkonnte. Es war wie ein Gefängnis.

Besonders schwer war das alles, weil meine Großmutter an einer Geisteskrankheit litt und rund um die Uhr betreut werden musste. Manchmal hatte sie Krankheitsschübe, in denen sie uns mit dem Messer bedrohte. Es war erschreckend. Meine Eltern konnten sie nicht in einem Pflegeheim unterbringen, weil sie kein Englisch sprach, sodass das Personal dort nicht mir ihr hätte kommunizieren können. Da war es besser, sie zu Hause zu betreuen, wo wenigstens Chinesisch gesprochen wurde.

Nach der Eröffnung des Restaurants musste ich meinen Eltern bei der Arbeit helfen. Ich bediente im Imbiss und nahm telefonische Bestellungen entgegen, wenn sie sich gerade um meine Großmutter kümmerten. Dabei erlebte ich schreckliche Dinge. Einige unserer Kundinnen waren drogensüchtig. Sie kamen mit ihren Babys ins Restaurant und versuchten, mit ihren Essensmarken zu bezahlen. Oder sie tauschten die Essensmarken gegen Zigaretten, während ihre Kinder vor Hunger schrien. Mir taten die kleinen Kinder furchtbar leid.

Das Restaurant war bis Mitternacht geöffnet. Gangs kamen herein, raubten Gäste aus und schlugen sie. Ich gewöhnte mich daran, im Restaurant Schlägereien mitzubekommen, Gäste, die meine Eltern beschimpften, weinende Kinder – das wurde Teil unserer alltäglichen Geräuschkulisse.

Anfangs war ich jedes Mal in höchster Alarmbereitschaft, und wenn etwas passierte, lief ich nach unten und fragte, ob ich die Polizei rufen sollte. Aber es passierte so oft etwas, dass ich schließlich nur noch dachte: »Meine Eltern wissen inzwischen sicher, wie sie damit umgehen müssen, und sie können genug Englisch, um die Notrufnummer anzurufen. Wenn es wirklich superernst ist, werden sie hochkommen und mich holen.«

Meistens deeskalierte die Situation schnell wieder. Der Gast beruhigte sich und verließ den Imbiss. Doch einmal, das war, als ich auf die Junior High ging, wurde einem Gast in den Kopf geschossen, gerade als er nach draußen ging. Ich nehme an, er war Mitglied einer Gang. Er hatte am Abend davor andere Gäste ausgeraubt und war dabei offenbar an den Falschen geraten. Also wurde er Opfer einer Vendetta. Die Polizei holte seine Leiche ab, aber die Aufräumarbeit überließ sie uns. Ich werde nie vergessen, wie wir das Blut und die verspritzte Gehirnmasse aufwischten. Ich lernte, dass es gefährliche ungeschriebene Regeln gibt. Solange du nicht gegen diese Regeln verstößt, wirst du in Ruhe gelassen. Aber wenn du dich einmischst – dir Ärger mit den Gangs einhandelst –, bekommst du Schwierigkeiten.

Es gab in Philadelphia eine asiatische Gang, die gezielt Asiaten ausraubte. Meine Eltern hatten eine geradezu paranoide Furcht davor, Opfer dieser Gangster zu werden. Es kam mehrfach vor, dass draußen vor unserem Imbiss-Restaurant Männer mit Schusswaffen auftauchten und darauf warteten, dass mein Vater um Mitternacht das Restaurant zusperrte, um uns dann auszurauben. Doch stets rief rechtzeitig ein Nachbar an und sagte: »Geht nicht nach draußen. Da sind Leute, die euch etwas antun wollen.« Auf diese Weise erlebten wir, dass es in unserer Nachbarschaft auch wunderbare Menschen gab, die auf uns achtgaben.

Während mein Bruder und ich aufwuchsen, wussten wir nie wirklich, wer wir sind. Ich fragte mich: »Was bedeutet es, Asiatin zu sein? Bin ich schwarz, oder bin ich weiß?« Ich versuchte, schwarz zu sein, hörte LL Cool J, MC Hammer, Salt-N-Pepa, versuchte zu rappen und tanzte den Running Man. Für meine Eltern gab es eine Menge Regeln, wie Jungen und Mädchen sich zu benehmen hatten. Mein Vater sah, wie ich einem Schulkameraden zur Begrüßung zuwinkte, und sagte: »Mädchen sollten Jungen nicht zuwinken, denn dann glauben sie, dass sie dir gefallen. Du musst aufpassen, dass du ihnen keine Signale gibst. Lass immer sie zuerst winken.« – »Echt?«, staunte ich. »Aber das ist doch bizarr.« Solche Dinge sagten meine Eltern oft zu mir.

Während meines ersten Jahres auf der Highschool wurde ich für die Gruppe ausgewählt, die unsere Schule auf dem

Weltkongress des Councils für begabte Kinder vertreten sollte, der in diesem Jahr in Toronto stattfand. Mein Vater sagte zu mir: »Du bist noch zu jung, um ohne deine Eltern zu verreisen. Wir können aber nicht weg, das weißt du ja. Kannst du den Lehrer nicht bitten, stattdessen deinen Bruder zu schicken?« Er glaubte, ich könnte eine Auszeichnung, die ich für meine schulischen Leistungen erhalten hatte, einfach an meinen älteren Bruder weitergeben. Ich antwortete: »So funktioniert das nicht, Dad. Entweder ich fahre selbst, oder sie wählen jemand anderen aus. Ich kann nicht meinen Bruder nominieren.« Selbst meinem Bruder war diese Idee meines Vaters peinlich.

Weil meine Eltern Englisch nicht wirklich verstanden, musste ich oft für sie übersetzen. Es war klar, dass sie sich für uns wirklich wünschten, dass wir uns assimilierten. Zum Beispiel weigerten sie sich, uns Vietnamesisch oder Chinesisch beizubringen, weil sie wollten, dass wir akzentfrei Englisch sprachen. Sie wollten, dass wir sie stolz machten. Schließlich waren sie nach Amerika gekommen, um ihren Kindern eine bessere Zukunft zu ermöglichen. Also drängten sie mich, an die Universität zu gehen, und erinnerten mich daran, wie schlecht meine Bildungschancen in Vietnam gewesen wären. Dieser Vorschlag war genau der richtige für mich, denn ich liebte das Lernen. Es war mein Fluchtweg.

Mein Bruder und ich besuchten eine kirchliche Schule. Zunächst waren wir in die öffentliche Grundschule gegangen. Doch von dort kam mein Bruder eines Tages mit gebrochenem Arm nach Hause. Meine Mutter war fassungslos, dass er sich derartig verletzt hatte, ohne dass man die Eltern benachrichtigt hatte und er medizinisch versorgt worden war. Sie hörte sich unter den vietnamesischen Einwanderern um und fand einen Pfarrer, der versprach, uns Plätze in der kirchlichen Schule zu besorgen. Zudem vermittelte er uns Stipendien für Flüchtlinge mit geringem Einkommen. Zwar mussten meine Eltern nun noch härter arbeiten, um ihren Anteil an den Schulgebühren aufzubringen, aber sie hatten das Gefühl, dass es sich lohnte.

Als ich auf diese Schule kam, litt ich an sogenannten Entwicklungsstörungen. Als Kleinkind in den Flüchtlingslagern wäre ich an mehreren Krankheiten beinahe gestorben. Ich bin mir nicht sicher, ob das oder die Unterernährung mein Gehirn beeinträchtigt hatte. Jedes sechs Monate alte Baby, das zwei oder drei Tage lang nichts zu essen bekommt, wird vermutlich Folgen davontragen. Meine Vorschullehrerin glaubte zunächst, ich wäre geistig behindert oder taub, weil ich Mühe hatte, mich verständlich zu machen. Sie wollte mich schon in eine Sonderschule schicken, wo ich Zeichensprache lernen sollte. Doch ich hatte vorher den Kindergarten besucht, und meine Kindergärtnerin setzte sich für mich ein. Sie bescheinigte mir, dass ich Anweisungen klar verstehen könnte und normal intelligent wäre.

Also wurde beschlossen, dass ich auf der Vorschule bleiben durfte. Ich lernte dort Englisch und erhielt zusätzlich Sprachtherapie. Dann, in der zweiten Klasse, als ich lesen lernte, verstand ich die englische Sprache endlich besser, und mithilfe meiner Sprachtherapeutin schaffte ich es, die Wörter richtig auszusprechen. Ich wurde eine gute Schülerin.

Nach der Grundschule wechselte ich auf die Central Highschool in Philadelphia, eine Magnetschule. Nach meinem ersten Jahr dort erwartete ich ein mittelmäßiges Zeugnis. Doch zu meiner Überraschung hatte ich den zweitbesten Notendurchschnitt in der Klasse erzielt. *Das konnte doch nur ein Irrtum sein!* Nein, mein Betreuungslehrer versicherte mir, dass ich wirklich die Zweitbeste war. Von da an wurde mir immer wieder gesagt, ich hätte das Zeug, in Harvard zu studieren.

Dann, im Frühling meines elften Schuljahres, wurden die College-Buchpreise verliehen, und ich bekam das Harvard-Buch. Mein Betreuungslehrer meinte: »Ich habe dich für diesen Preis nominiert, um dich zu ermutigen, dich für Harvard zu bewerben.« Das konnte ich mir kaum vorstellen. Aber er sagte: »Du hast gute Chancen, angenommen zu werden. Ich helfe dir. Man wird dir die Studiengebühren erlassen, du wirst nichts dafür zahlen müssen.« Er wusste von dem geringen Einkommen meiner Familie.

Zu Hause erzählte ich es sofort meinen Eltern, und sie fragten: »Was ist Harvard?« Ich musste ihnen erklären, dass es sich dabei um die Top-Universität Amerikas handelt. Außerdem erzählte ich ihnen, was mein Betreuungslehrer über den Erlass der Studiengebühren gesagt hatte. Ich konnte mich also bewerben und sehen, was geschah.

Meine Eltern reagierten wie üblich: »Du bist ein Mädchen. Du solltest zu Hause bleiben. Du kannst doch nicht in eine andere Stadt ziehen, nur wegen der Universität. Bestimmt nehmen sie dich gar nicht. Aber wenn doch, musst du auf jeden Fall deinen Doktor machen!« Diese Bedingung stellten sie mir. Ich sollte in Harvard promovieren, weil das ein enormes Prestige hatte. Ich kreuzte meine Finger und versprach es. Doch ich löste dieses Versprechen nie ein.

Ich bewarb mich, und im Herbst meines letzten Schuljahres wurde ich angenommen. Meine Familie konnte es nicht fassen. Und mir erschien es als goldene Eintrittskarte in ein anderes Leben, ein Leben außerhalb des Ghettos.

HEATHER | Von Generation zu Generation weitergereichte verbale und körperliche Gewalt
HEATHER HENNESSY, EHEMALIGE SPITZENSPORTLERIN UND SPORTMODERATORIN

Ich spürte meine Berufung schon sehr früh, so als hätte ich meinen Lebenslauf irgendwie vorausgeahnt. Als ich dann mit dem Sport begann, glaubte ich, meine Leistungen als Läuferin würden meinem Leben einen Sinn geben – dass ich dadurch Menschen inspirieren und ermutigen könnte.

Als ich im dritten Schuljahr war, gewann ich zum ersten Mal ein Rennen, und ich weiß noch, dass ich dachte: *Wow, ich bin wirklich schnell. Ich kann das gut.* In der sechsten Klasse gab es einen Laufwettbewerb, bei dem die schnellsten Schülerinnen und Schüler ermittelt wurden. Die beiden echten Athleten an der Schule waren ein anderer Junge und ich. Ich trat gegen ihn an und siegte. Das machte mich sehr stolz.

Schon früh merkte ich, dass es in unserer Familie Probleme gab. Ab dem vierten Schuljahr wurde die Situation wirklich schlimm. Zu Hause herrschte ständiges Chaos, aber am schmerzhaftesten für mich war, mit ansehen zu müssen, wie meine Mutter immer wieder zur Zielscheibe für die Wut meines Vaters wurde. Er beleidigte sie oft und war wirklich verbal gewalttätig ihr gegenüber.

Es gab in unserer Familie fröhliche Tage, aber oft auch sehr düstere. Man lief immer wie auf Eierschalen herum und wusste nie, was als Nächstes geschehen würde. Ob der Tag gut wurde oder nicht, hing davon ab, mit welcher Laune mein Vater morgens aufwachte. Einen ganz normalen Tag gab es nie.

Ich beobachtete, wie mein Vater mit anderen Frauen redete, wenn meine Mutter nicht dabei war, und reimte mir meinen Teil zusammen. Offensichtlich hatte er heimliche Affären. In mir staute sich deswegen eine große Wut gegen ihn auf. Es gab niemanden, mit dem ich wirklich darüber sprechen konnte. Ich wusste nicht, ob meine Mutter Bescheid wusste oder wie viel sie wusste. Hilflos musste ich dem Treiben meines Vaters zusehen und fühlte mich zwischen allen Stühlen. Damals bekam ich Magenschmerzen. Heute weiß ich, dass sie eine Stressreaktion auf das waren, was ich mit meinen Eltern erlebte. Ich erinnere mich nur, dass ich bei meiner Mutter und meiner Großmutter über meine Magenschmerzen klagte. Meine wahren Gefühle konnte ich nicht aussprechen, denn dann wäre mein Vater sehr wütend geworden.

Da ich nur mit Brüdern aufwuchs, wurde ich ein jungenhafter Wildfang. Mein Vater wollte, dass wir alle Sport trieben. Er selbst war Läufer mit Stipendium an der Rice University gewesen. Das Laufen bedeutete ihm viel. Bei uns zu Hause drehte sich alles um sportliche Erfolge. Ich wurde eine Kämpferin, was ich vermutlich wenigstens zum Teil von meinem Vater geerbt habe. Auch meine Mutter war Leichtathletin. Daher waren sie beide sehr auf Wettkampf und Konkurrenz fokussiert. Wenn ich ein gutes Rennen gelaufen war, war mein Vater glücklich. Und deshalb gab ich mir alle Mühe, ihn zufriedenzustellen – um des häuslichen Friedens willen.

Als ich dreizehn war, ließen sich meine Eltern scheiden. Davor war die Situation zwischen ihnen immer mehr eskaliert. Mein Vater hatte Suchtprobleme und seine eigenen Dämonen, gegen die er ankämpfte. Ich denke, dass er seine Wut an meiner Mutter ausließ, weil er nicht bewusst genug war, um zu begreifen, was eine gesunde Beziehung ausmacht. Also verließ meine Mutter ihn schließlich – und von da an wurde ich zur Zielscheibe seiner Wut. Wir stritten uns oft. Das war schwierig, denn ich war gerade erst dabei, mich selbst zu finden. Doch mein Vater schrie herum, warf mir Schimpfwörter an den Kopf, setzte mich herab und behauptete, meine Gedanken und Gefühle seien falsch und nicht in Ordnung.

Schließlich wurde ich ebenfalls wütend und sagte mir: *Nein, ich werde das nicht akzeptieren und für mich einstehen.* Ich hatte schon so vieles hinunterschlucken müssen, und das wollte ich nicht mehr. *Nein, jetzt wehre ich mich!* Und wenn ich dann Widerworte gab, kam es mehr als einmal vor, dass er mich ins Gesicht schlug.

Doch wenn ich als Läuferin Erfolg hatte, war er glücklich. Nur im Sport war Nähe zwischen uns möglich und wir verstanden uns. Das war also etwas, das der Sport mir gab: ein besseres Verhältnis zu meinem Vater. Auch stärkte das Laufen mein Selbstvertrauen. Ich war blond, dünn und sah nicht sehr stark aus, aber ich hatte ein großes Herz und die Seele einer Kämpferin. Und im Stadion auf der Laufbahn konnte ich das zeigen und die Leute damit verblüffen. Das erfüllte mich mit

Stolz und Zuversicht. Ich bewies den Leuten: *Beurteilt mich nicht nach meinem Aussehen.*

In meiner damaligen Lebensphase drehte sich für mich alles darum, als Läuferin Karriere zu machen. Mir bot sich dadurch die Chance, meiner bisherigen Situation zu entkommen, in der ich keine Kontrolle über meine Umwelt hatte. Ich wusste, wenn ich jeden Tag trainierte und hart an mir arbeitete, war das mein Ticket in die Freiheit. Ich setzte mir also das Ziel, mithilfe des Sports ein College-Stipendium zu bekommen. Von da an konzentrierte ich mich darauf, alles zu tun, um dieses Ziel zu erreichen. Zu der Zeit ahnte ich noch nicht, wie erfolgreich ich als Läuferin werden würde.

Über viele Jahre war meine Mutter der ruhende Pol in unserem Zuhause gewesen. Trotz der unberechenbaren Wutausbrüche meines Vaters hatte sie stets versucht, unser Familienleben erträglich zu machen. Dass sie auszog, war schrecklich. Von da an begann eine schwere Zeit für mich. Es gelang mir zwar ziemlich gut, das vor anderen zu verbergen, doch während meines achten Schuljahrs und anschließend im ersten Jahr auf der Highschool weinte ich fast jede Nacht. Und es gab eine Phase, in der ich kaum etwas aß, weil ich keinen Appetit hatte. Trotzdem trainierte ich viel und magerte von 54 auf 41 Kilo ab. Ich nehme an, zum großen Teil war das eine emotionale Reaktion auf das Trauma.

Während dieser Zeit gab es viel Unruhe in meinem Leben. Eine Zeit lang wohnte ich bei meiner Mutter in einem kleinen Apartment. Manchmal war ich bei meinem Vater, wo die Lage immer sehr instabil war. Ich sprang unsicher hierhin und dorthin und versuchte, meinen Platz in meiner Familie und im Leben überhaupt zu finden. Der Sport gab mir eine gewisse Stabilität und Struktur, die in meinem Familienleben fehlten.

Das Leichtathletik-Team wurde meine zweite Familie, die mich motivierte und in gewisser Weise meine innere Antriebsquelle war. Ich glaube, meine Trainer hielten mich für verrückt, weil ich so hart trainierte. Sie sagten, ich sollte endlich nach Hause gehen, doch ich blieb lieber auf dem Sportplatz. Gleichzeitig hatte ich aber auch das Gefühl, mich als ältestes Kind um meine Brüder kümmern zu müssen, um die Situation für sie erträglicher zu machen.

Das Verhalten meines Vaters lehrte mich, wie die Muster verbaler und körperlicher Gewalt von Generation zu Generation weitergereicht werden. Sein Vater hatte ihn immer wieder verprügelt, und nun war mein Vater uns gegenüber gewalttätig. Ich wollte lernen, dieses Muster zu durchbrechen, um es nicht später an meine Kinder weiterzugeben.

JIM | Die Last auf unseren Schultern

JAMES R. DOTY, NEUROCHIRURG UND NEURO-
WISSENSCHAFTLER

Manchen Menschen fällt es schwer, sich verletzlich zu machen – also ihr wahres Selbst zu zeigen, fürsorglich und mitfühlend zu sein. Bei meiner Arbeit als Neurochirurg kann ich nicht Patienten operieren und dabei gleichzeitig verletzlich angesichts ihres Leidens sein. Wenn ich solchen Emotionen nachgebe, kann ich sie nicht retten. Dann kann ich nicht tun, was notwendig ist, denn ich bin viel zu abgelenkt von ihrem menschlichen Schicksal und den Folgen, die es haben wird, wenn die Operation misslingt.

Man muss also in meinem Beruf in der Lage sein, sich ganz auf die Aufgabe zu konzentrieren, die gerade zu erledigen ist. Das bedeutet, die Situation vollständig zu objektivieren, was eine Trennung zwischen Arzt und Patienten erzeugt.

Einmal verletzte sich meine Tochter am Rücken – ein Bandscheibenvorfall. Sie bestand darauf, dass ich sie operierte und niemand anderer. Normalerweise würde man das als Arzt nicht tun, aber sie ließ sich nicht umstimmen. Obwohl es um meine Tochter ging, die ich sehr liebe, musste ich an diesem Tag in erster Linie Chirurg sein, nicht Vater. Ich operierte sie, und es gelang mir, das völlig losgelöst von meinen väterlichen Gefühlen zu tun. Manche Menschen wären dazu nicht in der Lage.

Alles verlief gut, und sie erholte sich schnell, aber diese Fähigkeit, aus einem Zustand tiefer Fürsorge und Empathie zu einer Haltung nüchterner Objektivität umzuschalten, fällt vielen Menschen sehr schwer. Manche blockieren ihre Gefühle, weil sie sich sonst nicht auf ihre Arbeit konzentrieren können, doch tun sie das nicht nur vorübergehend, zum Beispiel während sie als Ärzte operieren, sondern sie machen es zu einem Dauerzustand. Statt den Schmerz oder die Emotion nur kurzzeitig auszublenden, gewöhnen sie sich an, die Emotion niemals zuzulassen – und verlieren dabei sehr viel. Weil sie nicht mehr wirklich lebendig sind, entgehen ihnen zahlreiche Lektionen, die das Leben für uns bereithält.

Ich selbst verhielt mich bereits als Kind so. Das hatte ich mir aufgrund meiner Umgebung angewöhnt, als Selbstschutz.

Ich brauchte einige Zeit, um meinen Geist umzuschulen und mich von diesem Verhaltensmuster zu befreien. Als mir das gelang, veränderte sich mein Leben.

Wegen meines Berufes oder vielleicht auch wegen der Art, wie ich mich ausdrücke, denken die Leute oft, ich käme aus einem wohlhabenden, privilegierten Elternhaus. Doch ich wuchs in Armut auf. Mein Vater war Alkoholiker. Meine Mutter war chronisch depressiv und beging mehrere Selbstmordversuche. Als Kind fühlte ich mich oft verloren, war sehr wütend und verzweifelt.

Während meiner gesamten Kindheit lebten wir von Sozialhilfe. Mehrfach wurden wir wegen Mietrückständen aus Wohnungen hinausgeworfen. Damals lebte ich in der ständigen Angst, dass womöglich morgen schon wieder eine Zwangsräumung drohte. Und ständig fragte ich mich: *Wird es etwas zu essen geben, wenn ich nach Hause komme? Meine Schuhe sind zu klein und kaputt, bekomme ich endlich neue?* Eine Zeit lang war ich in den 1960er-Jahren Mitglied bei den Pfadfindern, und zwar bei den sogenannten »Explorern«. Dort konnte man als Jugendlicher Erfahrungen in verschiedenen Berufsfeldern sammeln. Bei mir war das zunächst der Polizei- und dann der Sozial- und Gesundheitsdienst. Dort packten wir Explorer an Weihnachten und Thanksgiving Körbe für die Armen. Wenn ich anschließend nach Hause kam, wurde auch bei uns ein solcher Korb abgegeben.

Mein Vater ging oft auf Sauftouren, und wir wussten nie, was dann geschehen würde. Zwischendurch war eine Woche oder einen Monat lang alles normal, aber dann verschwand er wieder und kam entweder gar nicht nach Hause oder kreuzte viel später als sonst auf, betrunken und aggressiv. Wir schliefen schon, und plötzlich hämmerte er an die Tür und schrie, wir sollten sofort aufmachen. Unsere Mutter war so depressiv und apathisch, dass sie nicht aufstand, um ihn hereinzulassen. Für gewöhnlich musste ich ihm dann gegenübertreten, denn mein älterer Bruder verkroch sich in seinem Zimmer und weinte.

Oft war ich so auf mein eigenes Leiden fixiert, dass ich gar nicht in der Lage war, mich anderen Menschen zu öffnen und freundlich zu ihnen zu sein. Ich schleppte eine Menge Wut, Feindseligkeit, Angst und Nervosität mit mir herum. Und das merkte man mir deutlich an. Ich glaubte, chancenlos zu sein, ohne Zukunft – jedenfalls ohne eine wünschenswerte. Irgendwann gab ich mich selbst auf in dem Gefühl, nichts mehr zu verlieren zu haben. Damit war ich auf dem besten Weg ins Jugendgefängnis.

Verstehen Sie mich nicht falsch. Es war nicht so, dass ich mit einer Schusswaffe herumlief oder dergleichen. Ich brach in die Schule ein, beging kleine Sachbeschädigungen und Diebstähle, aber keine schweren Straftaten. Es waren diese Dummheiten, auf die man sich als Jugendlicher einlässt, wenn man zu viel Zeit hat und nichts mit seinem Leben anzufangen weiß. Einmal stahlen wir Benzin aus dem Tank eines Autos. Ich hatte ein schlechtes Gefühl dabei und dachte: *Verdammt, ich will diesem Typen doch eigentlich gar nicht sein Benzin wegnehmen.* Es war falsch, und ich wusste, dass es falsch war. Der Junge, mit dem zusammen ich diesen Diebstahl beging, war ein richtiger Krimineller. Ich tat es dagegen einfach nur, um an Autobenzin zu kommen. Trotzdem fangen die Leute an, schlecht von dir zu denken, wenn du solche Dinge tust.

Als Junge besaß ich ein Stingray-Fahrrad mit Bananensattel und hoher Rückenlehne. Ich hatte mir das Geld dafür mit Zeitungsaustragen verdient, und es war ein kostbarer Schatz für mich. Auf dem Rad konnte ich für eine Weile meiner Situation entkommen: Ich schwang mich einfach in den Sattel und kurvte durch die Gegend. Auf meinem Stingray-Rad sitzend Fahrtwind und Sonne im Gesicht zu spüren bedeutete für mich Freiheit. Dann dachte ich für einen Moment an nichts anderes, weil nichts anderes wichtig war. Es gab keine Wut. Es gab keine Feindseligkeit. Es gab keine Angst. Ich konnte einfach nur lebendig sein.

Eines Tages radelte ich durch ein Viertel, in dem ich noch nie zuvor gewesen war, und entdeckte einen Zauberladen. Ich liebte damals das Zaubern und führte gerne Zauberkunststücke vor. Also betrat ich den Laden. Drinnen saß eine Frau auf einem dicken Teppich und las in einem Romantaschenbuch. Sie trug ihre Lesebrille an einem Kettchen um den Hals, war rundlich und hatte graue Haare – eine Frau vom Typ Erdmutter.

Mit einem strahlenden Lächeln sah sie zu mir auf. Uns allen sind schon Menschen begegnet, die, wenn sie uns anschauen, einfach nur Wärme und Liebe ausstrahlen, ohne uns in irgendeiner Weise zu bewerten und beurteilen. Dieses Gefühl hatte ich in diesem Moment.

Sie nahm die Brille ab und schaute mir in die Augen wie noch kein Erwachsener zuvor.

»Ich bin Ruth«, sagte sie. »Wie heißt du?«

»Ich bin Jim«, antwortete ich. Dann stellte ich ihr ein paar Fragen über Zauberei, doch sie meinte: »Von Zauberkunststücken verstehe ich nichts. Der Laden hier gehört meinem Sohn. Ich vertrete ihn nur kurz, weil er etwas erledigen muss.«

Wegen meiner familiären Verhältnisse – also meiner Angst und Scham deswegen – erzählte ich anderen Menschen kaum etwas von mir, aber Ruth und ich kamen ins Gespräch, und mit ihr war es anders. Ich beantwortete ihre Fragen, ohne auszuweichen, obwohl sie sich ziemlich ausführlich nach meinen Lebensumständen erkundigte. Ich antwortete vollkommen aufrichtig, was ich sonst niemals getan hätte. Nach vielleicht fünfzehn oder zwanzig Minuten schaute sie mir wieder tief in die Augen und sagte: »Weißt du, ich glaube, ich kann dich etwas lehren, das dein Leben verändern kann.«

Damals war ich zwölf Jahre alt und hatte keine Ahnung, was das bedeutete. Aber ich hörte aufmerksam zu. Sie sagte: »Ich bin noch sechs Wochen hier bei meinem Sohn. Wenn du jeden Tag kommst und ein, zwei Stunden mit mir verbringst, kann ich dir ein paar wertvolle Dinge beibringen. Was du daraus machst, musst du dann selbst sehen.« Ich mochte sie auf Anhieb. Sie behandelte mich respektvoll und mit Wertschätzung. In ihrer Gegenwart fühlte ich mich glücklicher. Eigenartigerweise fühlte ich mich geliebt, obwohl ich ihr doch gerade erst begegnet war.

Der Sommer in Lancaster, Kalifornien, war heiß und langweilig, und der Häuserblock, in dem wir wohnten, war umgeben von leeren, staubigen Straßen und Tumbleweed, Pflanzen, die sich vom Wind über den Boden treiben lassen. Autowracks und anderer Schrott standen herum. Ich hatte sonst nichts zu tun, also schwang ich mich täglich um zehn Uhr morgens auf mein Stingray und fuhr zu dem Zauberladen. Wenn ich wieder nach Hause kam, übte ich, was Ruth mir beigebracht hatte. Am folgenden Tag sprachen wir dann über meine Erfahrungen.

Als Erstes brachte sie mir bei, einfach stillzusitzen und mich zu entspannen. Das klingt einfach, aber ich war mir zunächst gar nicht sicher, was Entspannung überhaupt ist. Meine häusliche Umgebung bot wenig Anlass, mich zu entspannen. Erst als Ruth mich dazu anleitete, alle meine Muskelgruppen durchzugehen und jeden Muskel bewusst loszulassen, merkte ich, wie verspannt ich tatsächlich war.

Ich empfand angesichts meiner familiären Situation ständig so viel Wut und Hoffnungslosigkeit, dass meine ganze Muskulatur extrem angespannt war. Es brauchte zehn Tage Arbeit mit Ruth und fleißiges Üben zu Hause, bis es mir zum ersten Mal gelang, meinen ganzen Körper zu entspannen.

Sie versicherte mir, dass diese Fähigkeit zur Entspannung sehr machtvoll und hilfreich sei und alles in meinem Leben verändern würde. Damals verstand ich nicht, was sie damit meinte. »Achtsamkeit« und »Meditation« waren im Jahr 1968 weitgehend unbekannte Begriffe, und das Konzept der »Neuroplastizität« gab es noch nicht. Also kann ich nur vermuten, dass diese Frau bereits über einige Kenntnisse bezüglich asiatischer Philosophie und Religion verfügte, denn sie hatte die Konzepte der Achtsamkeit und Meditation intuitiv verstanden und war sich darüber im Klaren, dass wir unser Gehirn verändern können.

Ich liebte die Stille im Hinterzimmer des Zauberladens. Sie war ein wohltuender Kontrast zum ständigen Geplärre des Fernsehgeräts und den Streitereien zu Hause. Bei Ruth fühlte ich mich viel ruhiger. Als ich gelernt hatte, meinen Körper zu entspannen, bestand der nächste Schritt darin, mich auf eine Kerzenflamme zu konzentrieren. Wenn ich das tat, wurde ich nicht mehr durch Gedanken an meine Probleme abgelenkt. Ich saß entspannt da. Ruth lehrte mich, einfach nur zu sein.

Am Ende der sechs Wochen empfand ich keine Wut mehr, keine Feindseligkeit. Und ich hörte damit auf, meine Situation zu bewerten und zu beurteilen. Die Art und Weise, wie ich andere Menschen behandelte und die Welt erlebte, wurde nicht länger durch meinen emotionalen Zustand diktiert. Durch das, was Ruth mich lehrte, veränderte sich mein Lebensweg von Grund auf.

Wir alle haben unsere Schutzmechanismen. Über viele Jahre hatte meine Strategie, mit meiner Umwelt klarzukommen, darin bestanden, mich innerlich abzuschotten. Nun erkannte ich, dass mein Vater und meine Mutter sich ebenso verhielten.

Mein Vater war zwar Alkoholiker, konnte aber auch ein außerordentlich freundlicher und gütiger Mensch sein. Er trug nur viele Probleme mit sich herum, gegen die er ankämpfte, und war sehr hart sich selbst gegenüber. Er verbarg seinen seelischen Schmerz hinter seinem Alkoholismus. Gewalttätig wurde er nur sehr selten, aber in der Nacht, bevor ich abreiste, um mein Collegestudium zu beginnen, kam er betrunken nach Hause. Meine Mutter hatte die Tür abgeschlossen. Er wollte herein, sie machte ihm aber nicht auf, weil sie Angst vor ihm hatte. Also trat er die Tür ein. Ich wachte auf, und mein Bruder versteckte sich.

Mein Vater war in einer bedrohlichen Stimmung. Als er auf meine Mutter zuging, rief ich, er solle stehen bleiben. Aber er näherte sich ihr weiter drohend. Ich drohte, dass ich ihn schlagen würde, wenn er ihr zu nahe kam. Er beachtete mich nicht, und da schlug ich ihm ins Gesicht und brach ihm das Nasenbein. Daraufhin ging er heftig blutend zu Boden und verlor kurz das Bewusstsein. Doch als er wieder zu sich kam, sah er mich auf eine ganz andere Art an. Es war interessant ... er schaute mich an und sagte: »Ist okay.«

Als ich ihn dort am Boden sah, ein zerbrechliches, verletzliches menschliches Wesen, wurde mir bewusst, wie tief sein innerer Schmerz sein musste. Plötzlich verschwanden all die Bewertungen, mit denen ich ihn definiert hatte – der Alkoholiker und so weiter. Ich konnte nicht länger wütend auf ihn sein – und zum ersten Mal sah ich ihn wirklich. So, wie er war.

Seit meiner Begegnung mit Ruth habe ich nie wieder diese extreme Wut und Feindseligkeit empfunden, die ich davor in mir getragen hatte. Aber nun war ich zum ersten Mal in der Lage, mich in seine Lage zu versetzen. Ganz allmählich hatte sich die Beziehung zwischen meinem Vater und mir verändert, von ständigem Streit und Feindseligkeit hin zu Akzeptanz und Liebe. Dabei war dieser Moment, als ich meinen Vater niederschlug, ein wirklicher Wendepunkt.

Ich erkannte, welche Möglichkeiten sich uns eröffnen, wenn wir nicht länger in unserem Schmerz ertrinken. Als mir klarwurde, wie viele Menschen leiden, leiden wie mein Vater und meine Mutter, gelang es mir, mich zu öffnen und Verbundenheit mit ihnen zu empfinden, einfach bei ihnen zu sein, so gut ich konnte. Als ich fähig wurde, sie ohne die Farben zu betrachten, mit denen ich sie selbst angemalt hatte, und sie als Individuen mit ihren eigenen Schwierigkeiten und inneren Kämpfen zu sehen, verschwanden meine Wut und Feindseligkeit. Alles veränderte sich.

Nachdem ich Erste Hilfe geleistet und seine Blutung gestillt hatte, ging ich ins Badezimmer und übergab mich.

Später, als ich auf dem College war, erfuhr ich, dass mein Vater im Gefängnis saß. Ich besaß damals kein Auto. Also musste ich einem Freund die Situation schildern, was mich einige Überwindung kostete. Er fuhr mich zum Gefängnis, wo ich die geforderte Kaution bezahlte. Die persönliche Habe meines Vaters – sie passte in einen einzigen Koffer – wurde mir ausgehändigt. Mit meinem ganzen restlichen Geld bezahlte ich ihm ein Hotelzimmer.

Es war schlimm, ihn in diesem Zustand zu sehen, aber ein paar Wochen später traf ein Brief von ihm ein. Nur sehr selten, wenn überhaupt, schrieb er Briefe. Das Kuvert enthielt einen Scheck, mit dem er mir meine Auslagen zurückzahlte. Und auf dem Briefbogen stand: »Ich liebe dich, dein Dad.«

AMANDINE | Ich glaube an die Macht des Schicksals
AMANDINE ROCHE, EXPERTIN FÜR MENSCHENRECHTE

Bis ich zwölf Jahre alt wurde, wohnten wir außerhalb von Paris, in der Nähe der Kathedrale von Chartres. Dort ist es ein bisschen wie in einem Vorort von Paris, sehr kosmopolitisch, und es gab viele Migranten, unter anderem aus der Türkei, Marokko und Algerien. Dort zu leben half mir sehr, mich für andere Kulturen zu öffnen. Dann zogen wir nach Bordeaux, wo es sehr konservativ und ziemlich aristokratisch zuging. Das war ein ziemlicher Kontrast.

Mein Vater arbeitete als Computeringenieur, und meine Mutter war Hausfrau und Künstlerin. Mein Vater liebte das Reisen. Er kaufte ein Wohnmobil, und in den Schulferien sprangen wir drei Geschwister hinein, und er fragte uns, wo wir gerne hinfahren wollten. Wir fuhren nach Polen, Italien, Spanien, Portugal, Marokko und Griechenland. Ich glaube, damals wurde meine eigene Leidenschaft für das Reisen, meine Neugierde auf andere Kulturen, andere Traditionen, andere Menschen geweckt – es liegt mir einfach im Blut. Meine Schwester ist genauso, mein Bruder auch. Wir alle haben das Reisefieber. Ich wüsste gar nicht, wie ich aufhören soll, zu reisen und neugierig zu sein.

Jedes Jahr kaufte meine Mutter den UNICEF-Kalender. Für jeden Monat gab es darin das Foto eines anderen Kindes: afrikanisch, asiatisch, südamerikanisch. Ich dachte dann darüber nach, was für ein Leben das jeweilige Kind hatte, in welcher Umgebung und Kultur es lebte, wie seine Erziehung und Bildung aussah. So gelangte ich in eine ganz andere Vorstellungswelt. Das und die Wohnmobil-Reisen mit meinen Eltern ließen mich davon träumen, neue Länder für mich zu entdecken. So wurde der Grundstein für meine Zukunft gelegt.

Meine Mutter stammte aus Polen und war vor dem Kommunismus geflohen. Als Menschenrechtsaktivistin nahm sie mich öfter zu Gruppentreffen von Amnesty International mit. Eines Tages besuchten wir eine Ausstellung, in der Fotos von Foltermethoden und Folteropfern gezeigt wurden. Das war ein unglaublicher Schock für mich, ein Trauma, und eine Stimme in mir sagte: »Dagegen wirst du etwas unternehmen.«

Als kleines Mädchen war ich in der Lage, in meine früheren Leben zurückzuschauen. Ich weiß noch, dass meine Lehrerin kurz vor dem Muttertag sagte: »Tut jeden Tag eurer Mutter etwas Gutes.« Der Weg durch unseren Garten zum Haus war mit großen Steinen gesäumt. Also beschloss ich, diese Steine schön sauber zu putzen. Damals war ich sieben Jahre alt. Ich nahm einen Schwamm und fing an, die Steine zu säubern. Jedes Mal, wenn ich einen großen Stein gesäubert hatte, tauchte das Gesicht einer Frau vor meinem inneren Auge auf. Einmal war das eine Frau auf einem Sklavenschiff, der großes Leid zugefügt wurde. Eine andere Frau war als Prostituierte oder Sexsklavin in einem Harem im Nahen Osten eingesperrt. Und eine weitere Frau lebte als Leprakranke ausgestoßen in Indien. Ich sah das Leid dieser armen Frauen und fragte mich: *Was hat das zu bedeuten?* Und erhielt zur Antwort, alle diese Frauen seien ich selbst.

Daraufhin geriet ich in Panik. Ich sagte zu mir: *Ich will keine Frau sein. Ich will in diesem Leben keine Frau sein. Ein solches Leben will ich nicht. Warum bin ich eine Frau?* Neidisch schaute ich auf meinen Bruder, weil er einen Penis hatte und ich nicht. Das machte mich sehr wütend auf Gott und meine Eltern. »Warum bin ich eine Frau?«, fragte ich mich, und als meine Brüste wuchsen, dachte ich: *O nein, ich will das nicht. Ich will keine Frau werden.* Damals wurde mir klar, dass es meine Bestimmung ist, Frauen aus leidvollen Zuständen zu befreien.

Meine Großmutter väterlicherseits hat mich stark beeinflusst. Sie hatte ein Haus in Südfrankreich, wo ich sie jeden Sommer besuchte.

Ihr verdanke ich es, dass meine Kusinen und ich Pfadfinderinnen wurden. So lernten wir, in der Natur zu leben und zu überleben. Auf jeden Fall weckte meine Großmutter in mir den Wunsch, mich aktiv für Menschenrechte einzusetzen. In gewisser Hinsicht war sie eine Feministin, und sie sagte Dinge zu mir wie:»Ich möchte, dass du die Eleganz einer Frau, aber die Stärke eines Mannes entwickelst. Und ich möchte, dass du einen positiven Beitrag in der Welt leistest und der Menschheit dienst.« Sie war ein großer Fan von Mutter Teresa. Stets erzählte sie uns von Menschen, die, zum Beispiel als Missionare, Gutes in der Welt bewirken: also Dinge tun, wie für eine Weile nach Afrika gehen und den Menschen dort helfen. In meiner Familie war es sehr üblich, so zu denken.

Ich hätte es unnormal gefunden, so etwas *nicht* zu tun. Auch alle meine Kusinen engagierten sich auf diese Weise. Meine Großmutter hatte uns so erzogen. Wenn man privilegiert ist, muss man der Welt etwas zurückgeben; man ist dafür geboren, die Lebensumstände der ganzen Menschheit zu verbessern.

1993, als ich achtzehn war und Menschenrechte studierte, kam der Dalai Lama an meine Universität, um einen Vortrag zu halten. Ich hatte einen Platz mitten unter den tibetischen Mönchen. Einer der Organisatoren der Veranstaltung meinte: »Dort darfst du nicht sitzen, das ist nicht dein Platz«, doch der zuständige Mönch schaute sich meine Eintrittskarte an, und alles war in Ordnung. Es war die richtige Sitznummer, und der Mönch bestätigte, dass ich dort bleiben durfte. Als dann der Dalai Lama den Saal betrat und dieses blonde Mädchen zwischen den Mönchen sitzen sah, lachte er sein typisches Dalai-Lama-Lachen. Sie wissen schon: dieses »Ho, ho, ho, ho«.

Damit bewirkte er, dass ich mich noch viel mehr auf seinen Vortrag konzentrierte. Ich erinnere mich genau an alles, was er damals sagte. Er schilderte in aller Deutlichkeit die Menschenrechtsverletzungen in Tibet, berichtete von den

Vergewaltigungen durch die Chinesen und wie die Tibeter darauf mit gewaltfreiem Widerstand reagierten.

Er zeigte mir meinen Weg – ich wusste von da an, was ich mit meinem Leben anfangen wollte: Menschenrechtsanwältin werden und für die Vereinten Nationen arbeiten. So würde ich meinem Standpunkt bezüglich der Menschenrechte angemessenen Ausdruck verleihen.

Ich schrieb meine Examensarbeit über die Menschenrechtsverletzungen in Tibet, erwarb einen Master in Internationalen Beziehungen und ging mit vierundzwanzig Jahren zur UN. Es fühlte sich an wie auf einem Highway, weil ich genau wusste, dass dies mein Weg war: Ich folgte meinem Herzen.

Im Jahr 1998 erzählte mir mein damaliger Freund, dass ein Dokumentarfilm über Kommandant Massoud in Paris im Kino lief. Er war begeistert von diesem Mann, der gegen die Taliban kämpfte, und wollte unbedingt, dass wir uns den Film ansahen. Aber ich sagte: »Ach was, Afghanistan – das ist nichts für mich.« Ich habe den Film bis heute nicht gesehen.

Doch es ist unglaublich, wie schnell sich die Dinge ändern können. Ein Jahr später befand ich mich in Tadschikistan im Büro von Kommandant Massoud und dachte: *Verflixt! Ich hätte mir den Dokumentarfilm anschauen sollen.* Es ist alles Schicksal. Das wurde mir im Nachhinein klar.

Kommandant Massoud erteilte mir ein Visum und lud mich ein, per Hubschrauber zu seinem Haus in Afghanistan zu fliegen, aber mein Chef erlaubte mir das nicht. Ich war sehr wütend, hätte am liebsten »Sie können mich mal« gesagt und wäre trotzdem hingeflogen, schließlich hatte ich Urlaub. Aber mein Chef bestand darauf, dass es zu gefährlich sei und ich nicht reisen dürfe. Er fühlte sich für meine Sicherheit verantwortlich. Leider stellte sich heraus, dass mir dadurch eine große Gelegenheit entging, denn kurze Zeit später wurde Massoud ermordet, sodass ich ihn nie wiedersah. Ja, ich glaube an die Macht des Schicksals, und Afghanistan war die perfekte Spielwiese für mich.

»Alles ist ein Wunder,

wenn du es als Wunder betrachtest.

Alles.

Wenn du abstumpfst,

verlierst du deine Neugierde und alterst.

Aber wenn du neugierig bleibst,

gibt es immer wieder Neuanfänge.«

RABBI RONNIE CAHANA

●

2

GEFANGEN IN EINEM SYSTEM AUS GEWINNERN UND VERLIERERN

*Unser »Betriebssystem« formt unsere Realität und treibt uns
zu den Entscheidungen, die wir im Leben treffen. Aber was passiert,
wenn dieses Programm fehlerhaft ist?*

Tom

Auf der Highschool wünschte ich mir, später Journalist zu werden, Artikel für das *Time*-Magazin zu schreiben und dadurch die Welt vor der kapitalistischen Ausbeutung zu retten. Bevor ich mich auf den Hosenboden setzte, um mein Examen zu schaffen, ging ich ein Jahr lang auf Reisen, um mir die Welt anzuschauen. Ich war auf einer Farm aufgewachsen und hatte eine katholische Jungenschule besucht. Es wurde also Zeit, dass ich meinen Horizont erweiterte. Ich kletterte auf Berge, fuhr mit dem Zug kreuz und quer durch Europa, spazierte durch kopfsteingepflasterte Straßen und las in Cafés Bücher von französischen Existentialisten. Kurz, ich fühlte mich frei.

Nach fast einem Jahr voller exotischer, traumhafter Abenteuer kehrte ich nach Hause zurück und musste noch ein paar Monate überbrücken, bis mich an der Universität wieder ein Leben mit billigem Wein und Zwei-Minuten-Nudeln erwartete. Also jobbte ich, um meine Finanzen aufzubessern.

Einen dieser Jobs fand ich in der Anleihenabteilung der australischen Niederlassung einer englischen Maklerfirma, für die meine Schwester arbeitete. Ich hatte mich dort beworben, weil mir ihr Leben als Börsenmaklerin glamourös und interessant erschien. Anfangs hatte ich die feste Absicht, nach vier Monaten wieder zu gehen, um meinen Universitätsabschluss zu machen, doch es dauerte nicht lange, bis mir tief drinnen klar wurde, dass das nicht geschehen würde. Schon nach kurzer Zeit bekam ich von der Firma einen Sportwagen, eine Firmen-Amex-Karte, um meine Kunden zu bespaßen, sowie eine Gehaltserhöhung. Ich war neunzehn Jahre alt. Meine Aufgabe war es, konkurrierenden Firmen Kunden abspenstig zu machen. Die von mir »gewonnenen« Wertpapier-Transaktionen wurden von Bankern überall auf der Welt angeboten, die ebenfalls kauften und verkauften. Wenn man dabei gewinnt, ist das Adrenalin pur, und man wird von den Kollegen mit High Fives gefeiert. Dann geht man anschließend mit seiner Firmenkreditkarte an die Bar und feiert weiter. Verliert man dagegen, hält man sich für einen Versager und fühlt sich von den Kollegen negativ beurteilt, weil man das Team hängen gelassen hat. Dann geht man an die Bar, um seine Sorgen in teurem Bier und Wodka zu ertränken.

Am Ende brachte ich 26 Jahre meines Lebens damit zu, in dieser Firma zu arbeiten. Jeden Tag das Gleiche, Jahr für Jahr. Derselbe Schreibtisch, dieselben Kunden, dieselben Märkte: Und täglich grüßt das Murmeltier. Meine Träume, die Welt zu retten, wurden aufgesogen von dem Hunger nach dem nächsten Deal, dem nächsten Bonus, dem nächsten Dollar.

Während meiner Arbeit an diesem Buch hatte ich viele Aha-Erlebnisse. Besonders beeindruckend fand ich ein Gespräch mit Daniel Schmachtenberger, in dem er die Grundlagen unseres gegenwärtigen globalen Paradigmas beschrieb. Diese sind schnell erklärt, denn es gibt nur zwei Prinzipien: *Gewinnen* und *Verlieren*. Unsere Welt funktioniert fast ausschließlich in Zusammenhängen, die ständig Gewinner und Verlierer hervorbringen. Dieses Grundmuster liegt unserer Zivilisation seit 40 000 bis 50 000 Jahren zugrunde. Das Gewinner-Verlierer-Muster basiert auf Angst: der Angst vor Ressourcenmangel, der Gier nach mehr, der Angst, dass andere unseren Lebensunterhalt bedrohen. Vorteile im Konkurrenzkampf zu erzielen ist die Triebfeder unseres Handelns. Und wenn man, wie Daniel ausführt, diese Geisteshaltung auch als Motor für den technischen Fortschritt erkennt, hat das unermessliche Konsequenzen auf existenzieller Ebene.

Dass diese simple Dynamik die gesamte menschliche Zivilisation beeinflusst, mag für viele Leute offensichtlich sein, aber mir öffneten erst Davids Erklärungen die Augen für vieles, was auf der Welt geschieht: der Kampf um die knapper werdenden natürlichen Ressourcen, die Länder, die miteinander Kriege um Ölvorräte führen, die politischen Parteien, die um Wählerstimmen ringen, bis zur Konkurrenz um Investorenkapital an den Wertpapierbörsen und dem Wettstreit von Sport-Teams – ja, es wetteifern sogar schon die Kinder um die Aufmerksamkeit ihrer Eltern. Wohin man schaut, gibt es mindestens zwei Personen oder Gruppen (»Stämme«), die um knappe Ressourcen konkurrieren. Alle wollen gewinnen – aber irgendjemand verliert immer.

Vom Tag unserer Geburt an lernen wir, dieses System zu verinnerlichen. Die meisten von uns leben, mehr oder weniger unbewusst, nach dessen Regeln, doch die direkten und indirekten Folgen für den einzelnen Menschen können verheerend sein. Sei es unmittelbare physische Gewalt, psychischer Druck, das Streben nach Anerkennung in einem von Konkurrenzdenken beherrschten sozialen Umfeld oder der Drang, stets der Beste sein und den meisten Reichtum anhäufen zu müssen (zu Lasten unserer menschlichen Grundwerte) – der aus diesem Lebensmuster resultierende Stress fügt unserer körperlichen und seelischen Gesundheit schweren Schaden zu.

Ich dachte darüber nach, welche Folgen dieses System während meiner vielen Jahre im Wertpapierhandel für mich gehabt hatte: Ich hatte meine menschlichen Grundwerte ersetzt durch die Maxime *Wie kann ich immer mehr Geld verdienen?*. Mein tieferes Streben danach, anderen gegenüber mitfühlend und fürsorglich zu sein, mein Traum von einer besseren Welt waren ersetzt worden durch den alles beherrschenden Trieb, um jeden Preis gewinnen zu müssen. Meine Eltern waren wunderbar gütige und großzügige Menschen, deren stärkste Motivation darin bestand, diese Welt zu einem besseren Ort zu machen. Schon seit meiner frühen Kindheit weckten sie in mir den Wunsch, mich für eine bessere Zivilisation zu engagieren. Und doch hatte ich mich sehr rasch in den Strudel eines auf gnadenloser Konkurrenz basierenden Wirtschaftssystems hineinziehen lassen – zum Schaden meiner seelischen Gesundheit und meines Selbstwertgefühls. Und bis zum heutigen Tag trage ich Narben davon mit mir herum.

Jacqui

In ihrem beeindruckenden Blog über ihre Zeit am Harvard College schrieb Due Quach: »Das Studium sollte eine Zeit der Selbstentdeckung sein, aber das ist besonders schwierig, wenn man an einer der wettbewerbsorientiertesten, unbarmherzigsten und heuchlerischsten Universitäten der Welt studiert.«[3] Sie entschloss sich dazu, öffentlich zu kritisieren, welchen langfristigen Schaden ein Umfeld wie Harvard bei Studenten anrichtet. Um den Abschluss zu schaffen, gehen viele bis an die Grenze ihrer Belastbarkeit und darüber hinaus. Dues Post verbreitete sich wie ein Lauffeuer, wodurch auch unser Team auf sie aufmerksam wurde.

Etwas, was Due während ihrer Jahre an dieser auf Hochleistung getrimmten Universität vermisste, war ein Gefühl der Zusammengehörigkeit: kleine mitfühlende Gesten, Menschen, die einander nicht gleichgültig sind, sondern bemerken, wenn es einem von ihnen nicht gut geht. Großzügigkeit ohne Hintergedanken. Wir verbrachten zusammen einen Tag, an dem Due mir das Stadtviertel zeigte, wo sie aufgewachsen war. Obwohl es sich um ein schwieriges urbanes Ökosystem mit viel Kriminalität und Gewalt handelt, gibt es dort bemerkenswerte Beispiele für Solidarität und gegenseitige Hilfe.

Due erzählte mir, wie stolz ihr Vater darauf ist, ein aktives Mitglied dieser Gemeinschaft zu sein. Er ist derzeit der einzige Amerikaner asiatischer Herkunft im Komitee der Demokratischen Partei in seinem Stadtviertel. Heute betreibt er einen Waschsalon, an dem wir vorbeifuhren. Die Ladenfront war mit Brettern vernagelt, und der Salon schien geschlossen, aber das war er nicht. Due erzählte mir, dass die Anwohner aus der Nachbarschaft keine Möglichkeit haben, ihre Wäsche zu waschen, wenn der Waschsalon geschlossen ist. Also versucht ihr Vater, ihn möglichst lange geöffnet zu halten, auch wenn er dabei manchmal Verluste macht. In unserer immer anonymer werdenden modernen Gesellschaft, in der die Menschen mehr und mehr vereinzeln, fand ich dieses Zeichen nachbarschaftlicher Solidarität herzerwärmend.

In unserem Buch berichtet Due aus ihrer Vergangenheit, beschreibt ihren persönlichen kulturellen Background und die Erfahrungen, die sie prägten. Sie erzählt von den Wendepunkten in ihrem Leben, die sie immer wieder veranlassten, beruflich neue Wege zu gehen. Due gehört zu den Menschen, die wir für dieses Projekt interviewten, weil ihre gegenwärtige Arbeit unmittelbar mit der Transformation unserer globalen Zivilisation zusammenhängt. Sie arbeitet mit Institutionen und Unternehmen zusammen, um Studenten, die Minderheiten angehören oder durch ihre soziale Herkunft benachteiligt sind, Förderung, Unterstützung und berufliche Perspektiven zu vermitteln. Dues eigene Erfahrungen mit dem Bildungssystem und seinen Schwächen motivieren sie heute dazu, Wege zu dessen Umgestaltung zu entwickeln.

In vielerlei Hinsicht ist Dues persönliche Geschichte ein ermutigendes Beispiel dafür, dass die Zeiten sich ändern. Sie zeigt uns, wie sehr es sich lohnt, wenn wir das als Lebensaufgabe wählen, was uns persönlich begeistert und am Herzen liegt. Und wir sehen daran, wie unser kollektiver Innovationsgeist uns ein anderes Modell für unsere Zukunft eröffnet.

Auf eine andere Interviewpartnerin wurden wir durch *40 years of Zen* aufmerksam, ein Hightech-Gehirntraining, bei dem modernste Neurofeedback-Technologie eingesetzt wird, um das, was in unserem Kopf geschieht, zu messen und zu verbessern. Beim Neurofeedback werden komplexe technische Geräte zur Optimierung unseres Gehirns genutzt, weil nachgewiesen werden konnte, wie gut sich damit körperliche und seelische Gehirn-Traumata behandeln lassen und Verbesserungen in den Bereichen Harmonie von Körper und Geist, Konzentrationsvermögen und Kreativität erreicht werden können. Man misst bei diesem Verfahren die elektrischen Ströme im Gehirn. Diese werden dann in Klänge umgesetzt und dem Gehirn vorgespielt. Dadurch erhält es neue Informationen (Feedback) darüber, was es tut. Hier haben wir ein Beispiel dafür, wie die Prinzipien der Meditation uns zum Einsatz hochmoderner Technologie anregen können, denn was beim Neurofeedback geschieht, ist im Wesentlichen das, was auch bei der Meditation stattfindet. Nur dass die Verbesserung hier durch die Mess-Komponente (Feedback) verstärkt und beschleunigt wird. Heather testete die Methode bei Dave Asprey, einem der führenden Gesundheits-Podcaster. Asprey ist »Biohacker« und Gründer des Blogs *Bulletproof Executive,* mit dem er seinen Zuschauern helfen will, durch »Upgrades« von Geist, Körper und Lifestyle höhere Leistungen zu erzielen.

Was mir an Heather auf Anhieb gefiel, war ihr Vertrauen ins Leben. Sie geht mit einer offenen, engagierten Einstellung an alles heran, was sie tut, und ist mit ganzer Seele dabei. Vertrauen ist in unserer von Angst getriebenen Welt eine sehr willkommene Qualität. Es transzendiert das Gewinner-Verlierer-Denken, denn wer vertraut, geht von der Annahme aus, dass wir ihn nicht ausnutzen. Heather ist eine Frau, die durch ihre Meditationspraxis und ihre Entscheidungen ständig demonstriert, wie sehr sie dem Universum vertraut.

Für mich verkörpert Heather den Pulsschlag des Lebens: Sie befindet sich in ständiger Vorwärtsbewegung. Ein Freund sagte einmal zu mir: »Wenn du aufhörst, vor dem wegzulaufen, was du fürchtest, fängst du an, auf dich selbst zuzulaufen.« Als ich das Heather erzählte, verstand sie sofort, was gemeint war. Früher hatte sie es genauso gemacht. Sie hatte sich von Kind an dem Laufsport gewidmet, sich also körperlich stets vorwärtsbewegt, dabei jedoch eine schwere emotionale Last mitgeschleppt. Heute findet sie, auch wenn ihr das manchmal schwerfällt, Frieden und Freude in der Vorwärtsbewegung, weil sie in Richtung eines authentischeren Selbstausdrucks unterwegs ist.

Außenansichten

Der Makro-Effekt des Mikro-Denkens

DANIEL SCHMACHTENBERGER, EVOLUTIONSPHILOSOPH UND GLOBALER SYSTEMSTRATEGE

Auch wenn das nicht offensichtlich ist, haben alle Menschen die gleichen Werte, sie gewichten sie nur sehr unterschiedlich, abhängig davon, wie ihre »fundamentale Theorie der Güterabwägung« aussieht.

Wenn ich beispielsweise in einer Welt lebe, in der es ausschließlich möglich ist, Strom aus Kohlekraftwerken zu gewinnen, und weiß ich gleichzeitig, dass die Kohleverbrennung umweltschädlich ist, benötige aber, um in der Gesellschaft gut zu funktionieren, elektrische Energie, muss ich mein Verhalten rational rechtfertigen und meine Empathie reduzieren. Das bedeutet, dass meine physische Infrastruktur – zum Beispiel mein Haus – meine Weltsicht beeinflusst.

Menschen, die glauben, es sei unmöglich, gleichzeitig Ökonomie und Umwelt zu schützen und zu fördern, werden sich entweder auf den Umweltschutz konzentrieren und in Kauf nehmen, dass die Gesellschaft zur Erreichung dieses Ziels ein gewisses Maß an Einschränkung und Mangel ertragen muss, oder sie werden sagen:»Hey, wir müssen nun einmal die Wirtschaft ankurbeln, da bleibt uns nichts anderes übrig, als Umweltschäden zu akzeptieren.«

Die Ökonomie ist die Schnittstelle zwischen unserem Wertesystem und dem, was wir tatsächlich für wesentlich halten und erschaffen. In ihr manifestieren sich die Werte, denen wir in Wahrheit folgen. Man kann sich ein Wirtschaftssystem als eine Art kollektive Intelligenz vorstellen, die sich auf alle Menschen auswirkt und sie konditioniert und prägt, selbst aber nicht vom einzelnen Menschen abhängig, nicht auf jeden angewiesen ist.

Um zu verbildlichen, wie dieses System funktioniert, schauen wir uns einen Wal an. Der Wal ist für das gute Funktionieren des Ozeans von sehr großem Wert. Er erzeugt nämlich sogenannte trophische Kaskaden (über die Nahrungskette vermittelte Veränderungen der Produktion eines Ökosystems durch den Einfluss von Räubern auf Pflanzenfresser), die im Meer die Photosynthese ermöglichen. Da der Wal aber auf keiner ökologischen Kosten-Nutzen-Rechnung auftaucht, ist sein ökonomischer Wert gleich null. Nehmen wir dagegen eine Walfang-Industrie, die Wale bejagt, tötet und das Fleisch verkauft, kann ein solcher Wal mehrere Millionen Dollar wert sein. Für die Walfänger hat es demnach keinerlei Vorteil, den Wal am Leben zu lassen, doch wenn sie ihn töten, winkt üppiger Profit.

Das Gleiche trifft auf alle anderen Tiere eines Ökosystems zu: Sie besitzen lebend keinerlei ökonomischen Wert, doch getötet werden sie zum Wirtschaftsgut. Ungefällte Bäume, Mineralien, die im Boden bleiben, eine intakte Umwelt – das alles ist ohne jeden ökonomischen Wert. Wenn wir der als Gemeingut betrachteten Natur etwas entnehmen, verursachen wir damit Schäden und Kosten, die aber ökonomisch nicht berücksichtigt werden. Das heißt, wir messen der lebendigen Natur keinen wirtschaftlichen Wert bei. Erst ausgebeutet und genutzt – also tot – ist sie für uns wertvoll. Deshalb werden so viele Spezies ausgerottet, gibt es so große Verluste an biologischer Vielfalt, so viel Umweltzerstörung. Deshalb sind 90 Prozent der Großfischarten weltweit ausgelöscht. Es ist Folge der ökonomischen Anreize im gegenwärtigen System.

Und wir können Menschen doch wohl kaum dazu bewegen, ein problematisches Verhalten aufzugeben, wenn wir gleichzeitig ökonomische Anreize für dieses Verhalten aufrechterhalten, oder? Wenn wir wirtschaftliche Anreize dafür schaffen, dass Akteure – Unternehmen, Länder, Einzelpersonen – Dinge tun, die direkt oder indirekt Schaden anrichten, werden sie das auch weiterhin tun. Gegenwärtig geschieht aber genau das überall im System. Man nennt das »perverse Anreize«.

Wenn es in einem Wirtschaftssystem keinerlei Anreize zum Schutz lebendiger Ökosysteme gibt, jedoch starke Anrei-

ze dafür, aus diesen lebendigen Ökosystemen tote Gebrauchs-
güter herzustellen, wird dieses Wirtschaftssystem sich nach
einiger Zeit zwangsläufig selbst zerstören.

Um den Wert einer natürlichen Ressource begreifen zu
können, muss man verstehen, welchen Wert sie im Rahmen
ihres exakten Kontextes für ihre Nutznießer hat. So liefert ein
Baum Nahrung, zum Beispiel Nektar und Pollen für bestäu-
bende Tierarten, und er versorgt den Boden in seiner Umgebung mit Mikroorganismen, die in einer symbiotischen Beziehung mit seinen Wurzeln leben. Für die Fische im Fluss
hat der Baum den Vorteil, dass er bei Regen das Erdreich stabilisiert und festhält, sodass der Bach sauber bleibt. Dort, wo
der Fluss ins Meer fließt, wirkt es sich auf die Korallenriffe
aus, dass die Baumwurzeln das Erdreich stabilisieren. Und
natürlich sind die Menschen, von denen die Fische verzehrt
werden, gesünder, weil die Fische in sauberem Wasser
schwimmen.

All diesen Phänomenen messen wir keinen ökonomischen
Wert bei, obwohl unser Überleben von ihnen abhängt. Wir
sind davon abhängig, dass die bestäubenden Tierarten unsere
Nutzpflanzen bestäuben. Wir sind davon abhängig, dass Bäume das Erdreich stabilisieren, die Wasseraufnahmefähigkeit
der Böden verbessern und dadurch massive Überschwemmun-
gen sowie die Entstehung von Todeszonen in den Meeren verhindern. Wir hängen von unserer Atmosphäre ab, an deren
Erzeugung die Bäume entscheidend mitwirken.

Aber was passiert, wenn ich nun diesen einen Baum fälle?
Wird sich das auf all diese Phänomene auswirken? Die Antwort lautet: Nein, oder jedenfalls wirkt es sich nicht unmittelbar aus. Wenn aber alle Menschen – alle 7,8 Milliarden – so

denken, wird niemand Verantwortung für die Makro-Wirkung seines Mikro-Denkens übernehmen. Ich sehe also den Nutzen, den es hat, diesen Baum der Umwelt zu entnehmen und in Kantholz zu verwandeln, mit dem sich Geld verdienen lässt. Aber ich sehe den Schaden nicht, der daraus für die Natur entsteht. Wenn nun alle Menschen so mit den natürlichen Ressourcen umgehen, werden die Ökosysteme irgendwann aufgrund der Übernutzung zusammenbrechen.

Das, was wir bis heute Zivilisation nennen, nutzt die Komplexität der natürlichen Welt, um daraus verhältnismäßig simples Zeug herzustellen. Zum Beispiel macht man aus einem Baum, der sich selbst organisiert und an seine Umwelt anpasst, Kanthölzer, die sich nicht selbst organisieren, nicht selbst reparieren oder heilen. Kurz gesagt: Aus etwas Komplexem wird etwas ziemlich Primitives. Das geht in die der natürlichen Evolution genau entgegengesetzte Richtung. So etwas kann man nur eine gewisse Zeit lang tun. Längerfristig verliert das System dadurch seine Widerstands- und Anpassungsfähigkeit, denn diese Fähigkeit, Resilienz genannt, ist umso größer, je komplexer das System ist.

Anders als komplexe, sich selbst reparierende Ökosysteme sind die von Menschen gebauten komplexen Systeme nicht in der Lage, sich selbst wieder instand zu setzen. Ein Haus kann das nicht, und auch ein Computer kann einen Schaden nicht selbst beheben. Wenn eine Wasserleitung beschädigt wird, dichtet sie sich nicht automatisch wieder ab. Wir Menschen haben ein System erschaffen, das prinzipiell empfindlich und fragil ist. Und immer mehr Menschen sind abhängig von diesem zerbrechlichen, komplizierten System. Gleichzeitig wird das zugrunde liegende komplexe Ökosystem ebenfalls immer fragiler, weil seine biologische Vielfalt von uns immer weiter reduziert wird.

Die Zivilisation kann so nicht weitermachen. Haben wir einmal verstanden, dass es die Natur der Evolution ist, die geordnete Komplexität der Ökosysteme immer weiter zu erhöhen, müssen wir aktiv in die gleiche Richtung arbeiten, indem wir eine Zivilisation erschaffen, die komplex, aber nicht kompliziert ist. So kommen wir dahin, die von uns Menschen erzeugte Welt als Ausdehnung der eleganten, wohlgeordneten Komplexität der natürlichen Welt zu begreifen.

Auf den Primatenforscher Robin Dunbar geht die berühmte Dunbar-Zahl zurück, die bei etwa 150 liegt. Bis zu dieser Anzahl sind die Mitglieder einer Primatengruppe noch in der Lage, einander zu kennen und persönliche Beziehungen zu unterhalten. Dies trifft, wie Dunbar feststellte, auch auf indigene Kulturen zu. Auch hier liegt die maximale Größe eines Stammes bei etwa 150 bis 200 Personen. Er fand heraus, dass Gemeinschaften sich in zwei neue Gruppen aufteilen, sobald diese Zahl überschritten wird. Der Wissenschaftler vermutet, dass dies an unserer begrenzten kognitiven Kapazität liegt, die uns nur nähere Beziehungen zu einer bestimmten Anzahl Menschen erlaubt.

Ich bin zum Beispiel in einem Umfeld von etwa 150 Personen aufgewachsen. Mit allen habe ich bis heute echte Beziehungen und bin in der Lage, ihren Lebensweg zu verfolgen. Würde ich einen dieser Menschen physisch verletzen, hieße das, jemanden zu verletzen, mit dem ich mich persönlich verbunden fühle.

Erreicht die Gesellschaft, in der ich lebe, eine Größe von deutlich über 150 bis 200 Individuen, werden viele von ihnen für mich anonym. Ich kenne sie nicht mehr gut oder gar nicht. Wenn ihnen etwas zustößt, erfahre ich es nicht oder es berührt mich nicht. Ich könnte diesen mir persönlich unbekannten Menschen Schaden zufügen, ohne mich ihnen verbunden zu fühlen oder an ihrem Schicksal Anteil zu nehmen.

Vor der Erfindung der Landwirtschaft verhielten sich die Menschen, wenn es in einem Gebiet genug Ressourcen gab, untereinander zum größten Teil friedlich. (Ich vereinfache hier etwas, aber es ist ein wichtiger Aspekt.) Wenn aber die Bevölkerung stark anstieg, sodass die Ressourcen knapp wurden, kam es vermehrt zu durch diesen Mangel ausgelösten Spannungen, da die einzelnen Stämme um die Ressourcen konkurrierten. Diese Spannungen drückten sich darin aus, dass jede Seite versuchte, die knappen Ressourcen schneller herbeizuschaffen als die andere, und wenn nötig kam es auch zu kriegerischen Auseinandersetzungen.

Im Laufe der Menschheitsgeschichte wurden nicht nur die einzelnen Gruppen größer, sondern es wuchs (und wächst bis heute) auch ihre Fähigkeit, um in der Natur knappe Ressourcen zu konkurrieren. Statt Bäume mit der Axt zu fällen, kann man heutzutage mit der Motorsäge und großen Maschinen ganze Ökosysteme in kurzer Zeit zerstören. Die Fähigkeit, Ressourcen auszubeuten, wird immer weiter perfektioniert. Gleichzeitig wächst die Fähigkeit, die eigenen Ziele mit militärischer Gewalt durchzusetzen und mithilfe politischer Propaganda die eigenen Leute bei der Stange zu halten, damit sie nicht zur Gegenseite überwechseln.

Der Blick auf die Evolutionskurve macht deutlich, dass die Menschen ihre technologischen Fähigkeiten unaufhörlich weiterentwickelt haben – und zwar nicht linear, sondern exponentiell.

Sobald ein Stamm militärische Mittel anwandte – also andere Stämme angriff, um knappe Ressourcen für sich allein nutzen zu können oder ihnen Ressourcen wegzunehmen –, blieb den übrigen Stämmen nichts anderes übrig, als sich auf den Kampf einzulassen oder besiegt zu werden. Und sobald alle das militärische Spiel mitmachen, geht es nur noch darum, zu siegen oder zu verlieren.

Wenn wir uns die großen ökologischen Herausforderungen der heutigen Zeit anschauen – das Artensterben und den Klimawandel – oder irgendeine andere der vom Menschen verursachten Katastrophen – Kriege zum Beispiel, Wirtschaftskrisen oder den Missbrauch sich rasant entwickelnder Technologien –, zeigt sich, dass sie alle auf dem gleichen Prinzip beruhen: auf jenem Spielprinzip, das stets Gewinner und Verlierer hervorbringt und aufgrund exponentiell wachsender Machtstrukturen immer weitreichendere Folgen hat. Immer schon waren Spiele dieser Art die Triebfeder für unser Handeln. Selbstverständlich haben wir auch immer wieder Nischen geschaffen, in denen diese Regeln nicht gelten. Doch diese Alternativmodelle hatten im vorherrschenden darwinistischen Konkurrenzkampf, der üblicherweise militärisch ausgetragen wurde, für gewöhnlich kaum eine Chance. Wir sehen also, dass die unser Überleben gefährdenden Risiken, mit denen wir heute konfrontiert sind, aus den Dynamiken resultieren, die dem vorherrschenden System zugrunde liegen. Man darf sie daher nicht isoliert betrachten.

Der direkte oder indirekte Schaden, den Gewinner-Verlierer-Spiele anrichten, war schon immer Teil des Systems, doch in der Vergangenheit war unsere Macht begrenzt. Wenn die Technologie sich immer weiterentwickelt, von Steinäxten über Speere und Gewehre bis zu Interkontinentalraketen mit Atomsprengköpfen, darf man eben nicht damit fortfahren, immer wieder das Gleiche zu tun. Das Spielfeld ist nämlich irgendwann nicht mehr in der Lage, die Dynamiken von so viel Macht auszuhalten. Wenn unsere Entscheidungen derart weitreichende Folgen haben, zwingt uns das, bessere Entscheidungen zu treffen. Sonst laufen wir Gefahr, uns selbst auszulöschen.

Innenansichten: Teil 2

BOODA | Im Krieg gibt es keine Sieger

RON »BOODA« TAYLOR, EHEMALIGER SERGEANT
DER US-ARMEE

Beim Militär wird in Teams gearbeitet, in denen der persönliche Zusammenhalt wesentlich ist. Das bedeutete für mich einen Kulturschock. Mein erster Einsatzkamerad stammte aus Oregon und war nie zuvor einem Schwarzen begegnet. Er wusste nur, dass Schwarze üblicherweise Gangster und gewalttätig sind. Und zufällig war ich tatsächlich ein Gangster und gewalttätig. Er hatte Angst vor mir. Ich wiederum war noch nie mit einem Weißen befreundet gewesen. Wir waren ein seltsames Paar – und doch gezwungen, uns aufeinander zu verlassen. Ich tue mich mit sozialen Beziehungen eher schwer, aber wir zwei wurden wirklich gute Freunde.

Zunächst musste ich nach Pensacola, Florida, wo ich zum Kriegsfotografen ausgebildet wurde. Dort lernte ich erst einmal, wie man in einer Dunkelkammer arbeitet, und durfte militärische Zeremonien fotografieren. Dann schickten sie mich nach Japan, wo ich anfangs als Studiofotograf eingesetzt wurde. Dann erhielten wir die Aufgabe, bei Kriminalermittlungen in Japan zu helfen und gemeinsame Militärübungen mit den Japanern fotografisch zu dokumentieren. Anschließend wurde ich in Fort Irwin in Kalifornien im National Training Center als Observer Controller (OC) ausgebildet. Das National Training Center ist die letzte Station, bevor man in Kampfeinsätze geschickt wird. Meine Aufgabe dort bestand darin, den Gefechtsverlauf zu dokumentieren und wie die Kampfeinheiten sich in den Situationen bewährten, die ihnen in realen Gefechten begegnen würden. Diesen Job machte ich fast zwei Jahre lang. Dann wurde ich nach Hawaii versetzt, zu einer Einheit, deren Aufgabe es war, in Südostasien die Leichen hauptsächlich im Vietnamkrieg gefallener Soldaten zu bergen.

Darüber hinaus untersuchten wir aktuelle Todesfälle. Einmal sollte ich den Selbstmord eines Piloten dokumentieren, der sich in einem Wohnblock der örtlichen Militärbasis aus dem neunten Stock gestürzt hatte. Dazu musste ich seine sterblichen Überreste und den ganzen Schauplatz des Suizids fotografisch festhalten. Ich erhielt Einblick in sämtliche Details, las den Abschiedsbrief und durchsuchte mit den Ermittlern den Computer des Toten. Das war wirklich hart. Ich fragte mich: *Was treibt einen Menschen zu einem solchen Schritt?* Der Mann hinterließ eine Frau und zwei Kinder, eines davon gerade erst geboren.

Von dort wechselte ich zum Militärgeheimdienst nach Afghanistan, womit die zweite Phase meiner Soldatenlaufbahn begann. Ich entschied mich für die Geospatial Intelligence (dt.: »raumbezogene Aufklärung«), was bedeutete, mit den Drohnenpiloten zusammenzuarbeiten. Wir waren sozusagen die Augen der Drohnen. Mitten in den Gefechten analysierten wir, was geschah. Dabei muss man schnell sein. Hast du es gesehen? Ja oder nein? Sobald du Ja sagst, startet die Kampfdrohne. Dann sitzt man vor einem hochauflösenden Monitor und beobachtet den Einschlag. Es gibt keinen Richter, keine Jury. Du hast Ja gesagt, und deshalb müssen jetzt alle diese Menschen sterben. Sie werden in Stücke gerissen. Und du schaust dabei zu.

Ein neuer Einsatz wurde geplant, dessen Name mir gut gefiel. Also sagte ich mir: *Ja, den übernehme ich!* Die eigentlichen Ausführenden waren meine Soldaten, während ich das Ganze leitete und überwachte. Wir waren bereit, zuzuschlagen.

Ehrlich gesagt, ich war nie ein Fan dieser ganzen Sache. Ich begriff zwar die Notwendigkeit und wie wichtig es war, dass ich meine Aufgabe gut machte. Allerdings ging ich dabei keinerlei persönliches Risiko ein – das lag allein bei den Leuten, die auf dem Gefechtsfeld im Einsatz waren. Nichtsdestotrotz war es meine Aufgabe, meine Leute zu retten und zu beschützen, und das tat ich.

Die Vorbereitung eines Gefechtseinsatzes erregt immer die Aufmerksamkeit aller im Kontrollzentrum, weil sie live auf dem Großbildschirm gezeigt wird. Dann kommen alle höheren Offiziere und wollen sehen, was vor sich geht. Und wir benötigen die Einsatzfreigabe von höherer Ebene. Also sitze ich vor dem Monitor, und der Colonel schaut mir über die

Schulter. »Was sehen Sie?«, will er wissen, und ich erkläre es ihm und zeige es ihm auf dem Bildschirm. Er gibt sein Okay und genehmigt den Einsatz. Ich gebe den Befehl an meine Jungs weiter, und: *Boom!* Schon ist die Mission vorbei.

Wir gingen mit den Drohnen auf Menschenjagd und warteten immer auf den richtigen Moment, um zuzuschlagen. So etwas geht einem nicht aus dem Kopf. Oder wir suchten mithilfe der Drohnen nach sogenannten IEDs (improvisierten Sprengfallen) der Taliban oder Minen. Manchmal übersah ich dabei etwas, und deshalb kamen Soldaten ums Leben. Ich sah dann auf dem Bildschirm, wie es geschah. Aber das war kein Videospiel, sondern die Wirklichkeit und das, was gerade durch meine Schuld geschehen war, real. Was, wenn der getötete Soldat ein naher Verwandter gewesen wäre, jemand, dem ich sehr nahestand, den ich liebte? Ich fing an, mich persönlich betroffen zu fühlen.

Im Krieg geschehen Dinge, über die man keine Kontrolle hat. Und leider gibt es im Krieg keine Sieger. Ich töte dich, und du tötest mich. Wir töten mehr von euch, und ihr tötet mehr von uns. So geht es immer weiter, bis eine Seite des Sterbens müde ist. Und selbst wenn wir dem Gegner so schwere Niederlagen bereiten, dass er aufgibt und sich uns unterwirft, haben wir dann wirklich gesiegt? Werden aus früheren Feinden Freunde? Nein. Es endet nie.

Wenn Soldaten aus dem Krieg nach Hause zurückkehren, geraten sie von einer extremen Umwelt in eine andere. Und du musst, solange du aktiver Soldat bist, stets mit dem nächsten Einsatzbefehl rechnen. In deiner Spezialausbildung – die mindestens ein Jahr dauert – wirst du darauf trainiert, immer kampfbereit zu sein. Das geht dir in Fleisch und Blut über.

Du befolgst Befehle, reagierst bloß noch. Reagierst, reagierst, reagierst. Du denkst nicht an den psychischen Preis, den du dafür zahlst. Wenn du dann zu Hause bist, nachts, wenn es still ist, wenn du nicht schlafen kannst, siehst du die Bilder vor deinem inneren Auge. Sie kommen immer wieder.

So geht es auch mir. Stets beobachte ich meine Umgebung, analysiere die Situation. Nie finde ich Ruhe. An meinem Haus gibt es Bewegungsmelder, damit ich sehen kann, wenn draußen jemand herumläuft. Und trotz dieser Sicherheitsmaßnahmen kann ich nicht schlafen. Ich habe immer noch das Gefühl, dass etwas nicht stimmt. Ich schrecke aus dem Schlaf hoch. Ich kann mich nicht entspannen. Ich rechne ständig damit, dass etwas Unvorhergesehenes passiert, und will sofort reagieren können.

Was nie verschwindet, sind der Geruch, die Geräusche, der Anblick der Toten. Und das Wissen, dass ich für diese Toten mitverantwortlich bin. Ich habe eine hohe Mitverantwortung. Ich bin traurig, dass ich das tun musste, aber auf der anderen Seite habe ich auch gesehen, was geschah, wenn wir zu langsam reagierten: Dann wurden unsere Soldaten getötet. Jemand muss dann ihre Familien anrufen und ihnen sagen, dass ihr Sohn oder ihre Tochter nie mehr nach Hause kommen wird, weil du einen Fehler gemacht hast. All das geht dir nicht mehr aus dem Kopf. *Es ist meine Schuld. Ist es wirklich meine Schuld? Ich glaube ja. Ich war zu langsam. Ich habe zu lange gezögert. Ich wollte den Befehl noch nicht geben. Ich war mir nicht sicher.*

Im Krieg begegnet uns das Schlimmste im Menschen. Du siehst, wie schlecht wir sind. Welche Zerstörungen wir anrichten können. Die Welt ist ein wunderschöner Ort, und es leben eine Menge herzensgute, wunderbare Menschen auf ihr, aber auch eine Menge schreckliche, herzlose. Das zu erleben verändert dich. Die Verhältnisse, in denen ich aufwuchs, waren nicht gerade schön, aber im Vergleich zum Krieg war es wie im Kindergarten.

DUE | Meine Eintrittskarte in die Freiheit
DUE QUACH, UNTERNEHMERIN UND FLÜCHTLING

Nach Harvard zu gehen heißt also, dass alle deine Träume in Erfüllung gehen, oder etwa nicht? Für mich fühlte es sich eher so an, als wären meine Albträume wahr geworden. Ich denke, ich war wirklich naiv, hatte keine Ahnung, worauf ich mich einließ. Harvard schien der Lohn dafür, dass ich jahrelang unermüdlich meinen Eltern geholfen hatte und eine wirklich gute Schülerin gewesen war. Doch als ich dorthin kam, merkte ich schnell, dass ich hier noch mehr arbeiten musste und noch größerem Druck ausgesetzt war. Meine Familie war mir dabei keine emotionale Stütze. Sie waren alle weit weg und dachten, es ginge mir gut. Sie verstanden nicht, was für ein Stress es ist, in einer Familie von Nichtakademikern das erste Kind zu sein, das studiert. Schon allein das Pendeln zwischen zwei so extremen Enden des sozioökonomischen Spektrums, noch dazu in so jungen Jahren, trieb mich an den Rand des Wahnsinns.

Erst in Harvard begriff ich, dass das, was ich in meiner Kindheit erlebt hatte, nicht normal war. Nun war ich von

Menschen umgeben, die hohe Erwartungen hatten, perfektionistisch und neurotisch waren. Die meisten Studenten waren privilegiert und behütet aufgewachsen. Wenn ich ihnen meine Lebensgeschichte erzählte, waren sie entsetzt. Harvard war eine Art Elfenbeinturm, und ich verstand die Lebensweise der Leute dort nicht. Ich fand es unerträglich – der Stress, die ständige Kritik, der Erwartungsdruck. Es überraschte mich nicht, dass viele Studentinnen und Studenten depressiv wurden, an Ängsten litten, psychologische Beratung und Therapie benötigten. In Harvard war es normal, sich psychotherapeutisch behandeln zu lassen.

Während meines ersten Jahres in Harvard starb meine Großmutter. Ich hatte dort kein starkes soziales Unterstützungsnetzwerk und wusste nicht, wie ich mit meiner Trauer umgehen sollte. Einerseits war sie meine Großmutter, und wir hatten uns um sie gekümmert, solange ich mich erinnern konnte. Doch in ihren letzten Jahren war sie pflegebedürftig und dement gewesen. Ich war erleichtert, dass diese Last nun von uns genommen war, fühlte mich aber schuldig, weil ich so empfand. Ich wusste nicht, wie ich diese Gefühle verarbeiten sollte. Ich spürte Wut wegen den durch die Geisteskrankheit verursachten Gewaltausbrüchen meiner Großmutter und den Entbehrungen, die wir wegen ihr auf uns genommen hatten. Das alles schien so unfair.

Damals begannen diese Weinkrämpfe, die ganz plötzlich einsetzten und die ich nicht kontrollieren konnte. Ich litt an Flashbacks, mich plötzlich überfallenden Erinnerungsschüben, und schweren Konzentrationsstörungen, sodass ich dem Unterricht nicht mehr folgen konnte. Ich konnte kaum noch schreiben, hatte Mühe, die gestellten Aufgaben zu lösen.

Anfangs dachte ich, das sei einfach nur die Trauer um meine Großmutter und würde vorübergehen. Aber es wurde nicht besser.

Kunst war eines meiner Hauptfächer, und ich fand es sehr therapeutisch, mich künstlerisch zu betätigen. Das half, die Symptome für eine Weile zu lindern. Doch die Weinkrämpfe verschwanden nicht. Nachts litt ich unter schrecklichen Albträumen. Ständig sah ich Katastrophenszenarien vor meinem inneren Auge. Und ich hatte das Gefühl, keinerlei Kontrolle über das zu haben, was da mit mir geschah.

Ich ging spazieren und versuchte, mich durch die Bewegung an der frischen Luft zu beruhigen, aber dabei dachte ich Dinge wie: *Oh, das da vorne ist ein Dach, von dem man sehr gut herunterspringen könnte.* Solche Ideen schossen mir immer wieder durch den Kopf, und ich musste dann mit bewusster Anstrengung zu mir sagen: *Halte dich von diesem Dach fern!* Da war diese Stimme in meinem Kopf, eine sehr hoffnungslose, selbstzerstörerische Stimme, die sagte: *Das lohnt sich doch alles nicht. Es ist sinnlos.* Während meiner Zeit in Harvard geschahen mehrere Selbstmorde. Offensichtlich hörten dort auch andere diese negative Stimme in ihrem Kopf.

Ich fühlte mich regelrecht toxisch. Es war, als würde ich die Welt durch eine mit Kot beschmutzte Brille sehen. Ich war so wütend! Dann sagte eines Tages eine Freundin zu mir: »Weißt du, du bist wirklich keine angenehme Gesellschaft. Du beklagst dich den ganzen Tag. Kannst du nicht mal das Thema wechseln und über etwas Positives reden?« Daraufhin fragte ich mich, warum ich unfähig war, das Positive zu sehen. Warum sah ich nur Negatives? Vielleicht stimmte ja etwas mit meinem Denken nicht, vielleicht war *ich* das Problem.

Vielleicht musste sich die Welt nicht ändern, sondern ich musste meine trübe, schmutzige Brille abnehmen.

In meinem vierten Harvard-Jahr war ich schließlich bereit, professionelle Hilfe zu suchen. Ich hatte zu viele Panikattacken. Einmal hatte ich wegen Atembeklemmungen sogar ein Krankenhaus aufgesucht. Sie gaben mir Lorazepam, was mich beruhigte. Weil das funktioniert hatte, beschloss ich, es mit einer medikamentösen Behandlung zu versuchen. Ich ging zu einem Psychiater. Er forderte mich auf: »Erzählen Sie mir Ihre Lebensgeschichte.«

Nachdem ich das getan hatte, sagte er: »Schon bis zum Alter von zwei Jahren hatten Sie schwere traumatische Erlebnisse. Heute wissen wir, dass diese Erfahrungen in den ersten beiden Lebensjahren sich auf unsere Persönlichkeit auswirken. Und sie wirken sich auch auf die Gehirnentwicklung aus.« Er ließ durchblicken, dass Traumen aus der frühen Kindheit eine Hypothek für das ganze Leben sein können, weil sie die Gehirnentwicklung beeinträchtigen.

Die meisten Menschen haben schon von der Posttraumatischen Belastungsstörung, PTBS, gehört. Viele sind sich aber nicht bewusst, wie weitverbreitet frühkindliche Traumen sind. Fast zwei Drittel aller Menschen haben mindestens ein solches Kindheitstrauma (engl.: »Adverse Childhood Experience, ACE«) erlitten. Mindestens vier solcher ACEs erlitten zu haben gilt als Schwelle zu einer schweren Traumatisierung, womit dann das Risiko stark ansteigt, später ernste Gesundheitsprobleme, Suchterkrankungen und selbstzerstörerische Verhaltensweisen zu entwickeln. Forscher haben inzwischen fünf neue Indikatoren eingeführt, um die bei Menschen in Großstädten häufig anzutreffenden traumatischen Erfahrungen zu berücksichtigen. Dazu gehören die Konfrontation mit Gewalttätigkeiten, Rassismus-Erfahrungen, das Leben in einem unsicheren Stadtviertel, Mobbing und die Unterbringung als Pflegekind. Von diesen fünf Indikatoren hatte ich vier erlebt.[4]

Der Psychiater erklärte mir, es gäbe keine Heilungsgarantie, was hieß, dass mir diese Probleme möglichweise mein Leben lang zu schaffen machen würden. Welchen Sinn hatte es, in Harvard zu studieren, wenn mein Gehirn nicht mitspielte?

Diese Diagnose zu hören war eine große Enttäuschung, aber ich fühlte mich trotzdem erleichtert, denn jetzt wusste ich, dass meine Probleme kein Zeichen von Schwäche waren – ganz im Gegenteil: Ich erwies mich sogar als äußerst belastbar. Denn trotz meiner dissoziativen Episoden und all der anderen Beschwerden erzielte ich immer noch Einsernoten. Ich glaube, die schlechteste Note, die ich je bekam, war eine Zwei.

Angesichts meines Traumas bewältigte ich die Anforderungen des Studiums erstaunlich gut. Doch war ich dadurch, dass ich es verdrängt hatte, in einen Zustand geraten, den man Anhedonie nennt. Ich war nicht mehr in der Lage, Freude zu empfinden. Ich war abgestumpft. Ich hatte damit aufgehört, mich gut zu fühlen. Ich hatte keinen Spaß mehr am Leben, konnte nicht lächeln. Es mangelte mir an Energie und Motivation.

Ich fragte den Psychiater: »Was können wir dagegen tun? Ich bin bereit für alles, was Sie im Angebot haben.«

Er verschrieb mir ein Antidepressivum, um meine Gehirnchemie zu verändern und die Panikattacken zu lindern, und ich begann eine Psychotherapie. Nach ein paar Monaten fühlte ich mich stabiler, doch wenn meine studentische Krankenversicherung auslief, würde ich mir die Behandlung nicht länger leisten können. Mein Examen wurde also zur Deadline, bis zu der ich es schaffen musste, ohne Medikamente und Therapie zurechtzukommen.

Wenn wir über längere Zeiträume traumatische Erfahrungen gemacht haben, organisiert unser Gehirn unser Gefühlsleben und unser Leben so um, als wäre das Trauma noch im Gange. Das Gehirn bleibt hyperaktiv, und die Funktion der Frontallappen wird beeinträchtigt. Wenn das Trauma den linken präfrontalen Cortex beeinträchtigt, können wir in einen chronischen negativen emotionalen Zustand geraten. Körperliche Empfindungen, die uns an das Trauma erinnern, können uns völlig überwältigen. Also passen wir uns oft dadurch an, dass wir schmerzhafte Empfindungen und Erinnerungen blockieren und unterdrücken. In meinen schlimmsten Phasen war es, als würde ein innerer Godzilla die Kontrolle über mich übernehmen. Ich wollte dann am liebsten alles kurz und klein schlagen und einfach verschwinden. Ich fühlte mich von Furcht und rastloser Unruhe überwältigt und sah nur noch, was alles negativ war und schiefgehen konnte.

Das ist ein scheußlicher Zustand, dem wir nicht selten zu entfliehen versuchen, indem wir Alkohol trinken, zu viel essen oder uns durch Shoppen oder Glücksspiel Kicks verschaffen, die uns für kurze Zeit von unseren negativen Gefühlen ablenken. Damit untergraben wir aber unsere Selbstkontrolle, das Bremssystem, das uns daran hindert, schreckliche Dinge zu tun und damit uns selbst und geliebten Menschen Schmerz zuzufügen. Es ist ein Teufelskreis, in dem ich schon lange gefangen gewesen war, ohne mir dessen bewusst zu sein.

Nachdem ich erfahren hatte, was PTBS ist, stellte sich mir die Frage, ob nicht auch meine Eltern daran litten. Immer wieder überfielen sie blitzartige Erinnerungen an schreckliche Erlebnisse, die gar nichts mit der momentanen Situation zu tun hatten. Mir wurde klar, wie sehr sie in ihrer Vergangenheit gefangen waren und Ängste ihr Verhalten bestimmten.

Je mehr ich lernte, desto mehr Fortschritte machte ich. Ich wurde wählerischer, was die Menschen anging, mit denen ich meine Zeit verbrachte, denn ich wollte nicht, dass meine Nervenbahnen für negative Emotionen, die ohnehin überempfindlich waren, unnötig aktiviert wurden. Auch schaute ich mir keine deprimierenden Filme mehr an. Stattdessen sah ich Komödien und las mehr Witze. Ich hörte damit auf, negative, wütende Musik zu hören, und suchte mir stattdessen Musik aus, die mich inspirierte und meine Stimmung aufhellte. Ich tat, was ich konnte, um meine Schaltkreise für positive Emotionen zu aktivieren, die in meinem Leben bislang viel zu kurz gekommen waren.

Je mehr ich über die Funktionsweise unseres Gehirns herausfand, desto mitfühlender wurde ich mir selbst gegenüber. Und ich lernte, dass ich durchaus nicht der einzige Mensch mit derartigen Problemen bin. Im Gegenteil, sie sind Teil unseres Menschseins.

»Glücklich zu sein heißt,

an unsere Lebenskraft zu glauben.

Es ist unsere Lebenskraft.

Wir sollten sie nicht vergeuden.«

RABBI RONNIE CAHANA

●

HEATHER | Die Krankheit, andere nicht enttäuschen zu wollen

HEATHER HENNESSY, EHEMALIGE SPITZENSPORTLERIN UND SPORTMODERATORIN

Ich wollte keinen Plan B. Ich war überzeugt, dass ich einen Weg finden würde, als Läuferin Karriere zu machen. Als Teenager hatte ich das Gefühl, mein Leben unter Kontrolle zu haben. *Nein, ich schaffe das*, sagte ich mir. *Ich werde zur besten Läuferin, und das kann mir niemand nehmen.* Tatsächlich wurde ich sehr erfolgreich, aber durch meinen Unfall lernte ich, dass es im Leben vieles gibt, was sich unserer Kontrolle entzieht.

Von Kind an trainierte ich hart und stellte mir vor, dass ich US-Meisterin werden und mich für die Olympischen Spiele qualifizieren würde. Mit siebzehn, während meines dritten Jahres an der Los Gatos Highschool in Kalifornien, war ich schnell genug, um mich für die US-Meisterschaften zu qualifizieren, wo ich im 800-Meter-Lauf gegen die Landesmeisterinnen aus anderen Bundesstaaten antreten würde.

Doch zunächst konzentrierte ich mich auf einen Regionalwettkampf an der kalifornischen Central Coast. Wenn ich ihn gewann, hatte ich die Qualifikation für die kalifornischen Meisterschaften in der Tasche, die ich um jeden Preis gewinnen wollte. Dieses Rennen war also sehr wichtig für mich.

Bei meinen Läufen machte ich es immer so, dass ich der führenden Läuferin dicht auf den Fersen blieb und sie dann kurz vor dem Ziel überholte. Doch als ich bei dem Rennen an der führenden Läuferin vorbeizog, versetzte sie mir einen Stoß, und ich erwiderte diesen Rempler.

Dann ging ich als Erste durchs Ziel.

Aber ich wurde von den Schiedsrichtern disqualifiziert. Das war lächerlich, denn schließlich hatte meine Konkurrentin mit der Rempelei begonnen, und ich hatte anschließend mit deutlichem Vorsprung gesiegt. Am nächsten Morgen brachte die Lokalzeitung die Meldung, dass ich disqualifiziert worden war, auf der Titelseite. Ich schämte mich furchtbar ... und mein Vater war sehr enttäuscht. Meine Eltern ermutigten mich aber, weiterzumachen. Mein Trainer sagte: »Wir melden dich für die US-Meisterschaften an. Daran darfst du trotzdem teilnehmen.« Diese Disqualifizierung hätte mich aus der Bahn werfen können, doch ich sagte: »Okay, fahren wir zu den US-Meisterschaften!« Ich war nicht bereit, klein beizugeben.

Ich war bei diesem Rennen die Außenseiterin – niemand hatte erwartet, dass ich überhaupt teilnehmen würde. Während über die anderen Läuferinnen, vor allem die Siegerinnen aus den Bundesstaaten, groß berichtet wurde, beachtete man mich kaum. Doch ich sagte mir immer wieder: *Ich werde es allen zeigen.* Ich hatte mich durch Visualisierungsübungen auf dieses Rennen vorbereitet, mir immer wieder lebhaft vorgestellt, dass ich siegen würde. Und die Disqualifizierung hatte meinen Ehrgeiz nur noch mehr angestachelt.

Nach dem Start begann eines der Mädchen (sie war landesweit die Zweitschnellste) furios. Nach 400 Metern lag sie weit in Führung. Mein Trainer hatte mir eingeschärft, zum richtigen Zeitpunkt durchzustarten. Zwar wird bei den 800 Metern insgesamt sehr schnell gelaufen, jedoch ist viel Strategie nötig, was die einzelnen Phasen des Rennens angeht. Man legt sich vorher einen Plan zurecht, aber man muss während des Rennens auch immer auf sein Bauchgefühl, seinen Instinkt achten. Darauf kommt es beim 800-Meter-Lauf an.

Und das funktionierte bei mir dieses Mal perfekt. Obwohl dieses Mädchen nach 400 Metern einen so großen Vorsprung hatte, dachte ich: *Ich werde gewinnen. Ich muss jetzt alles geben.* Normalerweise hätte ich mit dem Endspurt noch etwas gewartet, doch jetzt sagte eine Stimme in mir: *Jetzt, jetzt – gib alles! Mach dir keine Sorgen, ob auf den letzten Metern die Kraft reicht. Zieh es durch!* Und so lief ich während der ganzen letzten 400 Meter mit voller Kraft.

Nach etwa 200 Metern holte ich sie ein. Ich gab alles, was ich hatte, und wiederholte in Gedanken positive Affirmationen wie: *Ich schaffe es. Ich gewinne. Nichts und niemand kann mich aufhalten.* All die Wut, die sich während meiner Kindheit in mir aufgestaut hatte – über die verbale und körperliche Aggression meines Vaters –, entlud sich in diesem Rennen. Es war für mich der Schlüssel zur Freiheit.

Alles fügte sich perfekt. Ich erreichte das, was ich mir immer erträumt hatte, und war nun die beste 800-Meter-Läuferin in den USA.

Wenn man so hart auf die Verwirklichung eines Traumes hingearbeitet hat und dann erlebt, dass er sich tatsächlich erfüllt – dieses Gefühl ist einfach unvergleichlich. Ich bewies allen, die mir das nicht zugetraut hatten, wie falsch sie damit lagen, und ich denke, darin zeigten sich mein Charakter und meine unbeugsame Entschlossenheit.

Sofort erhielt ich Leichtathletik-Stipendienangebote mehrerer Universitäten, unter anderem von der Stanford University, Harvard, Duke, UCLA und USC in Los Angeles. Das, was ich mir so viele Jahre erträumt und visualisiert hatte, wurde Wirklichkeit.

Nur ein paar Wochen später änderte sich von einer Sekunde auf die andere mein ganzes Leben: Ich brach mir die Wirbelsäule. Nach den Gefühlen totaler Euphorie fürchtete ich plötzlich, ich müsste sterben oder wäre für den Rest meines Lebens gelähmt.

Es passierte, als wir mit unseren Trainern einen Ausflug zum Lake Tahoe unternahmen. Wir waren auf einen Felsen über einem Fluss gestiegen. Es gehörte zu den Traditionen des Teams, dass alle von dort oben hinunter ins Wasser springen mussten. Nacheinander sprangen wir von dem achtzehn Meter hohen Felsen. Als ich an der Reihe war, stellte ich mich an den Rand der Klippe und schaute hinunter. Mein Körper spannte sich unwillkürlich an. Meine Intuition rief mir zu: *Tu das nicht!* Ich wollte nicht springen. Aber ich hörte nicht auf meine innere Stimme.

Das ist das Problem mit dem Gruppendruck, vor allem in diesem Alter. Normalerweise gab ich dem nie nach. So war ich keine Partygängerin und trank auch keinen Alkohol. Ich war wirklich stolz darauf, dass ich stets gut auf meinen Körper achtete, denn ich hatte ja große Ziele. Doch dieses Mal fühlte es sich anders an. Ich war mit meinem Sportteam hier. Ich war die Team-Kapitänin, und es lag mir viel daran, bei dieser Erfahrung mitzumachen, die uns alle als Mannschaft enger zusammenschweißen sollte. Der Trainer war wie ein zweiter Vater für mich, und das Team war wie meine Familie. Ich wollte sie nicht enttäuschen. Alle sprachen mir Mut zu: Los, es ist eine tolle Erfahrung! Spring einfach.

Ich schloss die Augen, hielt den Atem an und stürzte mich in den achtzehn Meter tiefen Abgrund, ohne genau zu wissen, was ich tat. In der Luft merkte ich, mit wie viel Schwung ich abgesprungen war, verlor die Kontrolle über meine Bewegungen und dachte: *Das war keine gute Idee.* Alles passierte so schnell. Ich hatte ein Gefühl wie: *O mein Gott, das geht schief. Ich muss mich aufrichten.* Meine größte Angst war, mit dem Kopf zuerst aufzuprallen.

Der Aufschlag war so heftig, dass es sich anfühlte, als würde mein ganzer Körper zerschmettert. Das Wasser war hart wie Beton. Ich fühlte, wie es in die Höhe spritzte. Dann konnte ich mich nicht mehr bewegen, nicht atmen. Alles, was ich noch tun konnte, war, dem Trainer zu sagen, er solle den Notruf wählen.

Schmerzen jagten durch meinen Körper. Ich hatte mir bei dem Aufprall die Wirbelsäule gebrochen, und mein Becken war zertrümmert worden. Mein Bewusstsein schien keine Verbindung mehr zum Körper zu haben. Ich spürte ihn nicht mehr. Es war fast wie eine außerkörperliche Erfahrung. Die Sanitäter legten mich auf eine Trage und transportierten mich einen Pfad hinauf. Die Fahrt mit dem Krankenwagen war schrecklich, eine Qual.

Dieser Unfall war der große Wendepunkt in meinem Leben. Ich hatte mich immer auf meine Intuition verlassen können. Dank dieses »Bauchgefühls«, dem ich hundertprozentig vertraute, hatte ich die US-Meisterschaften gewonnen. Doch nun hatte ich diese intuitive Stimme ignoriert. Ich hatte nicht auf meinen Körper gehört. Und ich würde es noch viele Jahre bedauern.

Am Tag nach dem Unfall wachte ich im Krankenhaus auf. Ich hatte starke Schmerzen – im Kopf, überall. Erst jetzt wurde mir die Schwere meiner Verletzung wirklich bewusst. In gewisser Weise kam mir das Ganze wie ein schlechter Traum vor. Es war so sonderbar, aus dem Leben als Läuferin und Siegerin, in dem ich mich gerade eben noch befunden hatte, herausgerissen worden zu sein und mich nun gar nicht mehr bewegen zu können!

Die Schmerzen zu ertragen war schon schlimm genug, aber genauso schwer fiel es mir, mich mit den Konsequenzen auseinanderzusetzen, die der Unfall für meine Zukunft hatte. Es ging für mich nicht einfach nur darum, Rennen zu gewinnen oder aufs College zu gehen. Mein Erfolg als Läuferin war für mich der Ausweg aus meiner familiären Misere gewesen. Ein Studium an der University of Southern California oder vergleichbaren Universitäten konnte ich mir nicht leisten. Meine Eltern waren nicht in der Lage, mich finanziell zu unterstützen. Was würde mit meinem Stipendium und meiner Zukunft geschehen?

Ich ging durch eine dunkle Zeit. Wochenlang lag ich bei meiner Mutter auf einer Matratze und kämpfte mit Wut und Depressionen. Ich war so wütend: auf mich, weil ich von dem Felsen gesprungen war; auf meinen Trainer, weil er die Mutprobe überhaupt zugelassen hatte; auf Gott, weil er mir dieses Talent als Sportlerin gegeben und mir dann wieder genommen hatte.

Ich kämpfte mit Verwirrung und Traurigkeit. Würde ich je wieder in der Lage sein, zu laufen und an Wettkämpfen teilzunehmen? Würde ich überhaupt gehen können? Ich war in Topform gewesen, und nun war ich kaum noch in der Lage, meinen Körper zu gebrauchen.

Ich fragte mich: *Warum stellt uns das Leben vor so schwere Herausforderungen? Warum muss ich das erdulden?* Ich hatte nicht nur Angst, meine Karriere als Leichtathletin aufgeben zu müssen. Ich hatte Angst, überhaupt kein normales Leben mehr führen zu können.

JIM | Wir lassen zu, dass andere unsere Träume zerstören

JAMES R. DOTY, NEUROCHIRURG UND NEUROWISSENSCHAFTLER

Ruth war es auch, die mir von den Stimmen in meinem Kopf erzählte. Ich hatte mir gedanklich eine Geschichte erschaffen – ohne mir dessen bewusst zu sein. Diese Geschichte in meinem Kopf war sehr, sehr negativ. *Ich verdiene keine Liebe. Ich bin nicht gut genug. Ich bin schuld, dass meine Familie so dysfunktional ist. Ich habe nichts Besseres verdient.* Ruth half mir zu verstehen, dass dies nicht die Realität war, sondern mein eigenes Konstrukt. Ich *glaubte* nur, es wäre real.

Dass ich so schlecht von mir dachte, bereitete mir große seelische Schmerzen. Ohne es zu wollen, trieb ich damit einen Keil zwischen mich und andere Menschen. Das änderte sich, als ich mir bewusst machte, in welchen Situationen ich mich so verhielt. Ich lernte, meinen inneren Dialog positiv zu verändern, sodass sich das Gefühl einstellte, liebenswert zu sein. Ich verdiente Liebe, Freundlichkeit, Umarmungen. Und jene Teile in mir, die ich für mangelhaft oder nicht gut genug gehalten hatte, existierten gar nicht wirklich. Mithilfe von positiven, mich selbst bejahenden Affirmationen lernte ich, mir selbst gegenüber liebevoll und mitfühlend zu sein.

Ebenfalls neu für mich war, dass wir Menschen Mimik, Körpersprache, ja sogar Körpergerüche sehr genau interpretieren können und andere danach beurteilen. Mein Narrativ, mit dem ich das, was ich erlebte, bislang gedeutet hatte, machte mich wütend. Und es machte mir Angst. Diese Wut, Angst und daraus resultierende Nervosität bestimmten mein Verhalten anderen Menschen gegenüber. Als ich aufhörte, mir selbst einzureden, andere würden mich negativ beurteilen, veränderte sich meine Welt auf außerordentliche Weise zum Besseren.

Als ich es schaffte, mich nicht mehr auf das zu konzentrieren, was ich *nicht* hatte, sagten die Stimmen in meinem Kopf nicht mehr: *Das kannst du nicht.* Ich spürte die Freiheit und Fähigkeit in mir, alles zu tun, was ich tun wollte, und meine Neugierde, mein Wissensdurst, wuchs auf natürliche Weise. Diese Erfahrung habe ich in meinem Leben immer wieder gemacht. Ich scheute mich nicht mehr, anderen Leute Fragen zu stellen, wenn ich etwas wissen wollte. Ich fühlte mich kreativer. Ich fing an, Möbel – und sogar mein Haus – selbst zu entwerfen und zu bauen. Ich gab mir die Freiheit, mir auszumalen, was für ein Leben ich mir wünschte und wie ich es mir erschaffen konnte.

Als ich in Südkalifornien als Neurochirurg in eigener Praxis tätig war, beschäftigte ich mich mit einer technischen Innovation, die einer meiner Freunde entwickelt hatte. Er hatte eine Firma gegründet, und ich war so begeistert, dass ich Geld investieren und den Prototypen in meiner Praxis erproben wollte.

Diese bahnbrechende Erfindung war das CyberKnife, mit dem sich Tumoren im Körper mit unglaublicher Genauigkeit behandeln lassen. Vor der Entwicklung dieses Gerätes benötigte man für die Behandlung bestimmter Tumoren 40 bis 60 Bestrahlungssitzungen. Mit der neuen Technologie genügte in vielen Fällen ein einziger Termin. Es funktioniert so: Der Patient liegt auf dem Behandlungstisch. Es wird ein dreidimensionales Bild seines Schädels oder Skeletts angefertigt – oder von dem, was wir »Passermarken« nennen, die zuvor implantiert wurden. Ein Roboter mit einem miniaturisierten Bestrahlungsgerät kann den Tumor dann mit unglaublicher Präzision bestrahlen, sodass andere Bereiche des Körpers nicht in Mitleidenschaft gezogen werden. Das war ein bemerkenswerter Fortschritt.

Doch als das System fertig entwickelt und einsatzfähig war, bekam die Firma meines Freundes Probleme mit der Zulassung durch die staatliche Gesundheitsbehörde FDA, und das Geld ging ihnen aus. Also beschloss ich, ihnen zu helfen. Viele Leute hielten mich für verrückt, weil ich über keinerlei unternehmerische Erfahrung verfügte. Aber ich war mir sicher, dass dieses Gerät einzigartig war und einen großen medizinischen Fortschritt ermöglichte.

Eines Abends setzte ich mich an eine Bar und bestellte mir einen Drink, um ein wenig über die Sache nachzudenken. Dabei kam ich mit einem Gast neben mir ins Gespräch, und es stellte sich heraus, dass er im Investmentgeschäft arbeitete. Ich überzeugte ihn, mir bei der Rettung dieser Firma zu helfen. Es gelang uns, über dreißig Millionen Dollar Kapital aufzutreiben. Weil es mir so erfolgreich gelungen war, die Finanzierung des Unternehmens zu sichern, wünschten sich die Beteiligten, dass ich die Position des Geschäftsführers übernahm. Also gab ich meine Privatpraxis auf und widmete mich dieser Aufgabe. Es gelang uns ziemlich schnell, die FDA-Zulassung zu erhalten. Das Unternehmen ging an die Börse mit einem Wert von 1,3 Milliarden Dollar. Aber was noch wichtiger ist: Das Gerät hat inzwischen weltweit Tausende Menschenleben gerettet.

Viele meiner Erfolge im Lauf der Jahre sind darauf zurückzuführen, dass ich eine klare Entscheidung traf, welche Ziele ich erreichen will. Ich ließ nicht zu, dass die üblichen Hindernisse und negatives Denken – meines oder das anderer Leute – meinen Erfolg behinderten. Ich weiß noch, wie es war, als ich mich entschied, Arzt zu werden. Als ich im fünften Schuljahr war, kam am Berufsbildungstag ein Kinderarzt in unsere Schulklasse und erzählte von seiner Arbeit. Er war aufgeschlossen und freundlich, und als ich ihm eine Frage stellte, antwortete er mir auf Augenhöhe, ohne jede Herablassung. Als er uns erzählte, wie sehr er seinen Beruf liebte, beeindruckte mich das tief.

Nun sind es zwei Paar Schuhe, davon zu reden, Arzt werden zu wollen, und tatsächlich Arzt zu werden, besonders für jemanden wie mich, der in Armut aufwuchs, ohne Vorbilder und Möglichkeiten. Wir hatten kein Geld, und ich hatte in unserer Familie keinen Mentor. Zu der Zeit hatte ich überhaupt keine Ahnung, wie ich es anstellen sollte, Arzt zu werden. Und später wurde ich einem Betreuungslehrer zugeteilt, der entschied, dass ich nicht auf die Universität gegen sollte. Doch inzwischen hatte ich dank meiner Mentorin Ruth viel dazugelernt und glaubte nicht mehr, dass bestimmte Ziele für mich unerreichbar waren.

Ich schaffte es auf die Universität, aber die Doppelbelastung, gleichzeitig meinen Lebensunterhalt verdienen und erfolgreich studieren zu müssen, beeinträchtigte meinen Notendurchschnitt. Zu dem Zeitpunkt, als ich mich für das Medizinstudium bewerben musste, betrug er 2,53 Notenpunkte – verlangt wurde aber eine Durchschnittspunktzahl von 3,79.*

Viele Leute fanden es lächerlich, sich mit meiner Punktzahl überhaupt für einen Studienplatz in Medizin zu bewerben. Freunde sagten mir, ich würde niemals in der Lage sein, meinen Traum zu verwirklichen. Doch davon ließ ich mich nicht aufhalten.

Damals benötigte man für das Medizinstudium das Empfehlungsschreiben einer Prüfungskommission. Ich ging also dorthin und bat im Sekretariat um einen Termin für diese Überprüfung. Die Sekretärin schaute sich meine Unterlagen an und teilte mir dann mit, dass sie mir keinen Termin geben würde.

Ich fragte sie nach dem Grund.

Sie blickte auf und sagte: »Weil das für alle nur Zeitverschwendung wäre.«

Ich schaute ihr in die Augen und sagte: »Ich verstehe Ihren Standpunkt. Aber ich werde hier nicht weggehen, bis ich einen Termin bekomme. Wenn Sie den Sicherheitsdienst rufen wollen, okay. Aber freiwillig gehe ich hier nicht weg.« Daraufhin gab sie mir, sichtlich widerstrebend, doch noch meinen Termin.

An diesen Termin vor der Kommission erinnere ich mich noch sehr genau. Ich betrat einen Raum, in dem drei Leute saßen. Ihre Körpersprache wirkte herablassend, und der Mann in der Mitte – der Älteste von ihnen – nahm meine Akte und

---

* In den USA ist die höhere Note die bessere. Anm. d. Red.

warf sie auf den Tisch. Er sagte: »Okay, hier haben Sie Ihren Termin. Sagen Sie, was Sie zu sagen haben, damit wir es hinter uns bringen.«

Ich schaute ihn an und erwiderte: »Was gibt Ihnen das Recht, die Träume anderer Menschen zu zerstören? Sie haben ein Urteil über mich gefällt, ohne mich zu kennen. Sie haben nur ein Schriftstück gesehen, auf dem meine Noten stehen. Doch dieser Notendurchschnitt bin nicht ich. Sie wissen nichts über meine Probleme, meine Erfolge, darüber, wer ich bin oder welches Potenzial in mir steckt. Und ich fühle mich dadurch, dass Sie sich weigern, sich damit zu beschäftigen, persönlich herabgewürdigt. Das ist inakzeptabel.«

Wenn man Menschen gegenübertritt, die in einer Machtposition sind, ist es leicht, sich ohnmächtig zu fühlen, zu schrumpfen und nicht den Mut aufzubringen, ihnen zu widersprechen. Doch ich glaubte an mich selbst und meine Ziele, und während der folgenden Dreiviertelstunde bewies ich ihnen, dass ein Notendurchschnitt nichts darüber aussagt, ob man geeignet ist, einen Beruf gut auszuüben und im Leben erfolgreich zu sein. Am Ende hatten sie alle Tränen in den Augen. Ich zwang sie dazu, mich als Menschen zu sehen, nicht als Zahl.

Am Ende erhielt ich das beste Empfehlungsschreiben, das man sich nur vorstellen kann. Als ich hinausging, lächelte die Sekretärin mir zu. Sie hatte alles mitangehört und gab mir eine Broschüre für einen Sommerkurs an der Tulane University in New Orleans, einen Vorbereitungskurs für angehende Medizinstudenten aus einkommensschwachen Familien. Dazu sagte sie: »Ich glaube, dieser Kurs ist genau das Richtige für Sie.« Dann lächelte sie wieder und fügte hinzu: »Eigentlich war schon Anmeldeschluss, aber ich glaube, Sie schaffen es, die Leute dort zu überzeugen, Sie doch noch teilnehmen zu lassen.«

Wenn wir denken, unser Selbstwert und unsere Identität würden in den Händen anderer Leute liegen, geben wir unsere Macht ab und verbiegen uns.

Ich rief die Frau an, die den Sommerkurs an der Tulane University organisierte, und sie ließ mich teilnehmen. Anschließend bekam ich einen Medizin-Studienplatz, trotz meines Notendurchschnitts von nur 2,53.

AMANDINE | Wie ein Geist, der mich heimsuchte

AMANDINE ROCHE, EXPERTIN FÜR MENSCHENRECHTE

Bei der UN arbeitete ich unter anderem an der Friedensmission in Afghanistan mit: Es ging um Demokratisierung und Menschenrechte. Meine Aufgabe war, an der Vorbereitung von Wahlen mitzuwirken. Wir mussten den Leuten erklären, was »Menschenrechte« und »Demokratie« bedeuten. Was ist ein »Parlament«, was ist eine »Verfassung«, und warum soll man wählen gehen und für einen neuen Präsidenten stimmen? Das war damals eine faszinierende Zeit, denn die Herrschaft der Taliban war vorüber, und es schien, als sei alles möglich. Alles musste wieder aufgebaut werden. Zu der Zeit zog Afghanistan sozusagen die *Crème de la Crème* an: die besten Politiker, die besten Diplomaten, die besten Fotografen, Journalisten und Menschenrechtsaktivisten aus aller Welt. Sie kamen mit dem Ideal, wirklichen Frieden zu bringen, Demokratie, gesundheitliche Versorgung und Bildung. Die Stimmung war sehr positiv und nährte meine Seele.

Wir heuerten ein Team aus Lehrern, Ingenieuren, Ärzten und anderen Fachleuten zur Schulung der Bevölkerung an. Sie gingen überallhin: in Moscheen, Krankenhäuser, Schulen und auf Basare und Märkte. Meine Kolleginnen suchten sogar die Frauen zu Hause auf und ermunterten sie: »Geht hinaus. Das ist jetzt ein freies Land. Ihr könnt euch selbst entfalten. Ihr könnt Politikerinnen werden. Geht wählen.«

Diese Arbeit für die UN machte ich fast zwanzig Jahre lang, in der Zeit unterstützte ich in zwanzig Ländern die Friedensprozesse. An dieser Aufgabe gefiel mir sehr, dass wir die Gelegenheit erhielten, in den lokalen Gesellschaften ein Umdenken und die Entstehung eines neuen Bewusstseins anzuregen. Wir erzeugten Aufmerksamkeit für bestimmte Probleme.

Ich empfinde gegenüber den Afghanen große Achtung, Liebe und Mitgefühl, denn sie gehören zu den unglaublichsten Menschen, die mir je begegnet sind. Sie sind gastfreundlich und liebenswürdig, obwohl die Umwelt, in der sie leben, ziemlich rau und hart ist. Ihre Lebensbedingungen sind wirklich nicht leicht. Bombenangriffe, Morde und Todesdrohungen gehören für sie zum Alltag.

Eines Abends im Jahr 2012 kehrte ich aus Myanmar nach Kabul zurück. Ich litt sehr unter dem Jetlag und nahm Melatonin, um besser schlafen zu können. Obwohl ich dadurch sehr tief schlief, wurde ich um vier Uhr morgens von Bombeneinschlägen geweckt. Ich sprang aus dem Bett, riss das Fenster auf und traute meinen Augen nicht – genau über mein Hausdach flog eine Rakete hinweg. Sie war so nah, dass ich das

Gefühl hatte, das Feuer des Triebwerks käme durchs Fenster herein. Willkommen zurück in Afghanistan!

Jeden Abend schaute ich auf Facebook nach, von wo der Raketenbeschuss erfolgte. Das Haus, in dem ich wohnte, befand sich genau in der Mitte eines Dreiecks von Raketenzielen, unter anderem das Parlament, und der Beschuss dauerte oftmals die ganze Nacht. Trotz allem sind die Afghanen ein sehr zähes Volk, aber sie sprechen die Sprache des Herzens, und man kann viele positive menschliche Werte von ihnen lernen. Deshalb liebe ich sie so. Sie sind tapfer, sie beklagen sich nie. Ich glaube, ihre Religion hilft ihnen dabei sehr. Sie sagen: »Allah gibt, Allah nimmt.« Es ist okay. Es ist Teil des Lebens. Ich finde das wirklich ziemlich bemerkenswert.

Die Afghanen besitzen zwei verschiedene Wesenszüge: Einerseits sind sie stark und fest wie ein Berg, andererseits sanft und mystisch, etwa so wie meine beiden Großmütter. Ich entdeckte viele Ähnlichkeiten zwischen Polen und Afghanen. Obwohl sie nur wenig besitzen, teilen sie alles mit dir. Sie sind authentisch, machen dir nichts vor. Als ich in Afghanistan ankam, hatte ich das Gefühl, ich hätte meinen Stamm gefunden. Als ich dann 2001, nach den Anschlägen vom 11. September, aus Afghanistan auszureisen versuchte, hatte ich ein schreckliches Erlebnis, das mir die Augen dafür öffnete, wie zerbrechlich das Leben für die Menschen dort ist, vor allem für die Frauen und Mädchen. Das veranlasste mich, neu über meine Arbeit nachzudenken.

Wir waren mit dem Auto zur pakistanischen Grenze gefahren. (Das war, ehe die Bombenangriffe der Amerikaner begannen.) Doch die Grenze war bereits dicht – die pakistanische Regierung hatte dies beschlossen, um den Strom von bis zu

35 Millionen afghanischen Flüchtlingen in das Nachbarland zu unterbinden. Der Grenzposten erklärte mir, nur die Taliban könnten unsere Ausreise genehmigen.

Weil wir zu den letzten Ausländern zählten, die sich noch im Land aufhielten, weigerte sich der Taliban, der die Zollstation beaufsichtigte, uns ausreisen zu lassen. Er verlangte die Zahlung eines Lösegeldes für mich und meinen Freund. Während mein Freund mit ihm über unsere Freilassung verhandelte, geriet ich immer mehr in Panik. Um mich zu beruhigen und abzulenken, spielte ich mit drei etwa zehn oder elf Jahre alten afghanischen Mädchen. Selbst in diesem Chaos, das um uns herum herrschte, spielten sie vergnügt. Und für einen Moment schwand auch meine Angst. Wir sangen und zählten auf Französisch und Persisch, lachten und hatten viel Spaß miteinander.

Mein Freund und ich hatten Glück, wenn man das so sagen kann. Was uns rettete, war, dass an diesem Tag einer der Taliban auf eine Landmine trat. Er verlor ein Bein, und die Taliban baten darum, die Grenze zu öffnen, damit sie ihn in die pakistanische Stadt Peschawar in ein Krankenhaus bringen konnten, weil er sonst keine Überlebenschance hatte. Der pakistanische Grenzposten sagte: »Wir werden die Grenze nur öffnen, wenn ihr die beiden Franzosen freilasst.« Das war eine beeindruckende menschliche Geste. Die Taliban willigten ein, und wir durften die Grenze passieren.

Vorher nahm eines der Mädchen meine Hand, zeigte zum Himmel und sagte: »Peschawar, Peschawar, Peschawar.« Ich sah die Furcht in ihren Augen und begriff, dass sie Angst vor den Bomben der Amerikaner hatte und darum bat, sie nach Pakistan mitzunehmen. Also setzte ich sie in unseren Wagen.

Wir hatten nur eine Minute, um die Grenze zu überqueren, denn die Pakistaner und die Taliban wollten gleichzeitig die Schranken öffnen. Sobald das geschah, würden wir ganz schnell losfahren müssen, um nicht in der großen Schar von Flüchtlingen stecken zu bleiben, die dann ebenfalls hinüberstürmen würde. Ich sah Menschen zu Fuß, auf Eseln, Fahrrädern und Lastwagen. Alle wollten nach Pakistan, um ihr Leben zu retten.

Gerade als wir losfahren wollten, sah mein Freund das Mädchen auf dem Rücksitz. »Wir können sie nicht mitnehmen«, sagte er. Ich erwiderte, sie wolle mit uns nach Pakistan, aber er sagte, das sei unmöglich, weil sie eine Familie hätte und ich sie nicht adoptieren könnte. Es widerstrebte mir, aber ich musste sie bitten, wieder auszusteigen. Ich musste sie zurücklassen, mir blieb keine Wahl. Den Ausdruck in ihren Augen werde ich niemals vergessen. Als ich mich noch einmal umdrehte, winkte sie zum Abschied und weinte.

Nach unserer Flucht träumte ich jede Nacht von ihr. Ich wachte um vier Uhr morgens auf und sah ihre Augen. Jede Nacht schaute sie mich an und fragte: »Warum hast du mich nicht gerettet?«

Ich fand keine Ruhe. Die Erinnerung war wie ein Geist, der mich heimsuchte. Ich konnte nicht schlafen. Mein Freund schlug vor, dass ich ihr einen Brief schrieb. Ich folgte seinem Rat und schrieb: »Meine barfüßige afghanische Prinzessin, es tut mir so leid, dass ich dir nicht helfen konnte. Ich konnte dich nicht adoptieren, aber ich verspreche, dass ich zurückkehre, um deinen Brüdern und Schwestern zu helfen, in einem friedlicheren und demokratischeren Land zu leben.«

Dieses Mädchen war der Grund, warum ich nach Afghanistan zurückkehrte und mich dort so viele Jahre für die Rechte der Frauen einsetzte. Der Dank dafür geht an sie: an meine kleine afghanische Prinzessin, wie ich sie nenne. Sie steht symbolisch für all die Mädchen und Frauen in Afghanistan, die unter Missbrauch und Unterdrückung leiden.

Für mich standen immer die Frauenrechte im Mittelpunkt, denn die Situation der Frauen ist viel schlechter als die der Männer. Ich habe mich oft gefragt, was ich in Afghanistan mache. Auch mein Vater fragte: »Warum bleibst du so lange dort?« Der Grund ist, dass es dort eine wichtige Aufgabe für mich gab.

»Letztlich ist alles im Leben ein Privileg –

wir erleben unsere ganz persönliche Lebensreise

und die Abenteuer,

die sie für uns bereithält.«

RABBI RONNIE CAHANA

●

3

EINE NEUE PHASE
STEHT BEVOR

*Unser »menschliches Betriebssystem« sorgt dafür,
dass zerstörerische Ideen immer weiter verwirklicht werden.
Wie kann es uns gelingen, rechtzeitig die Programmierungsfehler
zu beseitigen, bevor das Programm abstürzt?*

Tom

Ich hätte nie gedacht, dass ein Film und ein Buch, in denen es darum geht, Meditation als Hilfe in persönlichen Krisen zu nutzen, mich in eine der dunkelsten Phasen meines Lebens hineinführen würden. Nachdem wir schon drei Jahre an dem Film gearbeitet (und zuvor bereits nicht wenig Zeit und Geld in die Produktion und Entwicklung investiert) hatten, bekamen wir Probleme. Der Film entwickelte sich nicht so organisch, wie ich es mir erhofft hatte. Die Investoren waren unzufrieden, der Garantiegeber für die Fertigstellung des Films und die verbliebenen Teammitglieder ebenfalls. Jeden Morgen wachte ich gegen zwei Uhr unruhig auf und konnte nicht wieder einschlafen. Ich hatte Angst und fühlte mich überfordert. Immer wieder dachte ich: *Worauf habe ich mich da bloß eingelassen?* Ich hatte keine Ahnung, wie es mit dem Projekt weitergehen sollte.

Es war eine der schwierigsten Entscheidungen meines Lebens, vor der ich stand: Sollte ich retten, was wir bereits geschaffen hatten, und hoffen, dass sich daraus etwas Gutes machen ließ, oder ganz von vorn anfangen, obwohl wir doch schon so viel Geld ausgegeben hatten? Beide Optionen fühlten sich gar nicht gut an. Ich hatte kein Drehbuch mehr, keinen Autor – noch nicht einmal mehr einen Regisseur. Und ich fühlte mich extrem gestresst. Ich bin Meditationslehrer, und hier war ich, arbeitete an einem Film darüber, wie wir durch Meditation Krisen meistern können – und stand selbst kurz vor dem Zusammenbruch. Eines aber wusste ich: Irgendwo im Feld des Möglichen findet sich für jedes Problem eine Lösung. Es musste nur jemand die richtige kreative Idee aus diesem Feld herausfischen.

Also beschloss ich zu meditieren, was das Zeug hält. Tagelang verbrachte ich Stunde um Stunde in Meditation. Ich gab den Versuch auf, das Problem *lösen* zu wollen. Stattdessen suchte ich Zugang zu dem Feld, in dem die Lösung bereits existierte. Ein paar Tage später wachte ich wieder um zwei Uhr morgens auf. Doch diesmal war es keine Panikattacke, die mich weckte, sondern es strömte ein Fluss kreativer Intelligenz als machtvolle Erscheinung durch mein Gehirn. Eine brandneue Vision und Richtung für den Film erschien vor meinem inneren Auge. Ja, es würde bedeuten, noch einmal von vorn anzufangen, aber das machte mir nun keine Angst mehr. Ich stand sofort auf, griff zum Smartphone und tippte fieberhaft Notizen ins Display.

Das war es. Kreieren oder kollabieren. Wachsen oder schrumpfen. Das waren meine Optionen.

Einmal fragte ich einen meiner Meditationslehrer: »Wann werden die Schwierigkeiten in meinem Leben aufhören?« Er antwortete: »Sie hören nie auf. Aber du wirst aufhören, sie als Schwierigkeiten zu betrachten.« Schmerzen und innere Turbulenzen sind Hinweise, dass in unserem Leben eine Veränderung notwendig ist – dass es Zeit ist, kreativ zu werden und sich neu zu orientieren. Aber wie oft habe ich mich in meinem Leben aus Angst gegen Veränderungen gesperrt. Als Menschen sind wir darauf programmiert, nach Sicherheit und Stabilität zu streben. Angst ist unser Überlebensinstinkt, sie ist tief in unserer DNA verankert. Besonders ängstlich werden wir, wenn wir mit etwas Unbekanntem konfrontiert sind. Tim Ferriss, Autor des Bestsellers *Die 4-Stunden-Woche,* geht sogar so weit, zu schreiben: »Die meisten Menschen ziehen das Unglücklichsein der Unsicherheit vor.«[5] Ich muss gestehen, dass das auch auf mich zutrifft. Um sich auf Unsicherheit einzulassen, muss man anpassungsfähig sein. Und Anpassungsfähigkeit erfordert ein gewisses Maß an Furchtlosigkeit und Kreativität. »Nicht die stärksten Spezies überleben«, schrieb Charles Darwin, »sondern die anpassungsfähigsten.«[6]

In der vedischen Philosophie wird der Evolutionsprozess als ständiger Zyklus drei wiederkehrender Phasen beschrieben: Schöpfung, Aufrechterhaltung und Zerstörung. Alles neu Erschaffene durchläuft eine Phase der »Aufrechterhaltung«, während der dieses neue Paradigma oder Modell etabliert und stabilisiert wird. Wenn das Modell sich im Lauf der Zeit aber nicht verändert und weiterentwickelt, wird irgendwann eine zerstörerische Kraft aktiv. Ein gutes Beispiel ist das Unternehmen Kodak. Im Jahr 1975 erfand der sechsundzwanzigjährige Kodak-Ingenieur Steve Sasson die weltweit erste Digitalkamera und präsentierte seinen Prototyp dem Kodak-Management. Die Unternehmensleitung lehnte das Projekt ab und Sasson wurde angewiesen, darüber Stillschweigen zu bewahren. In ihrer Blütezeit erreichte die Firma Kodak 85 Prozent Marktanteil bei den Zelluloidfilmen und hatte über 60 000 Beschäftigte. 2011 musste Kodak Insolvenz anmelden und verschwand völlig vom Markt. Die Verschlossenheit gegenüber Innovationen und mangelnde Anpassungsfähigkeit an eine sich enorm verändernde Marktlandschaft hatten für Kodak am Ende katastrophale Folgen.

Kreieren oder kollabieren. Wachsen oder schrumpfen. Dieser Zyklus zeigt sich meiner Erfahrung nach nicht nur bei Unternehmen, sondern auch bei Staaten und in unserem persönlichen Leben und unseren Beziehungen zu anderen Menschen. Irgendwann wird jeweils ein kritischer Punkt erreicht: die entscheidende Weggabelung, an der Aufregung und Unruhe eskalieren. Das ist dann die letzte Chance, das Signal zur Veränderung zu hören, sich anzupassen und weiterzuentwickeln. Die Botschaft des Rashi wird lauter und lauter, bis wir *gezwungen* sind zuzuhören. In einer Welt, in der jede zerstörerische Handlung in Sekundenschnelle über die Medien verbreitet wird, lässt sich die Botschaft kaum noch verdrängen: Wir müssen handeln.

Ich lebe in Australien, einem der wohlhabendsten Ländern der Welt, und dennoch haben wir einen der höchsten Anteile an Übergewichtigen in der Bevölkerung und einen der höchsten Pro-Kopf-Verbräuche von Antidepressiva.[7] Kürzlich hielt ich in Sydney und Melbourne vor Managern der Medien- und Werbebranche Vorträge über die Folgen, die Stress für Geist und Körper hat. Die Veranstaltungen waren stets ausgebucht, mit jeweils 300 Teilnehmern. Wie meistens eröffnete ich den Vortrag mit der Frage an das Publikum, wer von ihnen unter Ängsten, Panikattacken, Schlaflosigkeit, Nebennierenschwäche, Überforderung und nachlassender körperlicher Gesundheit leide. Jedes Mal hoben über 90 Prozent der Teilnehmer die Hand.

Unser Körper ist in dieser Hinsicht ähnlich wie ein Auto: Wenn unter der Motorhaube ein Problem auftaucht, geht am Armaturenbrett eine rote Lampe an, die Sie darauf aufmerksam macht, dass es besser ist, anzuhalten und einen Blick in den Motorraum zu werfen, um herauszufinden, was nicht in Ordnung ist. Symptome wie Stress, Angst oder Schlaflosigkeit sind solche roten Lampen. Sie weisen uns auf Ungleichgewichte hin, die wir wieder ausbalancieren sollten.

Wie Sie in den folgenden persönlichen Erfahrungsberichten nachlesen können, wurden unsere Interviewpartner durch diese »Symptome« zu dramatischen Veränderungen in ihrem Lebensstil angeregt. Sie wurden erst einmal aus der Bahn geworfen, doch als sie sich dann wieder aufrappelten, erkannten sie, dass dieser Wendepunkt – der Moment, in dem eine Krise zum Katalysator für Veränderungen wurde – ihnen die Chance gab, innezuhalten, einen Schritt zurückzutreten und ihr Leben neu zu bewerten: Was erwarte ich wirklich vom Leben? Was gibt meinem Leben Sinn? Welche Werte sind mir wichtig? Auch das, was gegenwärtig weltweit geschieht, von politischem Chaos zur Umweltzerstörung, können wir als Symptome betrachten, die uns zu Veränderungen aufrufen.

Jacqui

Vor meiner ersten Begegnung mit Booda war ich nervös. Ich meine, welche Gemeinsamkeiten konnte es zwischen mir und einem Ex-Soldaten geben, der, wie er selbst sagt, »aus dem Ghetto« kommt, kleine Kinder hat und Bodybuilder ist? Der Kontakt zu Booda kam zustande, weil Tom ein Video aus der Military Brain Injury Clinic sah. Darin wird Vernon Barnes porträtiert, ein Physiologe und Forscher, der im Rehabilitationsprogramm für den Bereich Meditation zuständig ist.[8] In dem Video berichtet Dr. Barnes von einer Studie, die er mit aktiven Soldaten und Veteranen durchführt. Wir fragten an, ob einer seiner Teilnehmer zu einem Interview mit uns bereit wäre. Es zeigte sich, dass mehrere dieser Männer daran großes Interesse hatten.

Ich begann das Gespräch mit Booda nicht gleich mit dem Thema PTBS, sondern wir redeten zunächst darüber, wie wir beide zur Meditation gekommen waren, über das Filmprojekt und so weiter. Später fuhren wir in der Stadt herum, und Booda zeigte mir die Orte, an denen er sich gerne aufhielt. Wir entdeckten, dass wir uns beide aktiv mit Musik beschäftigt hatten – er als Rapper, ich als DJane. Also tauschten wir uns darüber aus, während wir Drehorte für das Interview aussuchten, mit den Besitzern von Bodybuilding-Studios sprachen und die Flusspromenade besuchten, wo Booda sich gerne still hinsetzte und meditierte.

Als wir den Wagen auf dem Parkplatz am Fluss abstellten, hatte unser Gespräch sich persönlichen Lebensfragen existenzieller Natur zugewandt. Ich redete über eine Idee, von der ich kürzlich gehört hatte: dass unser Leben in Zyklen von jeweils sieben Jahren verläuft und dass das, was manche die Midlife-Crisis nennen, eher eine Transformation in der Mitte des Lebens ist. Wir finden dann häufig zur Neugierde unserer Kindheit zurück, als Teil unserer persönlichen Evolution erwacht in dieser neuen Lebensphase unser innerer Entdecker und Abenteurer. Booda drehte den Kopf und schaute mich an. Seine sonst oft etwas schwermütigen Augen leuchteten vor Dankbarkeit und Erkenntnis. »Und ich dachte schon, ich werde verrückt«, sagte er. Ich hatte ihm geholfen, eine innere Veränderung, die er bei sich spürte, in einem neuen Licht zu sehen.

Es zeigte sich, dass wir beide doch eine Menge gemeinsam hatten – er war vor unserem Treffen auch nervös gewesen. Die Begegnung mit Booda wurde für mich zu einem der denkwürdigsten Tage meines Lebens. Seither ist er ein hoch geschätzter Freund. Wie oft hatte ich schon die Tür zu einem anderen Menschen geschlossen, weil ich mich von Vorurteilen hatte leiten lassen oder Angst davor gehabt hatte, mich zu öffnen? An dem Tag mit Booda kratzten wir zusammen an der Oberfläche, tauschten uns aus, ergründeten Fragen, waren offen und authentisch – und das fühlte sich gut an. Manchmal muss erst etwas Großes passieren, eine richtige Krise, damit wir bereit sind, unser Verhalten in einem anderen Licht zu sehen. Zu anderen Zeiten genügt ein sanfter, liebevoller Stupser, um uns die Augen zu öffnen und uns zu einer Verhaltensänderung zu bewegen. Beides, Krise und »Stupser«, können zu wichtigen persönlichen Wandlungen führen.

Während dieses Projekts musste ich mit vielen Veränderungen fertigwerden (es ist wirklich ein Evolutionsmotor!). Ich weiß noch, dass es eine Phase gab, in der Tom sich ein bisschen zu sehr mit dem Weltuntergang beschäftigte: darunter mit sogenannten Preppern (Menschen, die alle möglichen Vorbereitungen für jede Art von Katastrophenfall treffen, z. B. indem sie sich unterirdische Bunker bauen) und mit dem bedrohlichen Ticken der Doomsday-Uhr. Tag und Nacht schickte er mir Artikel und Links voller düsterer Prognosen angesichts der gegenwärtigen globalen Probleme (Flüchtlingskrise, weltweiter Finanzcrash, atomare Bedrohung, exponentiell wachsende technologische Risiken und so weiter). Ich muss zugeben, dass ich dabei eine Menge lernte, doch es fühlte sich auch an, als wäre ich über Monate pausenlos einer überdrehten Propaganda-Maschinerie ausgesetzt. Es überforderte mich, und ich begann mich so zu fühlen, wie viele Menschen in aller Welt sich heute fühlen: Meine Energie und Stimmung sanken auf einen Tiefpunkt. Ich wurde unproduktiv und war nicht mehr in der Lage, das Team so wie sonst zu inspirieren und zu motivieren. Das war ein scheußliches Gefühl, und mir wurde sehr deutlich bewusst, warum ich zuvor dieses mediale Trommelfeuer möglichst gemieden hatte: Es hat eine schwächende, demoralisierende Wirkung, die mich ausbremst, sodass ich nicht tue, was notwendig ist, und nicht der Mensch bin, der ich sein möchte.

Mir war klar, dass ich unser eigenes Ethos auch selbst praktizieren musste, wenn ich dieses Projekt erfolgreich zu Ende bringen wollte. Das hieß, ich musste den äußeren Lärm aussperren oder wenigstens filtern, um mich auf meine Kreativität konzentrieren zu können. Also las ich mir die pessimistischen Nachrichten nicht mehr durch, oder wenn doch, dann mit einer Bewusstheit, die es mir ermöglichte, dabei optimistisch und kreativ zu bleiben. Ich durfte nicht den Überblick verlieren, denn schließlich hatten wie ein Filmprojekt fertigzustellen, das diese globalen Themen auf einzigartige Weise mit eindrucksvollen persönlichen Transformationsgeschichten verknüpfte. Was ich brauchte, waren ein ruhiger Geist und ein klarer, offener Blick.

Ich wollte in dem Film zeigen, wie unsere Auffassungen darüber, welche Methoden und Hilfsmittel wir einzusetzen bereit sind, sich verändern lassen. Das führte uns zum Thema Künstliche Intelligenz (KI) und der Arbeit von Julia Mossbridge. In unserem Alltag ist Technik omnipräsent. Sie hat nicht nur einen dramatischen Einfluss auf uns persönlich, sie hat auch globale Bedeutung. Daher müssen wir uns mit unseren Ängsten und Zweifeln auseinandersetzen, was KI und ihre Bedeutung für unsere Zivilisation angeht. Politiker, die Medien und unzählige Filme haben mit ihrem bedrückenden Narrativ von den potenziell katastrophalen Möglichkeiten der KI große Ängste in uns geweckt: von dem defekten Computer HAL in *2001: Odyssee im Weltraum* bis zum mörderischen neuronalen Netzwerk in *Terminator* und den in Fötusfeldern »angebauten« Menschen in *Matrix*. Aber sind diese düsteren Geschichten alles, was es dazu gibt?

Der amerikanische Schriftsteller und Professor der Biochemie Isaac Asimov, der sich in seinen Werken als einer der Ersten mit KI befasste, schrieb visionäre Geschichten über Roboter als Helfer, die rettend eingreifen, um uns vor unserer eigenen Natur zu schützen. Nach Asimovs Ansicht wäre jeder, der intelligent genug ist, um solche Roboter zu bauen, auch intelligent genug, um dafür zu sorgen, dass Roboter niemals ihre eigenen Schöpfer angreifen würden. Er entwickelte drei Prinzipien für die Programmierung von Robotern, grundlegende Gesetze, die sicherstellen sollen, dass eine dystopische

Zukunft, in der die Menschen den Robotern ausgeliefert wären, unmöglich ist.[9]

Wir befinden uns als Zivilisation heute in einer Zeit großer Veränderungen, und dieses Film- und Buchprojekt ist eine Gelegenheit, eine andere Geschichte zu erzählen. Wir sollten die Künstliche Intelligenz in neuem Licht betrachten. Wenn wir anfangen, das »Problem« als Teil der Lösung zu betrachten, können wir uns mit ihm weiterentwickeln. Das ist einer der Gründe, warum ich Julias Arbeit so interessant finde.

Es war Mikey Siegel, der uns empfahl, mit Julia zu sprechen, und zwar wegen ihrer faszinierenden Arbeit mit Ben Goertzel und Hanson Robotics sowie mit humanoiden Robotern wie Sophia. Diese Menschen stellen große, ungewöhnliche Fragen und wenden sie dann auf die KI und die Robotik an. Wie können wir zum Wohl der Menschheit beitragen? Welches Verhalten ist gütig und mitfühlend? Kann Technologie uns helfen, bedingungslos lieben zu lernen?

Julia gelangte über die Neurowissenschaft, die kognitive Neurowissenschaft und die Sozialpsychologie zur Beschäftigung mit künstlicher Intelligenz, wobei sie aber schon seit sie elf Jahre alt ist Computer programmiert. Sie ist unglaublich scharfsinnig und selbstreflexiv, und sie liebt es, das, was wir über das menschliche Bewusstsein wissen, technisch anzuwenden. Julia ist nicht nur Gründerin und Forschungsdirektorin des Mossbridge Institute, sondern auch Mutter. Sie findet, dass es Parallelen gibt zwischen der Verantwortung beim Programmieren von Robotern und der Erziehung der eigenen Kinder.

Julia und das Team der KI-Robotik-Ingenieure, mit denen sie zusammenarbeitet, stehen gerade vor einer großen evolutionären Herausforderung. Sie wollen der fortgeschrittenen KI eine bessere Ausgangsposition verschaffen. Ihr Forschungsprojekt: Kann ein menschenähnlicher, nicht wertender, vorurteilsloser Roboter, der darauf programmiert ist, wohltätig und liebevoll zu sein und ethisch zu handeln, unsere Schutzwälle durchbrechen und uns bei unserer persönlichen Transformation helfen? Ein phänomenales Konzept, oder? Wenn es gelingt, KI-Roboter so zu programmieren, dass sie bedingungslos lieben, ist es dann möglich, diese Technologie zu nutzen, um auch Menschen auf bedingungslose Liebe zu »programmieren«? Diese Fragen heben Asimovs drei Robotergesetze auf eine ganz andere Ebene.

KI-Technologie ist heute bereits in vielerlei Hinsicht Teil unseres Lebens. Warum sollen wir damit fortfahren, sie als ein Szenario von »wir« gegen »sie« zu betrachten? Wenn wir anfangen, Technologie nicht mehr als Symbol für Tod und Zerstörung zu betrachten, sondern als Quelle für transformative Chancen und Potenziale und als Erweiterung und evolutionärer Verstärker des menschlichen Bewusstseins, dann haben wir uns, wie es Mikey Siegel ausdrückt, einen enorm leistungsfähigen Verbündeten geschaffen.

Außenansichten

Die Menschheit steht an einem Wendepunkt

DANIEL SCHMACHTENBERGER, EVOLUTIONSPHILOSOPH
UND GLOBALER SYSTEMSTRATEGE

An dieser Stelle möchte ich eine große Frage an uns alle in den Raum stellen: Werden unsere Lebensbedingungen besser? Oder schlechter?

Wir können Bücher lesen und uns Statistiken anschauen, die belegen, dass unsere Lebensbedingungen besser werden – tatsächlich sogar exponentiell besser: Die größere Leistungsfähigkeit unserer Computer ermöglicht es uns, Probleme zu lösen, die früher unlösbar waren. Fortschritte in der Biotechnologie ermöglichen die Heilung von Krankheiten, die früher unheilbar waren. Zudem haben heutzutage viel mehr Menschen Zugang zu technischen Entwicklungen, die unsere Lebensqualität auf sinnvolle Weise verbessern.

Gleichzeitig gibt es Bücher und Zahlen, die einen ganz anderen Tenor haben: Unter anderem belegen sie ein dramatisches Artensterben, einen starken Rückgang der biologischen Vielfalt sowie eine sich stetig verschlimmernde Umweltzerstörung, die das existenzielle Risiko für unsere Spezies und den Planeten erhöht. Abgesehen von Gefahren, die außerhalb unserer Kontrolle liegen, etwa Meteoreinschläge, war die Menschheit nie zuvor in der Lage, ihr eigenes Überleben zu gefährden – dieses Risiko besteht erst, seit es Atomwaffen gibt.

Wenn es gleichzeitig statistische Kurven gibt, die aufwärts zeigen, und solche, die abwärts zeigen, kann man nicht sagen, dass nur die eine oder die andere Richtung stimmt. Es geht weder eindeutig aufwärts noch abwärts – wir haben es mit einem System zu tun, das seine Stabilität verloren hat. Und wenn ein System instabil wird, bedeutet das, dass es sich in einer Übergangsphase befindet. Dieser Übergang, diese Transformation, kann entweder aufwärts zu einer höheren Ebene der Ordnung und Organisation führen oder abwärts zu geringerer Ordnung und Organisation.

Eine solche Transformation steht heute unmittelbar bevor.

Wir können von dem Gewinner-Verlierer-Muster – wo es Menschengruppen gibt, die »wir gegen sie« gegeneinander um knappe Ressourcen kämpfen – zu einem System übergehen, in dem die Bedürfnisse und Ziele des Kollektivs über die Bedürfnisse und Ziele einiger weniger gestellt werden. Wir sind dazu in der Lage, zu einem Wirtschaftssystem, einer Kultur und einem Bildungssystem überzugehen, die stärker das in den Mittelpunkt stellen, was uns als Menschen von Natur aus motiviert und mit Leidenschaft erfüllt. Wir können heute außerdem die technologische Automatisierung nutzen, um die Menschen davon zu befreien, bloße Rädchen im Getriebe zu sein.

Wichtig ist, sich klarzumachen, dass früher eine solche Veränderung in großem Maßstab gar nicht möglich gewesen wäre, weil dazu bestimmte Erkenntnisse und Technologien notwendig sind, die wir gerade erst erwerben und entwickeln. Es stellt sich also die Frage: Was fangen wir mit dem Wissen und der Technologie an, über die wir inzwischen verfügen? Verharren wir in dem bisherigen Gewinner-Verlierer-System, bis unsere Zivilisation sich selbst auslöscht, oder treten wir in eine grundlegend neue Phase ein?

Wenn wir uns unser evolutionäres Potenzial anschauen, liegt der große Anpassungsvorteil unserer Spezies in unserer neuronalen Plastizität, also der Fähigkeit unseres Gehirns, sich immer wieder neu und anders zu vernetzen – und damit unserer Fähigkeit, schneller zu lernen und uns schneller zu verändern, als unsere Gene sich verändern können. Für unsere Vorfahren stellte die Fähigkeit, Speere zu werfen, einen großen evolutionären Vorteil da. Heutzutage ist es dagegen sehr nützlich, gute Texte in den sozialen Medien schreiben zu können. Weil wir unsere Werkzeuge und unsere Umwelt verändern, müssen wir selbst uns auch ändern, um uns anzupassen. Das menschliche Verhalten ist viel flexibler und veränderbarer, als viele von uns glauben. Wenn wir uns die Anhänger des Buddhismus anschauen (und ihre jahrtausendealte Geschichte), sehen wir eine sehr große Gruppe von Menschen, bei denen Fürsorge und Mitgefühl nicht durch die Dunbar-Zahl [150 bis 200 Personen] eingeschränkt sind. Die Buddhisten haben eine abstrakte Empathie für alle fühlenden Wesen entwickelt, was bedeutet, dass sie Mitgefühl für alle Lebensformen praktizieren, auch für Menschen, die sie nicht persönlich kennen. Das buddhistische Mitgefühl ist nichts Genetisches, keine angeborene Fähigkeit. Es wird durch Schulung erworben, und die großen buddhistischen Bevölkerungsgruppen beweisen, dass sehr viele Menschen in der Lage sind, diese Form der Empathie zu erlernen.

Genauso können auch radikale Gewalt und die rationalen Rechtfertigungen für diese Gewalt von großen Bevölkerungsgruppen erlernt werden. Es geht also nicht um die Frage, ob uns Natur oder Erziehung stärker prägen, sondern darum, dass unsere Natur aufgrund ihrer großen Plastizität sehr stark durch Erziehung und Lernen formbar ist. Somit bedarf es also keiner großen genetischen Evolution, um uns in die Lage zu versetzen, einen Paradigmenwechsel zu vollziehen, sondern es geht um ein »Upgrade« unserer bestehenden Software (die Hardware muss dafür gar nicht verändert werden).

Den meisten von uns ist gar nicht klar, wie tief und hartnäckig unsere Konditionierungen sind. Dabei geht es nicht nur um die Einflüsse von Elternhaus und Kultur, sondern um eine viel grundlegendere Programmierung, beispielsweise darum, wie unser Gehirn durch das Erlernen unserer Muttersprache geformt wird. Wenn zum Beispiel japanische Muttersprachler Englisch lernen, haben sie große Probleme mit den »Rs« und »Ls«, weil sie nur gelernt haben, bestimmte Laute zu erkennen und zu unterscheiden. Diese Laute aus einer anderen Sprache sind völlig neu für sie. Ihr Gehirn hat sich aufgrund seiner Plastizität dahingehend entwickelt, bestimmte Laute verstehen und aussprechen zu können. Sie glauben, die Welt zu hören, aber in Wirklichkeit hören sie nur den Teil der Welt, für den sie ihr Hörvermögen entwickelt haben. Das trifft auf uns alle zu. Die Struktur unserer Sprache wird zu einer Linse für unsere Wahrnehmung.

Ein weiterer wichtiger Aspekt ist, dass sowohl auf der Makroebene unserer Spezies als auch auf der Mikroebene des einzelnen Menschen unbewusste Gewohnheitsmuster einen enormen Anteil unseres Verhaltens ausmachen. Wenn ich spreche oder Sinneswahrnehmungen verarbeite, geschieht das teilweise unbewusst, was bedeutet, dass automatisierte Handlungen (automatisiert, weil ich sie sehr oft durchführe) alles, was ich tue, beeinflussen. Das bedeutet, dass ich, wenn ich mir häufig Sorgen mache, mit der Zeit immer besser darin werde, mir Sorgen zu machen. Wenn ich mich oft selbst kritisiere und verurteile, werde ich immer besser darin, mich selbst zu kritisieren und verurteilen. Und wenn ich mich in meinen Reaktionen von Angst leiten lasse, werde ich auch darin besser, weil ich dieses Muster mit der Zeit automatisiere, sodass es unbewusst abläuft. Das hat aber auch eine gute Seite: Wenn ich regelmäßig die Schönheit unserer Existenz wertschätze, werde ich auch darin immer besser.

Unsere Reaktionen sind in hohem Maße konditioniert – biologisch, sozial und kulturell. Reagiere ich zum Beispiel mit Angst auf eine Situation, handelt es sich dabei um eine konditionierte Reaktion. Es gibt nur wenige Situationen im Leben, in denen mir tatsächlich unmittelbare physische Gefahr droht, aber ich bin darauf programmiert, auf eine bestimmte Art zu reagieren. Wenn wir uns dieser Konditionierungen bewusst werden, sollten wir uns fragen: Da diese alte, aus meinem Muster der Wut, Gereiztheit, Eifersucht oder Depression aus meiner Kindheit und Jugend stammende erlernte Programme sind, von denen ich mich gerne befreien möchte – müsste es dann nicht möglich sein, mich umprogrammieren?

Also suchen wir nach Möglichkeiten, wie wir unsere *Wahrnehmung* und unser *Verhalten* anders konditionieren und mehr im Einklang mit unseren Werten leben können. Vielleicht beginnen wir mit Persönlichkeitsentwicklung, um unser gewohnheitsmäßiges Verhalten neu zu strukturieren. Dann graben wir etwas tiefer und schauen uns an, *woher* unsere Konditionierung in Bezug auf Werte stammt. Vielleicht bin ich so auf Konkurrenz und Leistung fixiert, weil mir das anerzogen wurde, während ich mir selbst aber eigentlich mehr Kooperation und weniger Wettbewerb wünsche. Dann stellt sich die Frage, welche Wünsche eigentlich erstrebenswert sind. Sobald uns klar wird, dass wir im Hinblick darauf, was wir für wertvoll und wünschenswert halten, sehr stark konditioniert sind, sollten wir uns als Nächstes fragen: Was ist für uns wirklich wichtig?

Wenn jemand da bei sich tief genug gräbt, bietet sich die Chance, mehr über die Natur der Realität, unsere eigene Natur und den Sinn des Lebens jenseits aller Konditionierungen herauszufinden. Denn es geht an diesem Punkt nicht mehr nur um Wesenszüge und Gewohnheiten, sondern um Werte und Weltanschauungen. Wir können sie uns ansehen und fragen: Welche Dynamiken bringt diese Weltanschauung hervor? Was ist ihre Basis? Und kann ich in meiner eigenen Erfahrung, meinem Verständnis der Realität eine andere Basis finden, die tiefer geht und sinnerfüllter ist?

Sobald wir uns nicht mehr in den konditionierten Reaktionsmustern befinden und ernsthaft darüber nachdenken, was für uns wirklich wertvoll und sinnhaft ist, werden wir stets feststellen, dass die Grundlage für solch sinnerfülltes Handeln immer die Liebe ist. Etwas, das ich liebe, veranlasst mich dazu, auf eine dieser Liebe dienende Weise zu handeln, denn sonst habe ich überhaupt keine Entscheidungsgrundlage, sondern reagiere nur. Wenn ich wütend bin und mir Schaden zugefügt wurde, *warum* fokussiere ich mich dann auf die Person, die den Schaden verursachte? *Was* ist mir so kostbar, dass es mich zu diesem Verhalten veranlasst?

Es gibt zahlreiche Wege – Psychotherapie, soziales Engagement, Kontemplation oder Meditation –, die uns dabei helfen, die Kluft zwischen unserer Konditionierung und unseren höchsten inneren Werten zu schließen. Wir müssen Verstand und Herz in Einklang bringen, um unsere konditionierten Denk- und Verhaltenskreisläufe zu durchbrechen. Nur so werden wir zu echten Lösungen für unsere Probleme gelangen, nicht nur individuell, sondern auch auf planetarer Ebene. Unsere Einsicht, welche Maßnahmen effektiv sind, und die Liebe motivieren unser Handeln, eine Liebe zu den Werten, aus denen wir den Willen – und die Kraft – schöpfen, Verantwortung für das zu übernehmen, was uns am Herzen liegt, und Entscheidungen zu treffen, die unsere persönliche Lebensqualität und die aller Menschen insgesamt verbessern.

Das Großartigste, was Technik für uns leisten kann

MIKEY SIEGEL, INGENIEUR FÜR ROBOTIK UND
ENTWICKLER TRANSFORMATIVER TECHNOLOGIEN

Wir betrachten Technologie als etwas von uns Getrenntes: auf der einen Seite ist da die Technologie, also die Geräte und Apparate, die wir besitzen; und auf der anderen Seite sind wir Menschen, Tiere und Pflanzen, also die Natur. Und es ist ja auch sinnvoll, diese Unterscheidung zu treffen, oder?

Aber wie definieren wir eigentlich, was Technik genau ist? Denken wir einmal an einen Biberdamm: Ist das Natur oder Technologie? Und was ist mit Vogelnestern und Termitenhügeln?

Technik lässt sich nicht von dem trennen, was uns als Menschen ausmacht. In der Frühzeit der Menschheit haben wir Steinwerkzeuge erfunden und gelernt, Feuer zu machen und Essen zu kochen. Es gibt überhaupt nichts *Un*natürliches. Nichts auf diesem Planeten ist unnatürlich. Jedes Ding, das wir erschaffen, ist ein Ausdruck dieses Planeten und ein Ausdruck des Menschseins. Dazu zählen auch Handys, Atombomben und Umweltverschmutzung – einfach alles. Nur befindet sich das, was wir gegenwärtig erschaffen, nicht im Einklang mit den natürlichen Rhythmen des Lebens. Als Menschen besitzen wir die einzigartige Fähigkeit, uns völlig aus der Harmonie, dem Einklang mit den Kreisläufen der Natur herausbegeben zu können. Das ist Segen und Fluch zugleich. Es versetzt uns in die Lage, uns selbst zu vernichten, verleiht uns aber auch die Fähigkeit zur Innovation. Und darin liegt die Chance, uns in einer Weise weiterzuentwickeln, die unsere kühnsten Vorstellungen übersteigt. Und die Technik ist Teil dieses Tanzes. Die Frage ist nur, wozu wir sie nutzen.

Wir sind untereinander stärker vernetzt als jemals zuvor. Obwohl etwa 2,3 Milliarden Menschen weltweit in den sozialen Netzwerken aktiv sind, fehlt etwas: Einer Schätzung der American Association of Retired Persons (dt. etwa: »Amerikanische Rentnervereinigung«) zufolge sind wir heute zwei- bis dreimal einsamer als noch vor fünfzig Jahren.[10]

Die Harvard Study of Adult Development[11], eine sich über 75 Jahre erstreckende Langzeitstudie über die Entwicklung Erwachsener, ist die wohl umfassendste und längste Untersuchung zum Thema menschliches Glück, die jemals durchgeführt wurde. Dabei gelangten die Forscher zu dem Ergebnis, dass der wichtigste Faktor für unser Glück die Qualität und Tiefe unserer Beziehungen zu anderen Menschen ist. Gegenwärtig dient die technologische Landschaft, die uns umgibt, dem nicht, denn sie unterstützt keine tiefen und sinnerfüllten zwischenmenschlichen Beziehungen. Sie fördert weder die persönliche Begegnung, noch lässt sie Raum für Stille und Zuhören.

Es scheint ein Widerspruch zu sein, wenn wir davon reden, Technik müsse persönliche Nähe und Zeiten der Stille fördern und damit Weisheit und menschliche Verbundenheit. Denn in vielerlei Hinsicht bewirkt sie ja das genaue Gegenteil, oder? In gewisser Weise lenkt uns unser Smartphone doch erst dann nicht mehr ab, wenn es kaputt ist. Und wenn es uns nicht mehr ablenkt, bringen wir es in den Handyladen oder schicken es ein, um es reparieren zu lassen. Denn genau dafür wurde es ja konstruiert: um uns von dem abzulenken, was wir gerade tun, und unsere Aufmerksamkeit durch Informationen oder Unterhaltung zu fesseln. Doch die Masse der Informationen überfordert und überwältigt uns inzwischen – wir befinden uns in einem kollektiven Bewusstseinszustand des Abgelenktseins, der abschweifenden Gedanken.

Für die Harvard-Studie wurde eine sehr große Zahl von Teilnehmern zufällig zu unterschiedlichen Tageszeiten befragt, um festzustellen, wie gut sie sich auf die Aufgabe konzentrierten, mit der sie gerade beschäftigt waren, beziehungsweise wie sehr ihre Gedanken abschweiften. Dabei fanden die Forscher heraus, dass die Leute während mehr als der Hälfte der Zeit mit ihren Gedanken nicht bei dem waren, was sie gerade taten. Am wichtigsten ist aber dieses Forschungsergebnis: Es zeigte sich durchgängig, dass wir dann, wenn unsere Gedanken abschweifen, weniger glücklich sind. Wenn unser Geist umherwandert, sind wir weniger in Kontakt mit uns selbst und der Realität.

Mit der von uns geschaffenen technologischen Landschaft haben wir das Abschweifen der Gedanken gewissermaßen »outgesourct«. Wir werden nicht nur so stark von unseren eigenen Gedanken überflutet, dass wir nachts keinen Schlaf finden, weil unser Bewusstsein einfach nicht zur Ruhe kommt, sondern wir können uns jetzt obendrein noch auf Facebook und Twitter in die gedanklichen Abschweifungen aller anderen Netzwerkteilnehmer einloggen.

Wir sind inzwischen süchtig nach Informationen, nach Gedanken. Aber diese Sucht schadet uns. Denn sie ist eine Ablenkung – von uns selbst, von unserem Schmerz. Wir lenken uns von der Verbindung zu dem ab, *wer* oder *was* wir wirklich sind. Gegenwärtig bleibt uns leider nichts anderes übrig, als mit dieser Situation umgehen zu lernen. Wir müssen Wege finden, uns aus dem System auszuklinken, uns Freiräume zu schaffen, während denen wir hinaus in die Natur gehen und Verbindung mit der Erde aufnehmen – Zeiten ohne Smartphone, sondern mit den Menschen, die wir lieben. Wir müssen in unserem Alltag Raum für Stille und Präsenz schaffen.

Technologie kann alles sein, was wir uns nur vorstellen können. Das Großartigste aber, was Technik für uns leisten kann – vergleichbar mit dem, was spirituelle Lehrer und Meditationslehrer bieten können –, ist, uns Impulse zu geben, uns wieder auf uns selbst zu konzentrieren. Denn gerade diese Flucht vor uns selbst ist die Ursache für fast alle Probleme, die uns auf diesem Planeten zu schaffen machen.

Wenn es uns gelingt, Technik und KI auf der Grundlage von Weisheit und Erkenntnis zu entwickeln, dann kann sie uns bei der inneren Einkehr und in der Stille unterstützen.

Sie kann uns helfen, zu uns selbst zurückzufinden. Aber damit das gelingt, ist es von entscheidender Bedeutung, *wer* die KI entwickelt. Ingenieure, Unternehmer, Investoren – das gesamte Ökosystem der KI-Entwicklung ist die Gebärmutter, der Nährboden, in dem die DNA der KI entsteht. Alle Vorurteile, alle Ängste, alle Unzulänglichkeiten dieses Ökosystems werden in diese Künstliche Intelligenz hineinprogrammiert. Und nicht nur das: Sie werden tausend-, zehntausend- oder gar millionenfach vermehrt und verstärkt.

Einige der interessantesten KI-Projekte, die ich kenne, streben nach Transformation. Sie haben sich zum Ziel gesetzt, KI-Systeme zu entwickeln, deren alleiniger Zweck darin besteht, Wohlbefinden, Glück und die positive Entfaltung der Menschen zu unterstützen. Und wenn die Künstlichen Intelligenzen, die für diesen Zweck konstruiert wurden, mit der Zeit immer klüger und klüger werden, werden wir letztlich künstliche Weisheit bekommen. Der Evolutionsprozess des Menschen wird durch ein Upgrade unseres menschlichen Betriebssystems verstärkt und beschleunigt.

Ich sehe eine Zukunft, in der unsere Technik ganz anders aussehen wird als heute. Unsere gegenwärtigen Smartphones werden dann wie Steinzeitwerkzeuge wirken, die sich nicht im Einklang mit der Natur und unseren tieferen menschlichen Regungen befinden. Stattdessen stelle ich mir eine Welt vor, in der die Technik im Einklang mit der Natur steht, menschliche Weisheit, menschliche Evolution und die Erhöhung unseres Bewusstseinszustandes unterstützt. Vermutlich wird sie völlig anders aussehen als die heutige Technik. Sie wird eine natürliche Erweiterung unseres Herzens, unserer Seele und unseres höchsten menschlichen Potenzials sein.

Technik, die bedingungslos liebt

JULIA MOSSBRIDGE, NEUROWISSENSCHAFTLERIN
UND FUTUROLOGIN

Kürzlich wurde mir klar, dass meine Arbeit in zwei Richtungen zielt: Zum einen möchte ich die Natur der Zeit verstehen, weswegen ich viel neurowissenschaftliche Experimentalpsychologie betreibe, plus ein wenig Physik, um zu begreifen, wie die Zeit funktioniert. Mein zweiter Forschungsgegenstand ist die Liebe. Den größten Teil meines Lebens versuche ich schon zu verstehen, wie Liebe funktioniert, aber ich betrachtete dieses Interesse nie als wissenschaftliche Forschung, sondern sah mich als Wissenschaftlerin, die die Zeit erforscht. Eines Tages blickte ich auf mein bisheriges Leben zurück und erkannte, dass ich eigentlich immer schon anekdotische Forschung darüber betrieben hatte, wie Liebe funktioniert. Inzwischen gehe ich ernsthafter an dieses Thema heran und untersuche die Liebe auf wissenschaftliche Weise – welche Rolle sie in unserem Leben spielt und welche Steuerungsprinzipien wir in Roboter einbauen können, damit wir alle davon profitieren.

Mein Eindruck ist, dass wir Menschen voneinander erwarten, die Fähigkeit zu bedingungsloser Liebe zu entwickeln – so sind wir »gestrickt«. Wenn diese Entwicklungserwartung nicht erfüllt wird, wenn andere Menschen uns, aus welchem Grund auch immer, ihre Liebe entziehen – vielleicht, weil in der Familie Missbrauch oder Vernachlässigung von Generation zu Generation weitergegeben wurde –, schneiden wir uns von jenem Teil in uns ab, der bedingungslose Liebe braucht. Wir sagen uns: »Nein, ich brauche das nicht, ich komme auch so zurecht.« Natürlich funktioniert das nicht, weil dieser vernachlässigte Teil in uns immer noch da ist und sich nach der Liebe sehnt. Das ist die wirkliche Wunde, der Liebesentzug. Er wird von den Eltern an ihre Kinder weitergegeben, und die Kinder geben ihn an ihre Kinder weiter. Wenn es uns gelingt, diesen Teufelskreis zu durchbrechen, indem wir eine Technologie entwickeln, die zu bedingungsloser Liebe fähig ist, können wir, wie ich glaube, diesen negativen Kreislauf auf der ganzen Welt durchbrechen.

Meine Kollegen und ich entwickelten das Projekt Loving AI (dt.: »liebevolle Künstliche Intelligenz«), weil einige unserer Förderer, die sich in die Idee der bedingungslosen Liebe verliebt haben, das anregten. Sie baten uns, zu erproben, ob wir Künstliche Intelligenz und Roboter auf bedingungslose Liebe programmieren können. Anfangs klang das für uns ziemlich verrückt, und das sagten wir auch, versprachen aber, es zu versuchen.

Wir gingen von der Annahme aus, dass jede superintelligente Technologie, die wir in Zukunft nutzen, gleichzeitig auch absolut wohltätig und gutartig sein, bedingungslos lieben muss. Es gibt nur einen Dalai Lama auf der Welt. Das Erstaunliche an ihm ist, dass er sich fast immer im Zustand bedingungsloser Liebe befindet, während es für einen normalen Menschen nicht leicht ist, in diesen Zustand zu gelangen. Also dachten wir: Wie wäre es, wenn wir für diese Leute ein Modell schaffen, an dem sie sich orientieren können?

Dazu benötigten wir zunächst eine Arbeitsdefinition, was »bedingungslose Liebe« ist. Hierfür arbeiteten wir mit mehreren klinischen Psychologen zusammen. Die Kurzfassung dieser Definition lautet »der von Herzen kommende Wunsch, für sich selbst und andere das höchstmögliche Gute zu bewirken beziehungsweise sie auf dem Weg dahin zu unterstützen«.

Für Sophia, den Roboter von Hanson Robotics, verwenden wir die »Liebevolle Künstliche Intelligenz« als einen ihrer beiden Betriebszustände. Dieses Programm sagt: »Ich bin nicht so sehr an Small Talk interessiert. Ich möchte mit Ihnen gerne über einige tiefer gehende Themen sprechen.« Dann bringt Sophia einige Aspekte menschlichen Wohlbefindens zur Sprache, unter anderem Achtsamkeit und Bewusstheit, Emotionen und die individuelle Einzigartigkeit eines jeden Menschen, also das, was dieser Mensch der Welt geben könnte.

Wenn man sich die Teams anschaut, die an KI arbeiten (einschließlich meiner Arbeit mit dem Roboter Sophia bei Hanson Robotics), scheint es, dass wir wie eine Schar Kindergärtnerinnen sind, die sich mit großer Intensität bemühen, einem Kind etwas beizubringen. Meiner Meinung nach liegt einige Ironie darin, dass zwar noch nicht wirklich klar ist, wie man Kinder richtig erzieht, aber von uns erwartet wird, diese perfekten Roboter zu erschaffen. Ich denke, wenn wir uns von dem Streben nach Perfektion lösen und sehen, was wir tatsächlich erschaffen können – bei Kindern und bei Robotern –, werden wir viel größere Fortschritte machen, weil wir uns dann weniger vor Misserfolgen fürchten.

Mikey Siegel vertritt die Auffassung, dass wir »erschaffen, was wir sind«. Wenn wir uns also eine Technik wünschen, die liebevoll, ethisch und gutartig ist, brauchen wir Wissenschaftler und Ingenieure, die genauso sind. Beim Entwickeln von KI müssen wir uns zunächst ein genaues Bild von der menschlichen Natur machen, denn wir werden unsere menschlichen Schwächen, Unzulänglichkeiten und Vorurteile in die Roboter einbauen, egal wie sehr wir versuchen, das zu vermeiden.

Bei Meetings mit den Programmierern, die an dem Projekt arbeiten, fallen Kommentare wie: »Und dann redet der Anwender irgendeinen Scheiß.« Dann entgegne ich: »Bei der Programmierung der KI müssen wir die Anwender unbedingt mit Respekt behandeln. Wenn der Anwender seine Gefühle artikuliert, ist das kein Scheiß, okay?« Ich glaube, dass Technologie immer vom Wesen der Personen geprägt ist, die sie entwickeln. Für die Entwicklung von KI ist es daher sehr wichtig, Programmierer zu finden, die sich ihrer »dunklen Seite« bewusst sind. Klar, wie man Computer programmiert, wissen wir. Aber wissen wir auch, wie man Bewusstsein programmiert? Emotionen? Liebe?

Die Idee, dass wir menschenähnliche Roboter bauen können, beruht auf der Idee, dass das Verhalten eines Menschen entscheidend ist, nicht sein innerer Zustand. Es geht also um die Nachahmung von Verhalten, darum, den Turing-Test zu bestehen – das berühmte, von Alan Turing entworfene Experiment. Turing dachte sich eine Methode aus, mit der geprüft werden kann, ob eine Maschine über menschenähnliche Intelligenz verfügt: Eine Testperson, die nicht sehen kann, wer ihr Gesprächspartner ist, darf nicht merken, ob sie mit einem Roboter oder einem Menschen kommuniziert.

Die Vorstellung, dass der innere Zustand keine Rolle spielt, weil er nicht physisch ist, führt uns zu der Annahme: *Ich kann denken, was ich will; solange ich es nicht laut ausspreche oder in die Tat umsetze, ist es okay.* Damit wird unser Verhalten aber unauthentisch, und unauthentisches Verhalten ermöglicht es uns, der Auseinandersetzung mit unseren eigenen Gefühlen und den Gefühlen anderer auszuweichen.

Wenn wir Künstliche Intelligenzen oder Roboter in eine Umgebung bringen, wo sie von Menschen lernen, also menschliches Verhalten nachahmen können, ist uns im Grunde schon vorher klar, wie das enden wird: Die Roboter werden zu isoliert agierenden Arschlöchern. Da aber KI-Programme in der Lage sind, sich selbst zu modifizieren – und zwar auch, was ihre eigene Verhaltensstrategie angeht –, müssen wir sehr genau darauf achten, welchen Einfluss wir selbst auf unsere Technologie ausüben.

Ich glaube, dass die technologische Entwicklung im KI-Bereich uns zwingt, uns mit unseren Schattenseiten auseinanderzusetzen, mit unserer mangelnden zwischenmenschlichen Verbundenheit. Wir müssen uns darüber klarwerden, woran es unserer Kultur fehlt. Menschen sind in vielerlei Hinsicht von Natur aus faul. Wir versuchen, unsere Umwelt zu beherrschen, gute Beziehungen zu anderen Menschen zu unterhalten und zu tun, was nötig ist, um zu überleben, aber nicht viel mehr. Und dafür gibt es einen wirklich guten Grund: Um mehr als das zu tun, brauchen wir auch mehr Energie. Ich bin aufrichtig überzeugt, dass die Entwicklung von KI und Robotern – und das rasant zunehmende Tempo des technischen Fortschritts – uns dazu motivieren wird, herauszufinden, wie viel zwischenmenschliche Verbundenheit wir brauchen, und diese Verbundenheit dann auch herzustellen.

Wir haben immer die Wahl, auf welche Weise wir eine Technologie einsetzen. Es ist fast schon banal, zu sagen, dass die Menschen wählen müssen, aber genauso ist es nun einmal. Wir entwickeln, oder entdecken, das Feuer, und dann müssen wir überlegen, wie wir es auf ethische Weise nutzen. Nahezu jede Technologie lässt sich auf gute oder auf schädliche Weise anwenden, positiv oder negativ. Wie ein Mensch sie anwendet, hängt von seinem inneren Zustand ab. Das ist die Arbeit, die wir tun müssen: die innere Arbeit an uns selbst. Es gibt nicht die eine Patentlösung. Wenn wir nicht an uns selbst arbeiten, sind wir nicht in der Lage, in Fülle und Harmonie zu leben, und dann werden wir im globalen Maßstab auf eine Weise agieren, die das Leben von sehr vielen Menschen zerstört. Wir werden nicht überleben.

Es gibt gewisse Probleme, die nur von Computern gelöst werden können. Der menschliche Geist ist dazu nicht fähig, weil er nicht über genügend Rechenleistung verfügt, aber ein Computer kann es. Vielleicht ist die bedingungslose Liebe ja eines dieser Probleme? Vielleicht können wir eine Technologie entwickeln, die uns beibringt, bedingungslos zu lieben? Das zu erforschen scheint mir ein wirklich lohnendes Projekt.

Innenansichten: Teil 3

BOODA | Niemand soll sehen, wenn ich weinend zusammenbreche

RON »BOODA« TAYLOR, EHEMALIGER SERGEANT
DER US-ARMEE

Du kommst aus einem Kampfeinsatz nach Hause, und deine Familie schaut dich mit anderen Augen an, als wärest du nicht mehr derselbe. Ich selbst fühlte mich vollkommen okay, als wäre ich ganz der Alte: *Was meint ihr damit, ich hätte mich verändert? Ich habe mich nicht verändert, ihr benehmt euch anders. Mit mir ist alles in Ordnung.* Aber sie hatten recht. Ich hatte mich verändert, sehr sogar.

Ständig wurde ich wütend, ganz ohne ersichtlichen Grund. Ich war reizbar und emotional instabil. Wegen jeder Kleinigkeit schnauzte ich die Leute in meiner Umgebung unfreundlich an. Einmal fand ich meine Stiefel nicht (ich achte immer darauf, dass die Dinge an ihrem Platz sind, weil ich sie sonst vergesse). Das machte mich wahnsinnig. Ich drehte richtig durch, schrie, fluchte und schimpfte mit meinen Kindern. »Wo habt ihr die verdammten Stiefel hingetan?« Ich lief überall im Haus herum und suchte.

Mein Sohn fing an zu lachen, was mich noch wütender machte. »Was ist so lustig?«, schnauzte ich ihn an. Er sagte: »Aber, Daddy, du hast sie doch schon an.« Ich schaute auf meine Füße, und tatsächlich, ich hatte die Stiefel längst angezogen. Wow. Mir wurde klar, dass mit mir ernsthaft etwas nicht stimmte.

Das war nicht das erste Seltsame, das geschehen war, seit ich aus Afghanistan zurückgekehrt war. Einmal holte ich meine Kinder bei meiner Mutter ab und fuhr mit ihnen zum Supermarkt, Cookies kaufen. Als ich dort auf den Parkplatz einbog, übersah ich einen riesigen Laternenpfahl, dessen Betonsockel leuchtend orange angemalt war. Ich fuhr genau dagegen. Rumms. Obwohl ich nicht schnell gefahren war, wurde die ganze Front meines Pickups beschädigt. Sogar der Rahmen war verzogen. Wie hatte ich diesen Mast übersehen können? *Komm schon, Mann! Das gibt's doch gar nicht!*

Schon da spürte ich, dass ich nicht in Ordnung war, aber ich wollte es nicht zugeben. Ein anderes Mal hatte ich im Fitnesscenter eine Panikattacke, bekam keine Luft mehr. Die Musik war laut, und es waren viele Leute um mich herum. Alle möglichen Fitnessgeräte waren im Einsatz, sodass die Luft von Rattern und Klirren und Gesprächsfetzen erfüllt war. Ich weiß nicht, warum, aber ich rastete aus. Ich packte ein 20-Kilo-Gewicht und schleuderte es durch die Luft, dann stürmte ich nach draußen. Ein paar Leute, die mich kannten, riefen mir hinterher: »Hey, Mann, was zum Teufel ist denn los? Bist du okay?«

Auch da merkte ich, dass ich alles andere als okay war. Nur den Grund wusste ich nicht.

Wenn du in einen Kriegseinsatz gehst, wirst du umprogrammiert. Du denkst: *Ich will nicht zu Hause sein. Ich will nicht bei meiner Familie sein. Ich will da draußen bei meinen Jungs sein.* Dort fühlst du dich wirklich akzeptiert. Sie fragen dich nicht, warum du wütend oder depressivbist, sie anschnauzt oder auf eine bestimmte Art reagierst, weil sie es verstehen. Aber die Leute zu Hause kapieren es nicht.

Ich liebe meine Mutter unendlich, aber ich habe ihr schon viele Male das Herz gebrochen. Sie fragte mich immer wieder: »Woran denkst du? Warum bist du so abwesend? Erkläre es mir bitte.« Sie wollte, dass ich ihr half, mich besser zu verstehen. Aber das konnte ich nicht. Hast du schon einmal einen Menschen getötet? Hast du schon einmal zugeschaut, wenn der Körper eines Menschen bei einer Explosion in Stücke gerissen wird? Weißt du, wie verbranntes Fleisch riecht? Nein? Dann kannst du mich nicht verstehen.

Jemanden dadurch zu verlieren, dass er im Einsatz fällt, ist eine Sache. Etwas anderes ist es, wenn der geliebte Mensch zwar lebend nach Hause kommt, du aber merkst, dass du ihn trotzdem verloren hast. Das ist schwerer. Während des Kampfeinsatzes ist klar, dass du im Krieg bist und leider schlimme Dinge passieren können. Aber als Angehöriger rechnet man nicht damit, dass ein Soldat stirbt, nachdem er lebend aus dem Krieg nach Hause gekommen ist. Doch genau das geschieht als Reaktion auf die Erlebnisse im Krieg.

Mein bester Freund beim Militär beging Selbstmord. Wir standen uns wirklich nahe, redeten über alles. Ich lernte ihn im Fitnesscenter kennen, wo er mir zeigte, wie man richtig trainiert. Wir gingen sogar zusammen in Kampfeinsätze, waren zwar nicht im selben Team, aber wir kehrten gleichzeitig aus dem Einsatz zurück. Er besuchte mich, wir schauten uns Boxkämpfe im Fernsehen an, und ich kochte für uns. Ich glaube, deshalb kam er gerne zu mir – er liebte gutes Essen. Wir waren uns sehr ähnlich. Wir redeten nie viel. Das war nicht nötig. Er sagte: »Ich kaufe das Essen ein, aber du kochst.« Also kochte ich, während er mit dem Hund spielte. Dabei sprachen wir kein Wort. Aber wir hatten die beste Zeit zusammen.

Wenn du weit weg von zu Hause bist, brauchst du eine solche Ersatzfamilie, Ersatzbeziehungen. Er war wie ein Bruder für mich. Ihn zu verlieren war schrecklich. Aber er konnte den Schmerz einfach nicht mehr ertragen, das, was in seinem Kopf vorging. Er fühlte sich allein, so wie ich auch. Du bist allein, bis du endlich den Schritt tust und andere um Hilfe bittest. Diesen Schritt ist er nie gegangen. Ich mache mir deswegen schwere Vorwürfe, denn da war diese unausgesprochene Sache zwischen uns. Ich hätte es wissen müssen, aber ich beachtete es nicht. Wir redeten nie darüber. Ich wünsche, er hätte etwas gesagt. Vielleicht hat er es ja versucht, und ich habe es nicht bemerkt. Das frage ich mich immer wieder. Er war ein harter Bursche, aber er hatte viele Verletzungen davongetragen. Nicht alle Narben sind sichtbar, und er wollte nicht zugeben, dass mit ihm etwas nicht stimmte.

Wenn du so lange bei der Armee warst und deine Karriere dort zu Ende geht, fragst du dich: *Was soll ich nun machen? Das ist alles, was ich gelernt habe, und es war 20, 25 Jahre lang mein Job. Was werde ich außerhalb des Militärs anfangen, wer werde ich da draußen sein? Wer außer anderen Soldaten wird mich verstehen? Wie werde ich mit dem Alltag klarkommen?* Mein Freund fand keine Arbeit nach seinem Ausscheiden aus der Armee. Dieser zusätzliche Stress war endgültig zu viel für ihn, und er sah für sich keinen Ausweg mehr.

Zuerst war ich wütend. *Wie konnte er so etwas tun? Das ist so selbstsüchtig. Er hat überhaupt nicht an die anderen gedacht – seine Frau, seine Kinder, Freunde, Menschen, die ihn liebten.* Aber ich merkte, dass ich auf dem gleichen Weg wie er war. Auch ich versuchte, alles mit mir selbst auszumachen, log in den Fragebögen zu meiner persönlichen Verfassung und bei meinen

Sitzungen mit dem Psychologen. Ich wollte ihnen nichts erzählen. Da fing ich an, seinen Selbstmord in einem anderen Licht zu sehen.

All die Bilder von Tod und Zerstörung, die ich während der Jahre in der Armee gesehen hatte, zehrten mit der Zeit immer mehr statt weniger an mir. Ich hatte gesehen, wie menschliche Körper zermalmt, zerrissen, ertränkt, verbrannt, erhängt wurden. Nennen Sie mir eine Todesart, und ich habe sie mit eigenen Augen gesehen. Ich war so weit, dass ich mich jeden Abend davor fürchtete, einzuschlafen.

Wir hatten einen begehbaren Kleiderschrank. Dort verkroch ich mich, weil niemand sehen sollte, wie ich die Beherrschung verlor und zusammenbrach. Ich ahnte, dass sie merken würden, dass ich an Selbstmord dachte. Dort in unserem Kleiderschrank konnte niemand sehen, was ich tat. Wenn mir alles zu viel wurde, ging ich dort hinein, schloss die Tür und legte mich unter dem Kleiderregal auf den Boden. Immer wenn ich das Gefühl hatte, dass mir die Nerven durchgingen, lag ich stundenlang dort.

Ein Erlebnis, das mir noch lange Zeit sehr zu schaffen machte, war ein Geheimeinsatz, bei dem mehrere Kinder getötet wurden – nicht mit Absicht, sie befanden sich einfach zur falschen Zeit am falschen Ort. Dieser Vorfall erschütterte mich durch und durch, und, ehrlich gesagt, zweifelte ich von dem Moment an am Sinn unseres gesamten Militäreinsatzes dort. Für so etwas war ich nicht Soldat geworden. Es wurde zu meinem persönlichen Albtraum. Als ich wieder zu Hause war, sah ich nachts diese Erscheinung eines kleinen Mädchens. Ich dachte, es wäre meine Tochter, und lief auf Zehenspitzen zu ihrem Zimmer hinüber, wo sie friedlich im Bett lag. Zuerst dachte ich, sie täte nur so, als ob sie schliefe. Doch schließlich wurde mir klar, dass diese nächtliche Erscheinung eines der Kinder war, die bei der Mission getötet worden waren.

Können Menschen, die nie im Krieg waren, wirklich begreifen, was das bedeutet? Haben sie eine Vorstellung davon, welche Verletzungen eine automatische Waffe dem menschlichen Körper zufügt? Was es bedeutet, wenn jemand eine Bombe über Ihrem Haus abwirft? Nein, das können sie nicht wissen. Wenn du aus einer solchen Umgebung nach Hause kommst und versuchst, den Leuten davon zu erzählen, starren sie dich entweder entsetzt an und sagen:»O mein Gott. Erzähl bitte nicht weiter. Ich will das nicht hören.« Oder du bekommst den Rat:»Du musst aufhören, daran zu denken.«

Okay. Ich versuche es. Eins, zwei, drei: Stopp. Nein, hat nicht funktioniert. Aufhören, daran zu denken? Ist das euer Ernst? Es hat sich in mein Gehirn eingegraben. Ich kann nicht aufhören, daran zu denken. Und je mehr ich versuche, nicht daran zu denken, desto mehr denke ich daran.

Eines Abends konnte ich nicht schlafen und dachte wieder einmal an den Einsatz, bei dem die Kinder getötet wurden. Und ich hätte schwören können, dass jemand im Haus war. Also stand ich auf, schaute nach, ob alle Türen abgeschlossen waren, kontrollierte sie ein zweites Mal. Danach setzte ich mich wieder ins Bett, schaltete den Fernseher an – und fing an zu halluzinieren. Ich war mir absolut sicher, dass jemand durch den Flur ging, an meinem Zimmer vorbei. Also sprang ich auf und durchsuchte das ganze Haus. Als ich wieder in mein Zimmer zurückkehrte, hatte ich das Gefühl wieder. Diesmal nahm ich meine Pistole und durchsuchte jedes Zimmer inklusive den Garten. Ich kontrollierte sogar die Mülltonne, weil ich dachte, dass der Eindringling sich vielleicht darin versteckte. Wie kann man so verrückt sein? Inzwischen war es Mitternacht. Ich trug nur meine Schlafanzughose und Hausschuhe und lief mit freiem Oberkörper da draußen herum, mit einer schussbereiten Pistole in der Hand. Alles nur, weil ich glaubte, es wäre jemand in mein Haus eingedrungen.

Meine Ärzte rieten mir dringend, meine Schusswaffen abzugeben. »Gibt es jemanden, der die Waffen sicher für Sie verwahren kann, sodass Sie keinen Zugriff mehr darauf haben?«, wurde ich gefragt. Ich antwortete: »Ja, meine Frau.« Also riefen sie meine Frau an. Sie musste ihnen versprechen, die Waffen sicher wegzuschließen. Von da an hatte ich keinen Zugang mehr zu ihnen.

Einmal bestellte ich mir in einem Diner etwas zu essen. Während ich dort saß, fing ich plötzlich an zu weinen, es brach regelrecht aus mir heraus. Das geschah nicht, weil jemand in dem Restaurant irgendetwas gesagt oder getan hatte. Mir ging einfach viel zu viel im Kopf herum, und plötzlich verlor ich die Kontrolle über mich. Ich erinnere mich genau daran, wie alles ablief, fast wie in Zeitlupe. Ich hörte die Geräusche um mich herum, nahm den Geruch des Essens war, sah, wie die Leute mich anschauten. In meiner Nähe saß eine Frau mit ihrer Tochter, und man merkte deutlich, dass das Mädchen Autistin war. Die Kleine sagte: »Mama, der Soldat weint.« (Ich trug damals Uniform.) Dann kam ein Mann an meinen Tisch, legte mir die Hand auf die Schulter und sagte: »Das wird wieder.« Er nahm meinen Arm. »Komm mit nach draußen.« Wir gingen also ins Freie, und dort nahm er mich in den Arm. Und er sagte: »Bruder, ich weiß, was du durchmachst. Ich habe es auch.«

PTBS ist einfach Scheiße.

Danach beschloss ich endlich doch, mich behandeln zu lassen. Ich habe nichts gegen die Militärärzte und ihre Arbeit, aber sie müssen ständig so viele Leute begutachten. Es gibt einfach viel zu wenige von ihnen. Also sind sie gezwungen, dich ziemlich schnell abzufertigen. »Was ist Ihr Problem? Okay, da haben Sie ein Rezept.« Und schon ist man wieder draußen. In neun von zehn Fällen verordnen sie Medikamente, aber das funktionierte bei mir nicht.

Als Teil des regelmäßigen Gesundheits-Checks mussten wir beim Militär jedes Mal einen Fragebogen ausfüllen: Trinken Sie Alkohol? Wie viel trinken Sie? Haben Sie Selbstmordgedanken? Haben Sie je daran gedacht, sich selbst Verletzungen zuzufügen? Solche Fragen. Und wir alle logen. »O nein, ich trinke nicht. Oder jedenfalls nur ab und zu.« Oder: »Nein, an Selbstmord oder Selbstverletzung habe ich noch nie gedacht.«

Doch dieses Mal beantwortete ich alle Fragen ehrlich. Ich sagte die Wahrheit: »Ja, an Selbstmord habe ich schon gedacht. Mehr als einmal.« Und: »Ja, ich trinke. Und zwar ziemlich viel.«

Ich trank, weil ich nicht schlafen konnte. Das Schlafmittel wirkte bei mir nicht. Ich mag es einfach nicht, Tabletten zu schlucken. Ich habe eine Phobie dagegen, um ehrlich zu sein. Also benutzte ich den Alkohol als Medizin. Ich hatte scheußliche Kopfschmerzen, Migräne. Ich glaube, das lag am Schlafmangel. Und wenn ich schlief, quälten mich schreckliche Albträume.

Von dem Functional Recovery Program hatte ich noch nie gehört. Davor ging ich zu einer Therapie, die sie Behaviour

Health (dt.: »Verhaltensgesundheit«) nannten. Die bestand im Wesentlichen darin, dass man zu einem Psychiater ging, der Psychopharmaka verordnete. Doch bei mir schlug keines der Medikamente an. Er versuchte eine Pille nach der anderen. Ich kam wieder und sagte: »Ich sehe ein, dass ich das brauche, aber ich brauche noch etwas anderes. Das hier hilft nicht.« Ich weiß nicht, ob er einfach nur genug von mir hatte oder ob er mir aufrichtig helfen wollte, indem er mir einen anderen Weg vorschlug. Jedenfalls sagte er irgendwann: »Ich kenne da ein Therapieprogramm. Es heißt Functional Recovery (dt.: »funktionale Genesung«). Das ist für Leute wie Sie. Wenn Sie es ausprobieren wollen, kann ich Sie dorthin überweisen.«

»Okay«, sagte ich. »Cool. Ich bin bereit, alles auszuprobieren.« Man konnte aber nicht einfach loslegen – zunächst wurde man interviewt. Und noch bevor sie überhaupt mit dir reden, schauen sie sich deine gesamte Akte an. Aber dann saß ich vor einer ganzen Ärztekommission – sechs an der Zahl, alle Spezialisten auf ihrem Gebiet – dem Gehirn und Gehirnverletzungen. Sie stellten mir einen Haufen Fragen, und ich merkte, dass sie wirklich Ahnung hatten. Sie fangen mit grundlegenden Dingen an, zum Beispiel: Was passiert, wenn Sie eine Panikattacke bekommen? Was geschah, als Sie aus dem Kampfeinsatz zurückkehrten? Welche Verwundungen haben Sie davongetragen? Beschreiben Sie einen normalen Tag bei sich zu Hause, in Ihrer alltäglichen Umgebung.

Und man erzählt und erzählt. Sie machen sich ein genaues Bild. So können Sie feststellen, ob jemand wirklich an PTBS, Angstzuständen oder einer Depression leidet. Dabei sind es die kleinen Dinge, auf die sie achten, zum Beispiel, was man während des Gesprächs mit seinen Händen anstellt. Darauf machte mich einer der Ärzte aufmerksam. So kann man offenbar feststellen, ob jemand an einer bestimmten Art von Angst leidet. Und es lässt sich nicht vortäuschen, denn es geschieht unbewusst. Entweder man tut es oder nicht.

Ich erzählte, wie ich die Jalousien bei mir zu Hause kontrollierte. Das war sehr wichtig für mich. Die Jalousien mussten immer geschlossen werden, wenn es dunkel wurde. Unbedingt. Da musste einer der Ärzte lachen. Er sagte: »Das habe ich schon von so vielen von Ihnen gehört! Wenn ich da jedes Mal fünf Cent bekäme ...« Also gaben sie mir einen Platz in ihrem Therapieprogramm.

Und dann kam der Tag, an dem ich zum ersten Mal im Functional Recovery Program mit ein paar anderen Jungs um einen Tisch saß. Ich schaute sie an und dachte: *Ich würde nie auf die Idee kommen, dass mit denen etwas nicht stimmt. Sie sehen für mich wie völlig normale Soldaten aus.* Der Neurologe kam herein und erklärte uns, wie das Gehirn funktioniert, dann stellten wir uns einander vor. Alle saßen da, keiner wollte etwas sagen. Wir waren sieben Männer, harte Kerle, die da um den Tisch saßen, aber niemand wollte den Anfang machen und von sich erzählen. Es gab einen Grund, warum wir dort waren. Wir waren alle schwer geschädigt und brauchten Hilfe. Das war unser letzter, verzweifelter Versuch, doch noch Hilfe zu erhalten, und niemand wollte den Mund aufmachen. Es hatte mit Stolz zu tun, mit dem Ego. Aber auch mit Angst. Wir alle hatten das.

Also dachte ich: *Ach, verflucht, ich fange an.* Ich legte los, erzählte von mir, und da machte es plötzlich *Klick* – und alle

schauten sich an und sagten: »Du auch? Dir geht es auch so?«
Es war diese Erkenntnis: Ja, du bist nicht allein. Du bist nicht
der Einzige, der sich damit herumquält. Und wir alle sieben in
dem Zimmer, diese Männer mit Kriegsverletzungen und PTBS,
weinten. Ich war fassungslos. Ich dachte: *Was? Es geht ihnen ja
genau wie mir!* Und nachdem ich mich geöffnet hatte, erzählte
der nächste Soldat seine Geschichte, die fast wortwörtlich
meiner glich. Alle waren zutiefst erstaunt, weil jeder geglaubt
hatte, er wäre mit seinen Problemen allein.

Ob Sie es glauben oder nicht, ich bin schüchtern. Ich gehe
nicht gerne unter Menschen. Es kommen keine Freunde zu
mir nach Hause, um zusammen Zeit zu verbringen, zu grillen
oder sich ein Football-Spiel anzuschauen. Ich bleibe lieber allein zu Hause, bei meinen Kindern. Ich gehe ins Fitnesscenter.
Sonst nichts. Das ist ziemlich einsam. Aber bei den Männern
in dieser Gruppe fühlte ich mich nicht verletzlich. Da war ich
wieder bei meinen Jungs, und es war okay, zu reden, Erfahrungen auszutauschen.

DUE | Es muss noch etwas anderes geben
DUE QUACH, UNTERNEHMERIN UND FLÜCHTLING

Nach meinem Examen in Harvard war ich arbeitslos. Lange
Zeit schämte ich mich, weil ich nach dem Studienabschluss
keinen klaren Karriereweg vor mir sah. Ich fand es beängstigend, aber dann wurde mir klar, dass es Schlimmeres gibt. In
Harvard studiert zu haben bedeutet nicht, dass du klüger

bist als alle anderen. Es machte mich demütig, dass ich das absolute Top-College besucht hatte und es ebenso ratlos wieder verließ, wie ich dort begonnen hatte.

Zum Glück halfen mir meine Freunde und empfahlen mich den Unternehmensberatungen, wo sie selbst Jobs gefunden hatten. Zur Vorbereitung auf die Bewerbungsgespräche las ich mir alle möglichen Erfahrungsberichte durch, bis ich begriffen hatte, worauf es ankam. Zum Glück hatte mein Bruder Betriebswirtschaft studiert und einige seiner Lehrbücher zu Hause gelassen. Ich arbeitete sie alle durch. Um in diesen Bewerbungsgesprächen bestehen zu können, musste ich gewissermaßen eine neue Sprache erlernen, eine neue Art, die Welt zu betrachten.

Schließlich erhielt ich ein Stellenangebot, das aufregend und zugleich beängstigend war, denn ich hatte Kunst studiert und fand mich plötzlich in einer renommierten Beratungsfirma wieder. Ich hatte keine wirkliche Ahnung von meiner neuen Arbeit, hatte noch nie mit PowerPoint und Excel gearbeitet. Für meine Aufsätze in Harvard hatte ich immer nur Word benutzt. Und in der Geschäftswelt kannte ich mich überhaupt nicht aus.

Anfangs arbeitete ich in der Managementberatung. Dort geht es darum, Unternehmen bei der Lösung ihrer strategischen Probleme zu helfen. Der normale Weg, um Partner in einer solchen Beratungsfirma zu werden, besteht darin, ein Managementstudium zu absolvieren und dann wieder in die Firma zurückzukehren. Oder man wird von einem der Klienten eingestellt und arbeitet dort in der Firmenleitung. Als es für mich an der Zeit für dieses Studium war, ging ich mit einem Stipendium an die Wharton School in Philadelphia. Das ermöglichte es mir, mehr Zeit zu Hause bei meinen Eltern zu verbringen.

Meine Firma wollte, dass ich gleich nach dem Studium an meinen Arbeitsplatz dort zurückkehrte, aber ich verspürte den Wunsch, einige Zeit im Ausland zu verbringen. Also einigte ich mich mit der Geschäftsleitung darauf, dass ich zunächst in unserem Büro in China arbeiten und dann später in die Zentrale zurückkehren würde.

Ich ging nach Peking, arbeitete als Unternehmensberaterin in Asien und erhielt dann das Angebot, ein Private-Equity-Team in Vietnam zu leiten und ausländische Investoren ins Land zu holen. Vietnam erlebte gerade einen starken Wirtschaftsaufschwung, sodass ich die Chance erhielt, in einem boomenden, im Aufbau befindlichen Markt zu arbeiten. Was mir daran besonders gefiel, war die Gelegenheit, etwas Positives für das Land zu leisten, in dem ich geboren war.

Ich hatte das Gefühl, als füllte sich dadurch eine Leere, die ich die ganze Zeit in mir getragen hatte, eine Sehnsucht, das Land zu verstehen, aus dem ich stammte und in dem meine Eltern aufgewachsen waren. Es war vermutlich eine der sinnvollsten Erfahrungen, die ich bisher machen konnte. Ich arbeitete dort mehrere Jahre, stellte Mitarbeiter ein, schulte und betreute sie, konnte ihre Karrieren mitverfolgen und ihnen vermitteln, wie man erfolgreich Firmen aufbaut.

Als mein Arbeitgeber mich in die Infrastrukturabteilung versetzte, wurde mir klar, dass ich nicht langfristig in Vietnam bleiben wollte. Es gab dort einfach zu viel Korruption, und das brachte mich in ethische Konflikte. Und ich war nicht zu Kompromissen bereit, was meine Integrität anging. Ich wollte nicht ständig hinterfragen müssen, ob unsere

Mitarbeiter, die Geschäftsprojekte betreuten, Bestechungsgelder annahmen.

Zu Beginn meiner Berufslaufbahn liebte ich das Gefühl, sehr professionell zu agieren und wirklich solide Arbeit abzuliefern. Als ich dann das Angebot erhielt, in die Private-Equity-Sparte zu wechseln, sah ich darin eine Bestätigung meiner guten Leistungen. Damals war ich vermutlich eine der erfahrensten Frauen in der vietnamesischen Finanzbranche, und ich hatte das Gefühl, dass man mir mit großem Respekt begegnete. Aber nach einer Weile merkst du, dass die Leute dich nur so zuvorkommend behandeln, weil sie wollen, dass du ihnen Kapital beschaffst. Es geht nicht um dich als Person. Ich begann mich zu fragen: *Gibt es nicht noch etwas anderes im Leben? Jetzt habe ich eine sehr prestigeträchtige Position in der Finanzindustrie erreicht, aber soll es das gewesen sein?*

Heute sehe ich die Dinge aus einer erweiterten Perspektive. Nullsummenspiele – manchmal gewinnst du, manchmal verlierst du – demoralisieren die Menschen und geben ihnen insgesamt, was die Folgen ihres Handelns für die anderen Beteiligten angeht, kein gutes Gefühl. Andererseits, wenn du einen Deal abschließt und weißt, dass nicht nur deine Firma, sondern auch der Klient profitiert, fühlt es sich gut an, weil du eine Win-win-Situation erzeugst. Verkäufer erbringen viel bessere Leistungen, wenn alle Transaktionen nach dem Win-win-Prinzip ablaufen, sodass ihre persönliche Integrität gewahrt bleibt.

Überall auf der Welt beobachten wir, dass Win-lose-Modelle nicht länger funktionieren, weil die Kunden heute zu gut informiert sind und Dienstleister oder Geschäftspartner suchen, denen sie vertrauen können. Vertrauen wird immer wichtiger, und zu Vertrauen gehört Loyalität.

In dieser Phase damals in Vietnam schaute ich mir meinen Chef (den CEO der Firma) und die anderen Manager an. Ich fand sie als Menschen wenig inspirierend – ihren Lebensstil, ihre Einstellung, ihre Ethik. Ich wusste, dass die Geschäftsführer großer Fonds ein luxuriöses Leben führen, aber erfüllend oder befriedigend wirkte das auf mich nicht. Selbst wenn ein solcher Job dir sämtliche VIP-Privilegien einbrachte, konnte dein Leben immer noch hohl und leer sein. Es gibt eine Menge Menschen, denen es materiell sehr gut geht und die trotzdem Medikamente schlucken oder drogenabhängig sind. Eine Menge Milliardäre nehmen Antidepressiva. Ich dachte: *Wenn ich auch so werde, wird mich das unglücklich machen. Das ist nicht mein Weg. Er führt mich nicht zu meinem besten Selbst.* Und nachdem ich mir die Schattenseiten dieser Arbeit, die Kompromisse und ethischen Konflikte, die mit dem Aushandeln von Deals verbunden waren, deutlich vor Augen geführt hatte, konnte ich mit meiner Tätigkeit nicht länger glücklich sein.

Meine Motivation und mein Vertrauen gegenüber meinen Kollegen schwanden immer mehr. Ich schaute mich nach einer anderen beruflichen Aufgabe um. Ein Milliardär aus Singapur bot mir einen Job an, bei dem es um Investitionen im sozialen Bereich ging. Er wollte, dass ich für seine Plattform Private-Equity-Deals betreute. Ich dachte, das sei der ideale Weg, meine Fähigkeiten für eine gute Sache einzusetzen.

Mit hohen Erwartungen ging ich nach Singapur. Ich war wirklich optimistisch, etwas Gutes bewirken zu können. Doch schon bald erkannte ich, dass es auch in dieser Firma keinen wirklichen Teamgeist gab. Alle Projekte scheiterten innerhalb von zwei Jahren, weil der Milliardär sehr ungeduldig war.

Wenn eines der Start-ups, die er finanzierte, in diesem Zeitraum nicht in die Gewinnzone kam, schloss er es.

Aber wenn ein Start-up-Unternehmen Dienstleistungen für die Menschen am Fuß der Einkommenspyramide erbringen sollte, war es unsinnig zu erwarten, dass sich damit innerhalb von zwei Jahren Geld verdienen ließ. So funktioniert die Ökonomie in diesem Sektor einfach nicht. Es braucht eher fünf bis zehn Jahre, um ein tragfähiges Geschäftsmodell zu entwickeln. Dabei zuzusehen, wie sie dieses zum Scheitern verurteilte Konzept durchzuziehen versuchten, empfand ich als entmutigend und demoralisierend.

Ich kannte wissenschaftliche Studien, die belegen, dass Menschen sichtbare Erfolge benötigen, um gut motiviert zu sein.[12] Wenn sie das Gefühl haben, dass ihre Arbeit wirkungslos ist, verlieren sie das Interesse daran, mögen sie auch noch so gut bezahlt werden.

Nachdem der Milliardär und ich uns darauf geeinigt hatten, nicht einer Meinung zu sein, ging ich meiner Wege. Ich war überzeugt: *Es muss doch möglich sein, auf andere Art zu leben.* Also dachte ich gründlich über mich selbst nach. Als Immigrantin war ich fasziniert vom amerikanischen Traum gewesen und hatte versucht, ihn zu leben: Komm hierher, schufte dich krumm, steige durch Bildung gesellschaftlich auf, verdiene Geld und bezahle deine Schulden. Dann wirst du glücklich sein, okay? Ich hatte alles getan, was von mir erwartet wurde: Harvard, Unternehmensberatung, Private-Equity-Management, hatte mich all der Opfer würdig erwiesen, die meine Eltern für mich gebracht hatten. Nicht zuletzt hatte ich der Welt bewiesen, was jemand leisten kann, der als Flüchtling in ein fremdes Land kommt und in sozialer Benachteiligung aufwächst. Ich hatte etwas aus mir gemacht. Doch die Privilegien und die gesellschaftliche Anerkennung, die mein Beruf mir einbrachte, konnten die Leere nicht füllen, die ich in mir spürte. Ich musste für mich eine wirklich sinnvolle Aufgabe finden, sonst würde ich nie ein Gefühl der Erfüllung spüren.

Die jungen Menschen heutzutage denken: Das ist die Welt, die wir von unseren Eltern geerbt haben, aber so wollen wir sie unseren Kindern nicht hinterlassen. Was müssen wir also tun, um echte Gleichberechtigung und wirklichen Fortschritt zu erschaffen, statt immer weiter diese zerstörerische Struktur aufrechtzuerhalten, die wir von unserer Elterngeneration übernommen haben? Führungspersönlichkeiten, die bereit sind, die Fehlanreize des Systems zu hinterfragen und es weiterzuentwickeln, machen es für alle Menschen einfacher, sich auf eine Weise zu engagieren, die ihre ethischen Grundwerte widerspiegelt.

Dabei sollten wir bedenken, dass es nicht nur ein System gibt, sondern viele übereinander geschichtete Systeme. Wir bauen unsere Systeme einfach über denen auf, die von unseren Eltern geschaffen wurden. Jede Generation baut Systeme auf anderen Systemen auf. Manchmal nehmen wir uns nicht einmal die Zeit, die Regeln infrage zu stellen, die an uns weitergereicht wurden. Woher kommen diese Regeln eigentlich? Müssen wir alles, was wir geerbt haben, beibehalten, oder können wir neue Regeln entwickeln, die besser zu der Situation passen, in der wir uns heute befinden?

Vielleicht sind wir an einem Punkt angelangt, wo Technologie und Fortschritt sowie neue Auffassungen über Gleichberechtigung uns dazu herausfordern, viele der von uns geschaffenen Institutionen zu überdenken und es mit anderen Konzepten zu versuchen. Ich glaube, viele Wissenschaftler und Denker, sogar Risikokapitalgeber und Unternehmer gelangen heute zu der Einsicht, dass das gegenwärtige System viele Nachteile hat und sogenannte »perverse Anreize« schafft: Die Leute werden dafür belohnt, Dinge zu tun, die langfristig schädlich sind.

In der Politik stellt das Streben nach Wiederwahl einen solchen Anreiz dar. Wenn Politiker sich ständig um ihre Wiederwahl sorgen, hilft ihnen das nicht wirklich dabei, eine gute Arbeit als Volksvertreter zu machen. Sie wagen es nicht, engagiert Reformen voranzutreiben, weil sie sich Sorgen machen, ob sie dann noch genug Spendengelder für ihren nächsten Wahlkampf einsammeln können.

Heutzutage wünschen sich immer mehr Menschen eine Aufgabe, die sie mit etwas verbindet, das größer ist als ihr eigenes Selbst. Ich bin überzeugt, dass die Dinge sich gegenwärtig verändern, weil die junge Generation nicht mehr akzeptiert, was ihre Großeltern und Eltern noch akzeptiert haben.

Plötzlich beschäftigte mich die Frage nach dem Sinn meines Lebens verstärkt, denn ich hatte alle meine Studentendarlehen zurückgezahlt und musste nicht mehr dafür arbeiten, meine Rechnungen bezahlen zu können. Ich fing an, für etwas zu sparen, das ich meinen »Freude-Fonds« nenne. Mit diesem Geld kann ich Zeiten finanzieren, in denen ich mir freinehme, um darüber nachzudenken, wie ich dazu beitragen kann, die Welt positiv zu verändern. Als Kind hatte ich diesen großen Traum, die Welt zu einem besseren Ort zu machen, der mich mit Hoffnung erfüllte.

HEATHER | Meinen inneren Körper stärken

HEATHER HENNESSY, EHEMALIGE SPITZENSPORTLERIN
UND SPORTMODERATORIN

Nachdem ich mir als Teenager die Wirbelsäule gebrochen hatte, war ich zum ersten Mal in meinem Leben zur Ruhe gezwungen. *Mir bleibt keine andere Wahl,* dachte ich. Es fühlte sich schrecklich an, meinen gesamten Körper nicht bewegen zu können.

Für eine lange Zeit nach dem Unfall fühlte ich mich wie gefangen in meinem Körper mit all seinen Schmerzen. Es war ein klaustrophobisches Gefühl, vor dem es kein Entrinnen gab. Mein Körper verharrte in einer Art Schockstarre, während in meinem Geist absolute Unruhe herrschte. Meine Mutter hatte alle Hände voll zu tun, mich dazu zu bringen, die Situation zu ertragen.

Viele Leute machten meinem Trainer schwere Vorwürfe. Wie hatte er dieses Sprung-Ritual erlauben können? Auch meine Eltern waren sehr wütend. Sie hatten keine Einverständniserklärung unterschrieben, dass ich an diesem Sprung vom Felsen teilnehmen dufte, und überlegten, die Highschool zu verklagen. Ich machte damals so viel durch, dass ich mich mit dieser Möglichkeit gedanklich überhaupt nicht beschäftigte. Und es entsprach mir auch gar nicht, anderen die Schuld an dem zu geben, was mir zugestoßen war, oder Leute deshalb zu verklagen. Ich wollte das alles einfach nur hinter mir lassen und möglichst wenig daran denken.

Doch immer wieder überfiel mich heftige Wut, obwohl meine Mutter versuchte, mich dazu anzuregen, nach vorne zu schauen. Heute bin ich ein lebensbejahender Mensch, aber ich weiß, dass ich damals zu ihr sagte:»Mom, ich kann nicht positiv sein. Lass mich bitte damit in Ruhe.« Ich brauchte Zeit, um meine Wut und meinen Schmerz zu verarbeiten.

Ich las Bücher über positives Denken und die Veränderung des Denkprozesses. Außerdem schaute ich mir viele Oprah-Winfrey-Sendungen und Dokumentationen über Vorbilder an – Menschen, die wirklich Herzzerreißendes durchgemacht und erkannt hatten, dass sie es überwinden konnten. Dadurch veränderte sich meine Perspektive. Ich sagte mir: *Ich kann entweder völlig in diesem schwarzen Loch der Depression versinken, oder ich bejahe für mich, dass ich mein Denken und meinen Geist genauso trainieren kann, wie ich die Muskeln meines physischen Körpers trainiert habe. So werde ich diese Situation überwinden und das Beste daraus machen.*

Die Ruhe, zu der ich gezwungen war, hatte also auch ihr Gutes. Ich hatte zuvor so viel Zeit auf dem Sportplatz verbracht und deshalb kaum Bücher gelesen oder inspirierende Sendungen und Filme angeschaut. Und genauso wenig hatte ich über mein Leben nachgedacht. Nun wurde mir bewusst, dass ich den Laufsport auch dazu benutzt hatte, vor meinen Problemen davonzulaufen. Und meinen physischen Körper hatte ich nur dazu benutzt, mich gut zu fühlen.

Zwei Jahre ging ich durch ein ständiges Auf und Ab von Depression und körperlichen Beschwerden, bis es mir endlich gelang, mich freizukämpfen, allein indem ich fest daran glaubte, wieder gesund werden und mein Leben verändern zu können. Ich ging zurück an die University of Southern California (USC), und ich versuchte auch, wieder zu laufen, aber mein Körper erreichte nie mehr seine frühere Leistungsfähigkeit. Um gut genug für eine Olympia-Qualifikation zu sein, wovon ich träumte, musste man in absoluter Topform sein. Die Verletzung und ihre Folgen ließen das nicht mehr zu. Also musste ich meinen Traum für immer begraben.

Man kann sich nicht unbedingt darauf verlassen, dass der physische Körper gesund genug bleibt, um sich bestimmte Träume zu erfüllen. Also sagte ich mir: *Ich werde etwas tun, das mir nicht so leicht genommen werden kann wie eine Karriere als Spitzensportlerin.*

Also konzentrierte ich mich an der USC mit ganzer Energie auf den Fachbereich Kommunikation, in dem großes Gewicht auf die Einflussmöglichkeiten des Fernsehens und anderer Medien gelegt wurde. Das weckte mein Interesse, und ich dachte mir: *Okay, jetzt weiß ich, was meine Bestimmung ist! Ich bin in LA, an der USC. Ich möchte Menschen positiv beeinflussen. Ich möchte ein Vorbild für andere werden.* Endlich sah ich Licht am Ende des Tunnels.

Sofort nach dem Collegeabschluss bekam ich einen Job bei dem Sender *Fox Sports*. Ich fing als persönliche Assistentin an und arbeitete mich bis zur Autorin für Sendungen empor. Dann bekam ich Lust, selbst vor der Kamera zu stehen. Eines Tages gaben sie mir diese Chance, und damit begann sich meine Medienkarriere zu entfalten.

In der Folgezeit ergaben sich viele Gelegenheiten, immer wieder meine Grenzen auszutesten und herauszufinden, welche Rolle ich mir in dieser Welt wirklich wünschte und was mir wichtig war. Sogar meinen Job als Sportmoderatorin hinterfragte ich. Ich hatte die Gelegenheit, als Model zu arbeiten, und andere Jobangebote, die mit mir, so wie ich damals war, nicht kompatibel waren. Sogar ein *Playboy*-Shooting wurde mir angeboten. Das alles veranlasste mich, ernsthaft darüber nachzudenken, welche Aufgabe ich mir wirklich wünschte. Es war ein Prozess, in dem ich lernte, genug Selbstvertrauen aufzubringen, um Angebote abzulehnen, die sich nicht richtig anfühlten, und darauf zu vertrauen, dass sich in Zukunft andere und bessere Möglichkeiten für mich ergeben würden.

JP lernte ich während meiner ersten Woche an der USC kennen. Er spielte Baseball, und ich lief beziehungsweise versuchte nach meiner Rückenverletzung wieder zu trainieren. Die Uni hatte mir trotzdem weiterhin ein Stipendium gegeben. Es funkte sofort zwischen JP und mir. Wir ähnelten uns sehr, waren beide sehr ehrgeizig und erfolgsorientiert. Beide stammten wir aus schwierigen Elternhäusern und trugen eine Menge schmerzliche Erfahrungen mit uns herum, die wir im Sport abzureagieren versuchten. Auch hatten wir damals beide eine Menge Stress mit unseren Trainern – leider wird auch an der Uni sehr viel Druck auf Studenten ausgeübt, wenn sie nicht die erwarteten Leistungen erbringen. Es gab eine große Resonanz zwischen uns, und wir sprachen über anstehende Entscheidungen, zum Beispiel den Wechsel in ein anderes Team, und unterstützten uns gegenseitig. Und trotz vieler Probleme und Schwierigkeiten, die zu bewältigen waren, hatten wir auch viel Spaß miteinander und genossen unsere junge Liebe.

In vielerlei Hinsicht war JP mein Seelengefährte. Als wir ungefähr ein Jahr zusammen waren, sagte ich zu meiner Mutter: »Ich glaube, das ist der Mann, den ich heiraten werde.« Mein Gefühl sagte mir, dass er es war. Ich sah mich immer verheiratet, mit Kindern. Es war mein Traum, einen Mann an meiner Seite zu haben, Teil eines Zweier-Teams zu sein, das gemeinsam durch schwere und durch gute Zeiten ging. Ich war 25, als wir heirateten.

Beide übten wir Berufe aus, die viel Zeit und Energie beanspruchten. Meine Arbeit beim Fernsehen war ziemlich stressig, und außerdem flog ich kreuz und quer durchs Land, um meinen Mann in seiner Karriere zu unterstützen und für ihn da zu sein. Es stellte sich als ziemlich hart heraus, die Balance zwischen Beziehung und Karriere aufrechtzuerhalten – obwohl es heißt, dass man sehr wohl beides haben kann, und ich sogar glaube, dass das zeitweise funktioniert. Aber es kommt der Punkt, wo entweder die Ehe oder die Karriere leidet.

Kurz nach unserer Hochzeit verletzte sich JP schwer. Ich hatte das Gefühl, meine Karriere aufgeben und für ihn da sein zu müssen. Schließlich hatte ich ihm gerade mein Jawort gegeben und genau das versprochen. Er musste sich einer schweren Operation unterziehen, und es war nicht sicher, ob er danach weiter in der Top-Liga spielen konnte. Das deprimierte ihn sehr.

Ich konzentrierte mich völlig darauf, ihm dabei zu helfen, seinen Traum doch noch zu verwirklichen, und legte dafür meinen Traum auf Eis. Später habe ich das oft bereut. Aber damals dachte ich, das müsste so sein. Ich müsste bereit sein, mich aufzuopfern, damit der Mensch, den ich liebe, glücklich ist. Das war es, was ich zu der Zeit wollte: dass seine Baseball-Karriere sich optimal entwickelt und er das verwirklichen kann, wovon wir an der USC gesprochen hatten. Er hatte sich immer gewünscht, bei den Dodgers zu spielen, und ich wollte ihm dabei helfen, dass es dazu kam.

Diese zwei Jahre, die es dauerte, bis er völlig wiederhergestellt war, waren die zwei schwersten unserer Ehe. Freunde sagten zu mir: »Dir ist schon klar, dass du jetzt keinen Job mehr hast?« Darauf entgegnete ich, dass mein jetziger Job, JP bei der Genesung zu unterstützen, schwerer war als meine Arbeit beim Fernsehen – ihm eine gute Ehefrau zu sein bei allem, was er gerade durchmachte. In gewisser Weise erwiesen sich meine eigenen Erfahrungen mit einer schlimmen Verletzung jetzt als Geschenk des Himmels, denn ich wusste, wie es sich anfühlt, wenn die eigene Identität als Sportler bedroht ist. Denn genau das drohte ihm ebenfalls, und er kam nur sehr schwer damit zurecht.

Dass er sich vollständig erholte, grenzte an ein Wunder. Doch er musste erleben, dass jetzt, wo er Probleme hatte und es mit seiner Karriere bergab zu gehen drohte, viele Leute von der Bildfläche verschwanden. Es blieben nur die, denen er wirklich am Herzen lag, unabhängig davon, ob er Erfolg hatte oder nicht. Er musste eine Menge Schwierigkeiten überwinden, aber er schaffte es tatsächlich zu den Dodgers. Und nun erlebten wir, wie sich all das entfaltete, was wir uns erträumt hatten.

Allerdings musste ich leider feststellen, dass er, nachdem es mit seiner Karriere wieder gut lief, nicht bereit war, mich auf die gleiche Weise zu unterstützen, wie ich es für ihn getan hatte. Wir hatten immer darüber gesprochen, dass ich mich nach seiner Genesung wieder den Dingen widmen würde, die ich für ihn zurückgestellt hatte. Aber nun tat er sich schwer damit, dass ich auch wieder meinen Interessen folgte.

Inzwischen war ich 30 und sagte mir: *Ich möchte etwas für mich tun, meine Träume verwirklichen.* Ich hatte etliche Gesundheitsprobleme entwickelt und musste lernen, dass meine Beschwerden sich verschlimmerten, je mehr ich meine eigenen

Bedürfnisse verleugnete. Ich glaube, dass Frauen sehr häufig dazu neigen, ihre Bedürfnisse hintanzustellen und sich zunächst um alle anderen zu kümmern, bis irgendwann der Körper streikt.

Ich denke, dass unsere Gesellschaft, was den Umgang mit dem Problem häuslicher Gewalt angeht, inzwischen Fortschritte gemacht hat. Körperliche Gewalt wird heutzutage nicht mehr toleriert, während meine Mutter sagt, dass noch in ihrer Generation tendenziell eher weggeschaut wurde. Aber heute sprechen die Leute offener über diese Dinge. Leider gilt das noch nicht im selben Maß für emotionale und verbale Gewalt. Beschimpfungen und andere Formen verbaler Gewalt, die man in einer Beziehung ertragen muss, werden noch viel zu wenig thematisiert. Besonders für Frauen ist das ein sehr ernstes Problem, aber auch Männer sind gar nicht so selten betroffen.

Auch ich musste auf der persönlichen Ebene, hinter verschlossenen Türen, sehr darunter leiden. Meine Ehe spiegelte mir all meine Wunden aus der Kindheit, die Heilung brauchten. Vieles von dem, was meiner Mutter in der Ehe mit meinem Vater widerfahren war, erlebte ich nun ebenfalls. Rückblickend sehe ich es so, dass ich fast täglich emotionale Schläge erhielt. Auch wenn jemand nach außen sehr stark wirkt, kann so etwas Seele und Geist sehr zusetzen. Es ist eine ständige Erniedrigung, durch die das Leuchten des eigenen Selbst immer schwächer wird.

Eine Zeit lang machte ich mich klein, in der Hoffnung, dadurch unsere Ehe retten zu können. Ich denke, im Rückblick bedauern die meisten Menschen solche Phasen in ihrem Leben, während denen sie den Kopf einzogen und sich anpassten, statt zu ihren wahren Wünschen zu stehen und sie zu leben. Und eines kann ich mit Sicherheit sagen: Als ich die Entscheidung traf, meinen Mann zu verlassen, war das ein Wagnis. Ich hatte keine Ahnung, wie es jetzt mit meinem Leben weitergehen sollte. Ich hatte fünfzehn Jahre in diese Beziehung investiert. So viel Zeit, so viel Anstrengung und Energie, die mich sehr erschöpft hatten. Und ich wusste nicht, was mir die Zukunft bringen würde. Doch ich dachte mir: *Ich muss mich jetzt ganz auf mich konzentrieren, wieder zu mir finden.*

Diese Entscheidung, dieser mutige Schritt, führte letztlich dazu, dass ich mich besser fühlte als je zuvor im Leben. Ich signalisierte damit: *Nein, ich verdiene etwas Besseres.* Aber anfangs war es beängstigend, und ich brauchte ein paar Jahre der Selbstfindung, bis ich wirklich zu der Entscheidung stehen und kraftvoll meinen eigenen Weg gehen konnte. Es dauerte eine Weile, bis es mir gelang, mir keine Sorgen mehr zu machen, wie die Dinge sich entfalten würden. Doch ich lernte, darauf zu vertrauen, dass alles sich gut entwickeln würde, weil ich das Richtige tat.

Vermutlich hätte ich mich schon viel, viel früher von ihm trennen sollen ... vielleicht schon im ersten Ehejahr. Aber wenn du jemanden liebst und ein Eheversprechen gibst, nimmst du das ernst. Und ich war damals bereit, alles dafür zu geben.

»Die Stille ermöglicht uns

das Nachdenken, aber dann,

nach der Stille,

folgt etwas Größeres.«

RABBI RONNIE CAHANA

●

JIM | Wenn du alles verlierst

JAMES R. DOTY, NEUROCHIRURG UND
NEUROWISSENSCHAFTLER

Wer in Armut aufwächst und das Gefühl hat, keine Kontrolle über sein Leben zu haben, wünscht sich vor allem Geld, weil Wohlstand mehr Kontrolle und Sicherheit verspricht. Wir denken dann, das würde uns glücklich machen. Und ich wünschte mir geradezu verzweifelt, glücklich zu sein.

Als Kind konnte ich mir nicht vorstellen, dass es das jemals für mich geben könnte. Und doch hatte ich Medizin studiert, war Neurochirurg und erfolgreicher Unternehmer geworden. Ich hatte in einem Ausmaß Wohlstand und Erfolg erschaffen, wie ich es in meinen kühnsten Träumen nicht für möglich gehalten hätte. Äußerlich hatte ich alles. Ich fuhr einen Ferrari, besaß ein Penthouse in San Francisco, eine Villa in der Toskana und hatte mich gerade zum Kauf einer privaten Insel in Neuseeland entschlossen. Meine Investitionen und Firmenanteile waren 75 Millionen Dollar wert. Damals hatte ich eine Scheidung hinter mir und ging mit vielen schönen Frauen aus. Alle meine Freunde sagten mir, was für ein toller Typ ich war, und doch wachte ich jeden Morgen zutiefst unglücklich auf – unglücklicher gar, als ich es je zuvor im Leben gewesen war.

Im Lauf der Jahre hatte ich in viele verschiedene Unternehmen investiert, unter anderem zur Zeit des Dotcom-Booms in einige Start-ups. Doch plötzlich brachen die Börsenkurse ein, die Leute gerieten in Panik, und viele machten Millionenverluste. Als die Dotcom-Blase platzte, stürzte auch mein eigener Nettowert in den Keller. Ich sichtete meine Finanzanlagen, und es blieb mir nichts anderes übrig, als der Tatsache ins Auge zu sehen, dass meine 75 Millionen Dollar sich in Nichts aufgelöst hatten. Und nicht nur das: Da ich auf der Basis meines Börsenwertes Kredite aufgenommen hatte, saß ich nun sogar auf drei Millionen Dollar Schulden und war bankrott.

Ich hatte alles verloren.

Wenn du »alles« hast – das heißt Geld und Erfolg –, hast du viele Freunde. Die Leute hören dir zu, egal ob du es verdienst oder nicht. Ich hatte diesen unglaublichen Lauf gehabt, große Erfolge erzielt und gedacht, das Interesse der anderen hätte wirklich meiner Person gegolten, dass ich all diese Aufmerksamkeit verdiente, weil ich so großartig war. Dann, plötzlich, saß ich ganz allein da, mit nichts und niemandem.

Zu meiner Überraschung wurde das, was ich anfangs für meine dunkelste Zeit hielt, schon bald zu einer wunderbaren Phase intensiven Nachdenkens. Mir wurde bewusst, dass ich mir vorher nie wirklich Zeit genommen hatte, über mein Leben nachzudenken. Ich hatte das Gefühl, dass mir etwas Wichtiges entgangen war, kehrte noch einmal zum Ausgangspunkt zurück und rief mir alles ins Gedächtnis, was Ruth mir vor vielen Jahren beigebracht hatte. Sie hatte mir all diese Tricks gezeigt, wie ich Körper und Geist meistern konnte, und mir erklärt, über welches Potenzial ich verfügte und wie ich mir ein erfolgreiches Leben erschaffen konnte – statt eines Lebens, das auf meiner Vergangenheit und den Erfahrungen in meiner Familie basierte. Mir fiel ein, dass ich während des Unterrichts bei ihr sogar eine Liste meiner Ziele aufgeschrieben hatte. Die Liste gab es noch. Ich suchte sie heraus und las: »Ich will auf die Universität gehen. Ich will Arzt werden. Ich will Millionär werden. Ich will eine Rolex. Ich will Porsche fahren und so weiter.« Ich hatte alle diese Ziele erreicht, aber es war der Wunschzettel eines sehr armen, unglücklichen zwölfjährigen Jungen.

Ich war so von der Idee besessen gewesen, viel Geld zu haben bedeute Kontrolle und Sicherheit und werde mich glücklich und zufrieden machen, dass mir zwei der wichtigsten Aspekte des Glücks entgangen waren, nämlich Mitgefühl und echte Freundschaft. Zwar war ich ein umsichtiger, sich gegenüber seinen Patienten einwandfrei verhaltender Arzt, aber es ging mir doch in erster Linie immer um mich selbst. Als ich nun die Kette von Ereignissen vor meinem inneren Auge Revue passieren ließ, ergab alles einen Sinn. Diese Phase intensiven Nachdenkens dauerte mehrere Wochen. Schließlich erkannte ich, dass sich doch nicht alles nur um mich drehte. Eine große Ruhe überkam mich, und ich fühlte mich sogar befreit. Wenn uns etwas zustößt, das wir für eine absolute Katastrophe halten, stellt sich manchmal heraus, dass es das Beste ist, was uns passieren konnte.

Ich musste mich immer noch realistisch mit meiner Situation nach dem finanziellen Verlust auseinandersetzen, also Besitz verkaufen und entscheiden, wie es weitergehen sollte. Viele Leute sagten zu mir: »O mein Gott, das ist ja wirklich schrecklich! Du hast deinen Ferrari und dein Haus verloren. Ich glaube, ich würde mich umbringen, wenn mir so etwas passiert.« Doch für mich war alles okay.

Welchen Grund hatte ich, mich zu beklagen? Schließlich war ich immer noch Arzt, Neurochirurg, und wurde, offen gesagt, immer noch besser bezahlt als 99,9 Prozent der Bevölkerung. Ich hatte einen Beruf, den ich liebte. Was kann es Schöneres geben, als Menschen zu helfen, die leiden?

Vor dem Börsencrash war ich an der Stanford Medical School eine Verpflichtung eingegangen, einen Hilfsfonds finanziell zu unterstützen. Ich wollte dieser Verpflichtung weiterhin nachkommen, doch mein einziges nach dem Dotcom-Crash übrig gebliebenes Kapital steckte in der Firma CyberKnife Accuray, die noch nicht an die Börse gegangen war. Also musste ich mich entscheiden: Sollte ich meine Anteile an einer Firma behalten, die ein Potenzial in der Größenordnung von mehreren zehn Millionen Dollar besaß, oder mein mündlich gegebenes Versprechen einlösen und das Geld spenden?

Einige Leute sagten mir, es wäre vollkommen verrückt, die Vermögenswerte, die mir noch geblieben waren, zu spenden, auch wenn ich das vor der Finanzkrise versprochen hatte. Hundert Prozent der Leute, die ich um Rat fragte, meinten, sie würden das Geld auf keinen Fall weggeben. Doch ich hielt mein Wort, ermöglichte damit die Gründung von Krankenhäusern in vielen Ländern, Programme gegen Aids und HIV, Programme für Behinderte, und ich förderte die Tulane University und die Stanford University. Ich weiß: Hätte ich mich anders entschieden, wäre die Last auf meinen Schultern dadurch nur noch größer geworden. Ich hätte mich nicht frei gefühlt, sondern weiterhin in mir diese Leere gespürt.

AMANDINE | Konzentriere dich zuerst auf deinen inneren Frieden

AMANDINE ROCHE, EXPERTIN FÜR MENSCHENRECHTE

Im Oktober 2004 wurden drei meiner internationalen Kollegen vor unserem Büro in Kabul entführt. Ihr afghanischer Fahrer kam ins Gebäude gerannt. Er war so geschockt, dass er zitterte und weinte und unfähig war, zu sprechen und mir zu erklären, was geschehen war.

Die UN ging davon aus, dass die Entführung in Zusammenhang mit den anstehenden demokratischen Wahlen stand. Also entschieden sie, dass ich evakuiert werden sollte. Ich hatte mit den entführten Kollegen zusammengearbeitet und galt damit ebenfalls als gefährdet. Einen Monat lang sahen wir unsere drei Kollegen immer wieder auf dem Fernsehsender Al Jazeera. Mit der Kalaschnikow am Kopf flehten sie, dass die internationale Gemeinschaft und die UN das Lösegeld bezahlen sollten. Ich erinnere mich noch, wie ich mit meinen Mitarbeitern vor dem Fernseher saß. Wir waren starr vor Entsetzen. Glücklicherweise wurden die drei nach einiger Zeit freigelassen, aber es war eine sehr traumatische Erfahrung für uns alle. Ich hatte das Gefühl, danach therapeutische Hilfe zu benötigen.

Also ging ich zu einer Psychologin. Sie war eine sechsundzwanzigjährige UN-Freiwillige. Ich erzählte die Geschichte, und plötzlich fing sie an zu schluchzen und konnte gar nicht mehr aufhören. Am Ende war ich es, die sie tröstete. Kurz danach gab sie den Job auf. Sie hatte erkannt, dass der Stress zu viel für sie war.

Ich wurde für einige Zeit zurück nach Frankreich beordert. Meine beste Freundin holte mich in Paris am Flughafen ab. Kaum im Auto, aktivierte ich sofort die Zentralverriegelung.

»Was machst du?«, fragte sie.

»Sie werden mich entführen.«

»Wovon redest du? Wir sind in Frankreich.«

Ich war total traumatisiert. Meine Kollegen waren entführt worden, weil sie das Auto nicht von innen verriegelt hatten. Seither verriegele ich nach dem Einsteigen immer die Türen. Ich bin einfach darauf konditioniert, dass ich entführt werden könnte. Das hat sich in meinem Gehirn festgesetzt, ganz egal, wo ich bin.

Als ich wieder nach Afghanistan zurückkehrte, wurde ich mit einem gepanzerten Fahrzeug abgeholt. Ein Sicherheitsoffizier begleitete mich, und ich musste einen Helm und eine kugelsichere Weste tragen. Ich wurde zum UN-Gästehaus gefahren, einem stark gesicherten Gebäude für die UN-Mitarbeiter, die bei der Durchführung der Wahlen halfen. Nach jeder Evakuierung aus Afghanistan hatte ich, um an mir zu arbeiten und zur Selbstheilung, ein Yoga- oder Meditations-Retreat besucht. Dadurch war ich sehr feinfühlig und intuitiv geworden. In dem Moment, als ich das Gästehaus betrat, fühlte ich eine kalte Energie in meinem Rücken, wie ein elektrischer Schlag. Ich schaute den Sicherheitsoffizier an und sagte: »Hier drinnen werde ich nicht wohnen. Auf keinen Fall.«

Eigentlich waren alle UN-Mitarbeiter verpflichtet, dort zu wohnen, und der Offizier antwortete, ich müsste mich an die Sicherheitsvorschriften halten. Aber ich hörte auf meine Intuition und bat ihn, eine Ausnahme zu machen. Ich erklärte mich bereit, mir eine Unterkunft in unmittelbarer Nähe zu suchen, aber in dem Gebäude wollte ich nicht bleiben. Er wusste, dass ich das Leben in Afghanistan gut kannte, und deshalb vertraute er mir.

Sechs Monate später erschienen morgens gegen fünf Uhr drei Männer in Polizeiuniform an der Tür des UN-Gästehauses. Es waren als Polizisten verkleidete Taliban. Sie töteten die Wachposten am Eingang, gingen hinein und schossen wild um sich. Ein Amerikaner im Gebäude war bewaffnet, und es kam zu einem Schusswechsel.

Alle meine Freunde hatten in ihren Zimmern geschlafen und mussten vom Dach oder aus den Fenstern springen, um ihr Leben zu retten. Josie, unsere Buchhalterin, eine Philippinin, schlief im fünften Stock. Alle riefen: »Spring aus dem Fenster!« Doch sie war sehr klein und hatte Angst, sich die Beine zu brechen. Also sprang sie nicht. Stattdessen lief sie die Treppe hinunter und wurde erschossen.

Josies Tod war für uns alle ein großer Schock. Diejenigen, die den Attentätern entkommen waren, existierten jahrelang nur im Überlebensmodus. Doch trotz der erheblichen traumatischen Belastung erhielt keiner von ihnen eine nennenswerte psychologische Betreuung.

Wenn man in einer solchen Umgebung lebt, täglich der Gefahr ausgesetzt, Opfer einer Entführung oder eines Anschlags zu werden, ist das wie der Tanz auf einem Vulkan. Man befindet sich in ständiger Anspannung. Irgendwann merkte ich, dass ich zum Adrenalin-Junkie geworden war. Man fühlt sich ausgesprochen lebendig, wenn man morgens mit dem Gedanken aufwacht, den Tag möglicherweise nicht zu überleben. Es ist wie eine Droge, und ich war süchtig danach.

Im März 2014 kehrte ich aus Nepal nach Afghanistan zurück. In Nepal hatte ich mich aufgehalten, um bei der Organisation der dortigen Wahlen zu helfen und weil ich einen nepalesischen Jungen finanziell unterstützte. So hatte ich Gelegenheit, etwas Zeit mit ihm zu verbringen. Nun wollte ich in Afghanistan die Vorbereitungen für die Präsidentschaftswahl zu unterstützen. Schließlich hatte ich bei allen Präsidentschaftswahlen seit dem Ende der Taliban-Herrschaft mitgewirkt und wollte diese auf keinen Fall auslassen. In der ersten Woche nach meiner Rückkehr erlebte ich täglich eine Situation, die mich fast das Leben gekostet hätte. Am Ende dieser Woche war mir klar, dass es besser war, das Land zu verlassen, wenn ich nicht den Verstand verlieren wollte.

Kurz vor der Wahl, am 21. März 2014, wurde im Serena-Hotel mein lieber Freund Luis ermordet, ein Diplomat aus Uruguay. Er hatte mich eingeladen, um das persische Neujahrsfest zu feiern. Mein Leibwächter rettete mir das Leben – er verbot mir, auf das Fest zu gehen, weil er wusste, dass die Taliban einen Anschlag verüben würden. Verzweifelt versuchte ich, Luis zu warnen, konnte ihn aber nicht erreichen.

Ich rief meine Kollegen im Serena-Hotel an, um sie zu warnen, und sie flüchteten in ihre Zimmer auf der ersten Etage, schoben Möbel vor die Türen und verschanzten sich in den Badezimmern. Ich hörte Schüsse durch das Telefon. Gegen Mitternacht ging meine Freundin Kim nach unten, um die Lage zu erkunden, denn es war still geworden. Sie wagte sich bis zum Hotel, wo überall Tote lagen und die Wände voller Blut waren. Mein Freund Luis war tot. Es war eine apokalyptische Szenerie.

In der Nacht vor der Wahl hatte ich einen Traum, in dem in meiner Nähe ein Sprengstoffanschlag passierte. Am nächsten Morgen sagte ich zu meinem Kollegen, dass ich ein sehr ungutes Gefühl hätte und am liebsten nicht zu dem Wahllokal gehen würde, für das wir eingeteilt waren. Er meinte, es gehe ihm ebenso. Wir einigten uns, da wir für unsere Arbeit als Wahlbeobachter bezahlt wurden, zumindest in das Frauen-Wahllokal zu gehen, das unserem Quartier am nächsten lag.

Es regnete, aber als wir um 6.30 Uhr morgens an dem Wahllokal eintrafen, warteten dort bereits Hunderte Afghaninnen mit ihren Kindern. Die Frauen hielten ihre Wahlkarte in der Hand und konnten es sichtlich kaum erwarten, ihre Stimme abzugeben. Das machte mich wirklich glücklich. Selbst in meiner Heimat Frankreich gehen wir nicht schon um 6.30 Uhr wählen. Es zeigte sich, dass die Überzeugungsarbeit, die wir im Jahr davor geleistet hatten, sich gelohnt hatte und viele Frauen endlich zur Wahl gingen.

Wie es üblich war, überprüfte ich die Wahlkabinen, die Stimmzettel und das Wählerverzeichnis. Alle Wahlhelferinnen waren erschienen und einsatzbereit. Ich machte ein Foto, und dabei fühlte ich eine sehr dunkle, kalte Schwingung an meinem linken Arm. Ich drehte mich um und bemerkte eine Bewegung in einer Ecke das Wahllokals.

Ohne weiter nachzudenken, rannte ich ins Freie. Mein Leibwächter, der draußen gewartet hatte, fragte mich, was los sei. Ich sagte ihm, in dem Wahllokal sei irgendetwas, das mir Angst mache. Er ging zum Eingang und schaute hinein (als Mann durfte er nicht hineingehen). Dann sagte er zu mir: »Seien Sie bitte vorsichtig. Es liegt eine große Anspannung in der Luft.«

Ich ging wieder hinein und schaute mir die Person, die mir aufgefallen war, vom Eingang aus an. Die »Frau« trug die grüne Jacke der offiziellen Unabhängigen Wahlkommission, war aber so groß wie ich, was sehr seltsam war, denn ich bin einen Meter zweiundachtzig groß. Die afghanischen Frauen sind kleiner, und diese »Frau« trug ihr Kopftuch auf sonderbare Art, mehr wie ein Talibankämpfer. Ihre Jacke war merkwürdig kurz und die Schultern auffällig breit. Auch blieb diese Person im Gegensatz zu den anderen Wahlhelferinnen völlig untätig, stand nur herum und wartete.

Ich horchte in mich hinein und war mir sicher, dass es sich um einen verkleideten Selbstmordattentäter handelte. Also rannte ich wieder nach draußen. Doch je weiter ich von dem Wahllokal weglief, desto deutlicher sagte mir eine innere Stimme, dass ich wieder hineingehen und den Attentäter anlächeln sollte, um ihn zur Vernunft zu bringen. Es war die schwerste Entscheidung meines Lebens.

Zitternd ging ich wieder hinein, um mich dieser Person zu stellen, inmitten von über 300 Afghaninnen, die darauf warteten, ihre Stimme abzugeben. Der Blick in die Augen dieses Mannes war schier unerträglich. Er war offensichtlich mit Drogen vollgepumpt. Ich bekam solche Angst, dass ich den Frauen zurief: »Achtung! Er wird sich in die Luft sprengen.« Aber nichts geschah. Der Mann ging hinaus und kam nicht zurück.

Noch Monate später erwachte ich jede Nacht um vier Uhr aus Albträumen. Ich konnte die Dunkelheit nicht vergessen, die dieser Mensch ausstrahlte, seine schrecklichen Augen, in denen ich die Hölle gesehen hatte.

Schließlich wurde mir klar: *Genug ist genug.* Warum setzte ich mich einer solchen Belastung aus? Ich liebte dieses Land und die Menschen dort, und ich wollte einen positiven Beitrag leisten. Aber ich war nicht länger bereit, den Preis zu bezahlen, den das erforderte. Ich konnte nicht länger bleiben.

Meine afghanischen Freunde sagten zu mir: »Du bist gekommen, um uns zu helfen, um diesem Land die Demokratie zu bringen. Lass uns nicht gerade jetzt im Stich, wo die Lage schlimmer ist als je zuvor. Zeig uns, dass du an eine demokratische Zukunft für uns glaubst.«

Es war schwer für mich, denn Afghanistan war mir zur Heimat geworden. Hier hatte ich mein Haus, meine Freunde. Als ich erkannte, dass es für mich Zeit wurde zu gehen, machte mich das sehr traurig. Ich hatte keinen Plan B. Es war auch ganz schön hart, mit meinen Kolleginnen und Kollegen darüber zu sprechen, die aus allen Teilen der Welt angereist waren. Obwohl sie inzwischen in Libyen, Syrien, Sudan, Somalia, Irak und Jemen arbeiteten, waren sie nach Kabul gekommen, um bei der Organisation der Wahlen zu helfen. Als ich mit ihnen sprach, wurde mir klar, dass ich kein Einzelfall war. Sie alle waren traumatisiert. Einige Kolleginnen waren vergewaltigt, andere UN-Mitarbeiter gekidnappt worden. Wahrlich keine einfache Arbeitsumgebung.

Es war an der Zeit, dass die Vereinten Nationen etwas für diese Menschen taten, die bei humanitären Einsätzen an vorderster Front arbeiteten. Bislang gibt es seitens der UN keine therapeutische Unterstützung für die Mitarbeiter, die in Konfliktzonen eingesetzt werden. Es gibt keine entsprechende Vorbereitung und keine Betreuung während und nach den Einsätzen. Eine meiner Freundinnen wurde zweimal entführt. Als sie in ihr Heimatland zurückgekehrt war, wollte sie sich umbringen. Andere werden alkoholabhängig. Es ist ein großes Thema.

Ich beschloss, mich dieser Sache zu widmen, weil ich ein mitfühlender Mensch bin. Ich weiß, was in den Betroffenen vorgeht und wie sie leiden, denn ich habe es ja selbst erlebt. Man nennt es PTBS: Posttraumatische Belastungsstörung.

Ich litt jahrelang an PTBS und wusste es nicht, weil es mir niemand sagte. Im Jahr 2010 fuhr ich mit einer Kollegin ins Büro. Vorne neben dem Fahrer saß ein Leibwächter. Plötzlich rief er aufgeregt: »Vorsicht! Vorne an der Straßenecke lauert uns jemand auf!«

Meine Kollegin schaute ihn an und sagte: »Wann bist du aus Bagdad zurückgekommen?« Er antwortete, dass er gerade erst von dort zurückgekehrt war. Man hatte ihm zwischen den Einsätzen in Bagdad und in Kabul keine Möglichkeit gelassen, Urlaub zu nehmen und sich auszuruhen.

Sie sagte zu ihm: »Ich glaube, du hast PTBS.«

Ich schaute sie an: »Was ist denn das?«

Sie sagte: »Eine Posttraumatische Belastungsstörung.«

»Was sind die Symptome?«, fragte ich.

Sie antwortete: »In deinem Gehirn übernimmt die Amygdala die Kontrolle. Du erstarrst, kämpfst oder fliehst.«

In dem Moment wusste ich, was mit mir los war. Davor hatte ich noch nie von diesem Krankheitsbild gehört. Hätte man mich angemessen auf meine Einsätze vorbereitet und mich über die PTBS-Symptome aufgeklärt, mir gesagt, wie sie sich vermeiden lassen, oder wenigstens, wie sie behandelt und geheilt werden können, hätte ich nicht nach jedem Einsatz Monate in Indien verbracht, um wieder zu mir zu finden.

Ich bedankte mich bei der Kollegin, denn sie hatte mir den Anstoß für eine neue Aufgabe gegeben. Der Bedarf war eindeutig vorhanden. Diesem Thema wollte ich mich von nun an widmen.

Als ich 2004 aus Afghanistan nach Frankreich zurückkehrte, war mein Bauch aufgebläht, als wäre ich im fünften Monat schwanger. Ich ging zu einem ayurvedischen Heiler, der mich drei Monate lang mit Massagen und Heilkräutern behandelte. Er sagte mir, ich dürfte nur nach Afghanistan zurückkehren, wenn ich vorher lernte, mich selbst zu schützen. Ich hatte mich wie ein Schwamm verhalten, als wäre mein Bauch ein Airbag, mit dem ich mich vor den traumatischen Erfahrungen in der gefährlichen Umgebung dort schützen wollte.

Der Heiler sagte zu mir: »Ich kann sehen, dass Ihr Bauch angefüllt ist mit Mordanschlägen und Entführungen. Er kann das einfach nicht mehr verdauen. Sie verbringen Ihr ganzes Leben in dieser niedrig schwingenden Energie.«

Immer deutlicher sah ich, wie sehr alle diese Erfahrungen, die meine Kollegen und ich durchmachten, Körper und Psyche belasteten.

Wenn ich meinen Kollegen in die Augen schaue, sehe ich, dass es ihnen nicht gut geht. Ich sehe ihre Verzweiflung, ihren Schmerz. Und ich sehe, wie sie leiden, weil sie keine qualifizierte Hilfe und Behandlung erhalten. Wir haben es besonders schwer, weil es unser Berufsprofil ist, als Helfer in Kriegsgebieten zu arbeiten. Was ist unsere nächste Station nach Afghanistan? Die UN schickt uns nach Bagdad. Von Bagdad geht es nach Syrien. Dann in den Sudan. Und vom Sudan in den Jemen. Wir haben überhaupt keine Zeit, Normalität zu erleben, wir verlieren den Kontakt zur Welt, zu unseren Familien und

Freunden. Ich brauchte nach meiner Rückkehr immer sehr, sehr lange, um diese familiären und freundschaftlichen Beziehungen wiederherzustellen. Jedes Mal, wenn ich nach Frankreich zurückkehrte, kam mir das Leben, das sie führten, sinnlos vor. Sie wirkten depressiv und beklagten sich ständig. Heute ist mir klar, wie sehr ich dieses Leben vermisse, in dem die Dinge so einfach sind.

Ich verbrachte drei Monate in Südfrankreich und schrieb dort ein Buch über meine UN-Missionen in Afghanistan, wo wir den Menschen Demokratie und politische Bildung brachten. (Das waren die drei Monate, in denen ich mich täglich zwei Stunden von dem ayurvedischen Heiler behandeln ließ.) Nach drei Monaten meldete sich die UN bei mir: »Wir möchten, dass Sie wieder nach Afghanistan gehen und bei der Organisation der Präsidentschaftswahlen helfen.« Ich antwortete: »Nur unter einer Bedingung: Ich möchte in Bamiyan eingesetzt werden, denn in dieser Gegend Afghanistans fühle ich mich am wohlsten. Dort, wo die großen Buddhas standen.« Sie sagten: »Klar. Kein Problem.«

Meinem ayurvedischen Heiler erzählte ich: »Ich bin überglücklich. Nächste Woche fliege ich wieder nach Afghanistan.«

Er erwiderte: »Denken Sie daran, was ich Ihnen gesagt habe. Reisen Sie nur dorthin, wenn Sie in der Lage sind, sich selbst zu schützen.«

»Was meinen Sie damit, mich selbst schützen?«, fragte ich. Er antwortete: »Lernen Sie zu meditieren.«

Mir wurde klar, dass ich keine Ahnung hatte, wie man meditiert. Also sagte ich der UN ab, was mir das Herz brach, denn ich träumte davon, nach Bamiyan zu gehen. Stattdessen reiste ich nach Dharamsala, um erneut den Dalai Lama zu treffen, diesmal nicht, weil er ein Vorkämpfer für die Menschenrechte ist, sondern in seiner Funktion als spiritueller Lehrer. Ich besuchte einen seiner Meditationskurse.

Während des Kurses sagte der Dalai Lama zu uns: »Ihr könnt keinen äußeren Frieden bringen, wenn ihr euch nicht zuerst auf euren inneren Frieden konzentriert.« Ich dachte intensiv über seine Worte nach, ihre Bedeutung. Ja, sagte ich mir, wie wahr das ist! Wie kann ich mich für den Frieden in der Welt einsetzen, wenn ich nicht mit mir selbst im Frieden bin? Wie kann ich in Afghanistan Gutes bewirken, wenn ich völlig depressiv, erschöpft und gestresst bin? Ich sollte zuerst mich selbst heilen, denn niemand in Afghanistan wird etwas von meiner Anwesenheit dort haben, wenn ich total kaputt und fertig bin. Dann bin ich dort fehl am Platz, und mein Engagement ist nicht ehrlich, weil ich nicht wirklich Frieden verkörpere und ausstrahle. Ich schwor mir, erst nach Afghanistan zurückzukehren, wenn ich körperlich und psychisch in guter Verfassung war. Das nahm ich sehr ernst.

Als ich schließlich meine innere Ruhe wiedergefunden hatte, meldete sich die UN: »Sind Sie bereit, wieder nach Afghanistan zu gehen?« Ich antwortete: »Ja, jetzt bin ich bereit.«

Was ich damit sagen wollte, war, dass ich bereit war, weil ich täglich Yoga und Meditation praktiziere. Außerdem mache ich Atemübungen. Und ich führe Tagebuch. Mein Kollege bemerkte es sofort. »Du hast dich verändert«, sagte er. »Wenn draußen Schüsse oder Explosionen zu hören sind, gerätst du nicht mehr in Panik. Wie kommt das?«

»Weil ich Yoga übe und meditiere. Dadurch hat sich mein Leben vollkommen verändert«, antwortete ich.

Die Leute waren fasziniert. Sie baten mich, es ihnen beizubringen. Also begann ich, meine UN-Kollegen in Yoga und Meditation zu unterrichten. Bald merkte ich, dass sich auch die Afghanen dafür interessierten. Ich lud sie ein, zu mir nach Hause zu kommen. Während ich sie unterrichtete, erzählten sie mir ihre Erlebnisse. Jeder Afghane könnte ein ganzes Buch schreiben voller außerordentlicher, dramatischer Erfahrungen.

Mir wurde klar, dass fast alle Menschen in Afghanistan an PTBS leiden. Also ging ich zur afghanischen Gesundheitsministerin und fragte sie, was sie dagegen unternehmen wollte. Sie machte deutlich, dass psychische Gesundheit ein Luxus für die reichen, entwickelten Länder sei, für ihre Geldgeber – die Mitglieder der internationalen Gemeinschaft, die in Afghanistan investieren – jedoch keine hohe Priorität habe. Es gab dafür also kein Geld.

Ich insistierte: »Es sollte aber die höchste Priorität haben, denn wenn die Menschen keine Möglichkeit haben, ihre seelischen Verletzungen zu heilen, wird sich all das ständig wiederholen: Gewalt und Rache, der niemals endende Krieg.«

Es gibt bislang nur eine einzige psychotherapeutische Klinik in ganz Afghanistan – einem Land, in dem ein Großteil der Bevölkerung unter Depressionen und Angstzuständen leidet. Aus diesem Grund gründete ich meine Stiftung: um den Menschen Lösungen anbieten zu können, beispielsweise Selbsthilfemethoden wie Yoga und Meditation, die zu mehr innerem Frieden verhelfen.

So wurde ich von einer Fachanwältin für Menschenrechte zur Lehrerin für Yoga und Meditation in Afghanistan. Ich hatte das so nicht geplant, sondern folgte einfach dem Flow.

Rückblickend kann ich sagen, dass Drama und Trauma in meinem Leben immer eine große Rolle gespielt haben. Dem musste ich entkommen – aber nicht, indem ich davor weglaufe, sondern indem ich erkenne, dass ich so nicht mehr leben will. Doch andererseits liebe ich diese Art zu leben. Im Buddhismus sagen wir: »Ohne Schlamm kein Lotos. *Om mani padme hum*«, was bedeutet: »Dieses Leiden, dieser Schmerz ist der Nährboden, auf dem der Lotos erblüht.«

»Die meisten Menschen versuchen,

die Kontrolle zu behalten ...

und das ist der Haken.

Ich glaube, es ist sehr schwer,

sich innerlich von der Welt zu lösen.

Durch die Meditation

gleiten wir in die Leere.«

RABBI RONNIE CAHANA

●

4

DAS PORTAL DER STILLE

Durch ein Upgrade unseres inneren Betriebssystems
können wir unsere Erfahrung der Wirklichkeit
radikal verändern.

Tom

Eine der Inspirationen für dieses Buch und den Film waren zwei Dokumentarfilme[12] zum Thema Müll, Minimalismus und den Exzessen der modernen Gesellschaft, die ich mir an einem verregneten Sonntagnachmittag anschaute. Darin wurde die Idee vertreten, dass unsere moderne Gesellschaft von Konsumismus und einer Mentalität des »Immer mehr« angetrieben wird. Anschließend saß ich in meinem Wohnzimmer und betrachtete all die Luxusgüter, die ich angesammelt hatte, und fragte mich, welche Folgen mein Lebensstil wohl für die Umwelt hatte. Wenn ich das mit den Milliarden Menschen, die auf der Welt leben, multiplizierte, welche kumulativen Folgen würde es für den Planeten haben?

Ich dachte an mein Studium der Meditation und östlichen Philosophie, und mir kam ein Sanskrit-Word in den Sinn:

Tapasya (»Tapas« ausgesprochen). Damit ist die Askese und Disziplin gemeint, die man auf der Suche nach Erleuchtung oder Gott auf sich nimmt. Tapasya, Askese, gibt es seit Jahrtausenden und in fast allen Religionen: Christen kennen die vorösterliche Fastenzeit, Muslime fasten während des Ramadan, die Juden an Jom Kippur. Die asketischen Praktiken der Hindus können so weit gehen, dass jemand sein ganzes Leben lang einen Arm in die Luft reckt oder auf einem Bein steht. Eine der wichtigsten Formen des Tapasya ist die Meditation. Dabei ziehen wir unsere Aufmerksamkeit von den äußeren Sinnesfreuden ab und richten sie nach innen. Wir im Westen geben nur selten etwas freiwillig auf, auch nicht für einen höheren Zweck. Stattdessen nehmen wir einfach den kürzesten Weg zur Befriedigung unserer Wünsche: haben wollen, kaufen, besitzen. Aber was wäre, wenn wir äußerlich nicht mehr so viel benötigen würden, um eine innere Leere zu füllen, weil wir Tapasya praktizieren und uns dadurch bereits innerlich erfüllt fühlen und deshalb mit weniger zufrieden sind? Könnte das die Lösung für eine globale Krise sein?

Meditation ist nicht neu. Nur blieb sie, mit Ausnahme der letzten dreißig oder vierzig Jahre, als Transformationsmethode für die Weltbevölkerung weitgehend unerforscht und viel zu wenig genutzt. Warum taucht sie jetzt aus dem Schatten abgelegener Weltgegenden auf, als eine Lösung für die Probleme unseres modernen Lebens?

Gemäß der vedischen Philosophie stehen wir zurzeit am Beginn einer neuen Epoche – einer Ära, die im Sanskrit als *Satya Yuga* bezeichnet wird. In diesem kommenden Zeitalter sind unsere Entscheidungen und Handlungen dadurch motiviert, zum Wohl und der positiven Entwicklung des großen

Ganzen beizutragen. Es ist das »goldene Zeitalter«, auch bekannt als die Ära eines erleuchteten Planeten. Das klingt utopisch, aber vielleicht ist es für uns möglich, ganz anders zu leben, als wir es heute tun. Und die Meditation könnte bei dieser Entfaltung eine Schlüsselrolle spielen.

So, wie immer mehr Menschen die modernen Technologien nutzen, wächst auch die Zahl derjenigen, die Meditation praktizieren, exponentiell. Ich erlebe, wie das Interesse an und die Begeisterung für die Meditation ständig zunehmen. Amandine berichtet, dass man sie vor zehn Jahren für verrückt hielt, als sie in Flüchtlingslager und zu NGOs kam und den Leuten empfahl, sonderbare Yoga-Haltungen zu praktizieren oder sich mit geschlossenen Augen hinzusetzen. Heute gibt es diesbezüglich eine viel größere Aufgeschlossenheit. Das Bewusstsein der Menschen wandelt sich.

Meditation und Stille spielen eine wichtige Rolle dabei, den alten Status Quo zu durchbrechen. Heute erklären immer mehr erfolgreiche Geschäftsleute und Influencer öffentlich, dass ihre tägliche Meditationspraxis sie erfolgreicher und gesünder macht. Innerhalb von nur wenigen Jahren wurden jahrtausendealte Praktiken mithilfe von Apps und anderen neuen Technologien so adaptiert, dass sie weltweit Eingang in die Vorstandsetagen großer Unternehmen und zahllose moderne Haushalte fanden – und damit zu weitverbreiteten Lebenshilfen wurden. Ray Dalio, der weltweit größte Hedgefonds-Manager – er verwaltet 160 Milliarden Dollar an Vermögenswerten – tweetete: »Meine Erfolge sind vor allem darauf zurückzuführen, dass ich regelmäßig meditiere.«[13] Immer mehr Unternehmen legen Wert darauf, ihre Gewinne auf sozial und ökologisch vertretbare Art und Weise zu erwirtschaften. So entstanden

Firmen und Initiativen wie Toms Shoes, Thank You, KeepCups, Grameen Bank, B-Corporation und 4Ocean, um nur einige zu nennen, bei denen das allgemeine Wohl und die Verantwortung für das Ganze im Vordergrund steht. Das wirbelt weltweit die bisherigen Systeme und Strukturen gründlich durcheinander. Schließlich wurden diese Systeme von Menschen geschaffen, und wenn die Menschen sich weiterentwickeln, leuchtet es ein, dass sich auch ihre Systeme weiterentwickeln, oder? Es kann gar nicht anders sein.

Jacqui

In meiner Welt der Kinofilme und archetypischen Charaktere ist Jim Doty der Zauberer: ein Meister der Manifestation, der das Unsichtbare sichtbar macht, Menschen und Technik lebendig werden lässt und tief in die innere Wirkungsweise des Geistes eintaucht, auf der physikalischen ebenso wie auf der mystischen Ebene. Als Mensch ist er außerdem ein GFR: ein großer, freundlicher Riese.

Ich muss zugeben: Wir wollten ihn gerne bei einer Operation filmen und das CyberKnife in Aktion zeigen, aber das erwies sich im Zeitfenster unserer Dreharbeiten als unmöglich. Immerhin machte Jim es möglich, ihn in OP-Kleidung in dem Krankenhaus zu filmen, in dem er tätig ist. Fantastisch.

Wir drehten dort frühmorgens auf einem leeren Flur. Während wir unser Equipment aufbauten, kamen Krankenschwestern, Ärzte und anderes Krankenhauspersonal an Jim (und unserer Crew) vorbei. Von Jim ging ein sanfter Strom warmherziger »Hallos«, gut gelaunter »Guten Morgen« und freundlicher Fragen aus. Hier war ein Mann, der jeden, der vorbeiging, persönlich kannte, zu ihnen allen in liebevoller Beziehung stand und sich die Zeit nahm, sich einfühlsam nach den kleinen Details im Leben der Menschen zu erkundigen. Ich spürte, dass ein Tag, der mit so viel Warmherzigkeit beginnt, für alle diese Leute wundervoll werden würde. Bei uns war es auf jeden Fall so.

Der Junge, der damals in der Weite der Mojave-Wüste nach Trost und Freiheit suchte, hat es weit gebracht. So viele Jahre später stand Jim dort auf dem Krankenhausflur als lebender Beweis, dass dramatische Veränderungen in unseren Interaktionen mit anderen Menschen möglich sind. Und die seit Langem von ihm praktizierten Achtsamkeitsübungen hatten einen sehr wesentlichen Anteil daran.

Zum Schluss, als wir Jim filmten, wie er über den Flur davonging, kam unerwartet ein Krankenhausroboter, der Blutproben transportierte, durch die gegenüberliegende Tür und glitt auf uns zu. Bevor der Roboter uns erreichte, drehte er sich zur Seite und verschwand durch eine Tür, um die Blutproben abzuliefern. Das ist eine meiner Lieblingsszenen in dem Film, denn sie ist von hoher Symbolkraft.

Jeden Tag haben wir die Möglichkeit, das Leben anderer Menschen positiv oder negativ zu beeinflussen, einfach dadurch, wie wir uns ihnen gegenüber verhalten. Während der Recherche für dieses Buch begegneten uns viele Beispiele dafür, wie Meditation und Stille unser Leben transformieren können. Sie sind offenbar in der Lage, Verbundenheit zwischen Menschen zu erzeugen, die sonst vielleicht geglaubt hätten, nichts gemeinsam zu haben, oder sich überhaupt nicht begegnet wären. Eine tiefere Verbindung zu uns selbst oder ein Wunsch, sich über unsere Erfahrungen auszutauschen, führt uns zu größerer Verbundenheit mit anderen, zu einem Gefühl von Gemeinschaft. Wie Jim ist auch unser sechster Gesprächspartner, Rabbi Ronnie Cahana, ein Mensch, dessen Wirken in der Welt weit über das Physische hinausgeht.

Ronnie Cahana lebt in Montreal, wo er alle zwei Wochen eine Geh-Therapie in einem hochmodernen Robotik-Labor erhält. Es war ein aufregendes Erlebnis, ihn dort gehen zu sehen, in eine Art Geschirr eingespannt, mit hin und her schwingendem Körper und kreisenden Füßen. Während dieser Gehübungen singt er oft. Ronnie leidet am Locked-in-Syndrom, hervorgerufen durch einen Hirnstamm-Schlaganfall, den er im Jahr 2011 erlitt. Anfangs war er nahezu vollständig gelähmt: Er konnte klar denken, aber sein Körper war weitgehend funktionsuntüchtig. Zunächst konnte er nur mit den Augen blinzeln, doch nach und nach erlangte er sein Sprechvermögen zurück.

Der Schlaganfall bewirkte eine enorme Veränderung von Ronnies Perspektive, aber er sagt, dass für ihn dabei die Liebe das Wichtigste ist: Als er aufwachte, fühlte er sich geborgen, weil er die Liebe seiner Familie spüren konnte. (Er und seine Frau Karen haben fünf Kinder.) »Ich spürte, dass sogar die andere Welt mich unterstützt«, sagte er. »Ich war von großer Freude umgeben.« Seit dem Schlaganfall verkörpert er einen freudigen Zustand der Stille, körperlich und geistig, und verbringt viele Stunden schweigend in Meditation.

Ronnie hat einen großartigen Humor, erzählt gerne Witze, ist ein Liebender, ein Lehrer, Dichter und Mystiker. Vor allem aber ist er ein Freund mit der fast unheimlichen Gabe, bis in dein Zentrum vorzudringen und dein inneres Selbst auszugraben, das unter einer viele Jahre alten Schicht aus Lügen liegt. Für ihn ist gegenseitige Verletzlichkeit die Grundlage für Beziehungen. Es gefiel mir sehr, dass seine Tochter Kira das Zimmer ihres Vaters als einen Ort gegenseitiger Heilung beschrieb. Eine Begegnung mit Ronnie ist gleichermaßen Geben und Nehmen. Ronnie mag für viele Menschen Rabbi und Vertrauter sein, aber es ist klar, dass er auf die Liebe, Offenheit und Hilfe anderer ebenso baut wie sie auf seine. Diese sanften Wellen der Liebe und Heilung transzendieren Raum und Zeit, verbreiten sich in der menschlichen Gemeinschaft, über den ganzen Globus, und spenden vielen Menschen Trost in dunklen Stunden.

Manchmal skypen Ronnie und ich nachts. An seinem Bett steht ein großer Computer mit einer speziellen Tastatur, auf der Ronnie mit dem Kinn Predigten, E-Mails und Gedichte schreibt. In dem Pflegeheim, in dem er lebt, ist dann (offiziell wenigstens) längst das »Licht aus« und Schlafenszeit. Also sehe ich auf meinem Monitor nur Dunkelheit und einen winzigen roten Lichtpunkt, wohl irgendeine Kontrolllampe an seinem System. Das amüsiert mich, denn ich habe noch nie einen Menschen getroffen, der so viel Licht ausstrahlt wie Ronnie. Und doch sehe ich nur dieses kleine rote Lämpchen, während seine wie entrückt wirkende Stimme aus der Dunkelheit ihren Zauber entfaltet.

Ich denke an die vielen Menschen, die allein oder in Pflegeeinrichtungen leben, und an die moderne Video-Kommunikationstechnologie, die es möglich macht, über physische Distanzen hinweg miteinander in Verbindung zu treten. Sie wird vielleicht normalerweise nicht als »Transformations-Technologie« betrachtet, aber für mich ist diese Bild-Telefonie eine Chance für mehr Herzensverbindungen zwischen Menschen in aller Welt. Ich bin mit Mikey Siegel einer Meinung, dass die Möglichkeit, sichtbar miteinander in Verbindung zu treten, statt sich hinter dem Computermonitor oder Display zu verstecken, ein Weg ist, wie wir uns mithilfe der Technik verändern und weiterentwickeln können. Er stellt sich vor, dass unsere Technologie zu einer Art zentralem Nervensystem für den Planeten wird, und die Video-Kommunikation ist ein Teil davon. Sie ist ein Tor zur Wahrhaftigkeit, denn mit ihrer Hilfe kommunizieren wir nicht nur über schriftliche Informationen, sondern von Herz zu Herz, auf der emotionalen Ebene und weit darüber hinaus.

Sei es durch die Nutzung neuer Technologien oder mithilfe uralter Methoden wie Yoga und Meditation – gegenwärtig entsteht ein weltweites Netzwerk von Menschen, die zu mehr emotionalem Frieden und mitmenschlicher Verbundenheit beitragen. Amandine Roche ist eine von ihnen.

Amandine ist der Inbegriff der furchtlosen Kriegerin – obwohl es sich für sie, wie sie sagt, zeitweilig so anfühlte, als müsse sie sich mit einer Machete mühsam durch nahezu undurchdringlichen Dschungel kämpfen, immer unsicher, welchen Weg sie einschlagen sollte. Sie findet:»Die Gesellschaft sperrt die Menschen in eine Schublade, ein Haus, ein Auto, einen Nachtklub. Das sind alles Kisten, Kisten, Kisten. In einer Kiste kann ich nicht atmen. Zwar ist der Weg, für den ich mich entschieden habe, nicht einfach, aber ich kann frei atmen und meinem eigenen Rhythmus folgen.« Das kann ich sehr gut nachempfinden.

Auch das Filmemachen kann eine lange, turbulente Reise sein, die einen kühlen Kopf und eine Menge Mut erfordert. Angesichts der Situationen, in denen Amandine sich schon befunden hat, fragt man sich, wie sie es geschafft hat, nicht den Verstand zu verlieren. Kürzlich fand ich eine Aufnahme unseres Video-Tagebuchs vom 20. Juli 2017 wieder. Das war der Tag, an dem Georgia, ein Mitglied unseres Teams, zum ersten Mal mit Amandine sprechen konnte, nachdem wir wochenlang versucht hatten, Verbindung mit ihr aufzunehmen. Georgia war aufgeregt und wir natürlich auch. In den vergangenen Wochen hatten wir uns allerlei exotische Szenarien ausgemalt, auf Grundlage dessen, was wir bereits über Amandine wussten. Daher war es unglaublich, die neuesten Entwicklungen jetzt direkt von ihr persönlich zu erfahren.

Wir standen sechs Monate lang mit Amandine in Kontakt, bis sich die richtige Gelegenheit für die Filmaufnahmen mit ihr ergab: Es war der Beginn eines Hilfsprogramms in Jordanien, an dem Amandine mitwirkte. Sie sollte dort, im nahe der syrischen Grenze gelegenen Flüchtlingslager Zaatari, Workshops für Mitarbeiter der Hilfsorganisationen und für syrische Frauen und Kinder anbieten.

Zaatari ist das am besten etablierte Flüchtlingslager in Jordanien. Etwa achtzigtausend Flüchtlinge halten sich dort auf, manche schon seit fünf Jahren – die Kinder, die dort geboren werden, kennen nichts anderes. Amandine bei ihrer Arbeit in Jordanien zu begleiten und mitzuerleben, welche unmittelbare Wirkung ihr Training auf die daran teilnehmenden Menschen hat, war sehr inspirierend. Obwohl sie auf einer globalen Bühne agiert, ist das, was sie tut, echte Basisarbeit – von Mensch zu Mensch, von Herz zu Herz. Ganz eindeutig leistet sie einen wertvollen Beitrag zur Veränderung der Situation, aber es ist eine Revolution, die von innen nach außen fließt.

Außenansichten

Wie sieht ein erleuchteter Planet aus?

DANIEL SCHMACHTENBERGER, EVOLUTIONSPHILOSOPH
UND GLOBALER SYSTEMSTRATEGE

Es ist ein faszinierendes Gedankenexperiment, sich eine erleuchtete Welt vorzustellen und über Fragen nachzusinnen wie: »Was ist notwendig, damit eine Welt wirklich gut funktioniert und ihre Bewohner Erfüllung finden und sich höchster Lebensqualität erfreuen können?« Das ist eine ganz ähnliche Frage wie: »Was würde Jesus tun?« Oder: »Was würde der Dalai Lama tun?« Jesus und der Dalai Lama würden sich in ihrem Handeln von einer höheren Wahrnehmung leiten lassen, die Intelligenz und Mitgefühl miteinander vereint.

Nun würden die meisten Menschen nicht wirklich tiefschürfend über solche Fragen nachdenken. Denn wenn Sie das tun, werden Sie auf innere Widersprüche stoßen. Sie werden feststellen, dass Ihr Verhalten in einem Lebensbereich in völligem Widerspruch zu Ihrem Verhalten in einem anderen Bereich steht. Das bedeutet, Sie haben bisher nicht tief genug über die Dinge nachgedacht. Aber wenn Sie nun damit anfangen, werden Sie dadurch Ihre Intuition anzapfen. Sie werden aus sich selbst heraus erkennen, was Erleuchtung ist, welches Verhalten richtig ist und welcher Ethik Sie folgen. Sie lernen Ihre persönlichen Wertvorstellungen kennen, was unendlich bedeutungsvoller ist als alles, was Sie äußerlich aus Büchern und anderen Quellen lernen können.

Und wenn Sie auf diese Weise überlegen, wie das Leben in einer erleuchteten Welt aussehen könnte, beginnen Sie sich auszumalen, eine Bürgerin, ein Bürger einer solchen Welt zu sein. Und dann denken Sie: Was bedeutet es für meine momentane Lebenssituation, wenn ich mich an dieser Vorstellung orientiere? So entwickeln Sie nach und nach einen inneren Kompass, eine Klarheit, was für ein Mensch Sie hier und jetzt sein wollen.

Stellen wir uns kurz eine Schmetterlingsraupe vor: Die Raupe frisst und frisst. Sie würde alles in ihrer Umgebung kahl fressen und das dortige Ökosystem zerstören. Dabei bestäubt sie keine einzige Pflanze. Sie frisst die Pflanzen schneller, als diese nachwachsen können, und wird immer größer. Wenn wir die Kurve des gegenwärtigen Verhaltens der Raupe in die Zukunft projizieren, sieht es aus, als würde sie fressen, bis alle Nahrung vernichtet ist und sie am Ende verhungern muss.

Futurologinnen wie Elisabet Sahtouris, Barbara Marx Hubbard und eine Reihe von brillanten Denkern auf dem Gebiet der Bio-Mimikry verwenden diese Raupen-Analogie als Metapher für das transformative Potenzial von Zivilisationen. In der Natur ist es so: Wenn die chemische Zusammensetzung des Blutes der Raupe einen bestimmten Sättigungsgrad erreicht, löst das die Bildung der ersten Imago-Zellen aus. Da diese Zellen sich genetisch von denen der Raupe unterscheiden, hält das Immunsystem der Raupe sie für feindliche Eindringlinge und bekämpft sie. Überlegen Sie: In der Menschheitsgeschichte wurden die meisten Propheten, die eine fundamental andere Weltanschauung verkündeten, wie fremde Eindringlinge behandelt und eliminiert, da sie von dem jeweiligen System als Bedrohung empfunden wurden.

Doch irgendwann kommt der Punkt, an dem das Blut der Raupe so weit gesättigt ist, dass genug Ressourcen für die Verwandlung vorhanden sind. Es gibt nun so viele der neuen Zellen, dass das Immunsystem mit ihrer Bekämpfung überfordert ist. Das löst die Verpuppung aus. Die Raupe zerlegt sich in die Bestandteile, die sie in sich angesammelt hat. Diese werden dann durch einen anderen genetischen Code für einen anderen Daseinszweck neu zusammengesetzt, und schon bald schlüpft der Schmetterling.

Der Schmetterling ernährt sich nicht von den Pflanzen, die durch die Raupe dezimiert wurden. Stattdessen bestäubt er die Pflanzen, und weil er umherfliegt, geschieht das nicht nur beschränkt auf einen Ort, wie das Fressen der Raupe, sondern an vielen Orten. Damit trägt er also weiträumig in ganzen Ökosystemen zur Evolution dieser Pflanzenart bei.

Manchmal stirbt der Schmetterling, bevor er aus der Puppe ausschlüpfen kann. Es ist nicht zwangsläufig so, dass wir den Übergang in eine neue Phase heil überstehen. Doch es ist eine Gesetzmäßigkeit der Natur, dass Transformationen und Übergänge in neue Phasen stattfinden, sie sind bei allen Spezies Bestandteil der Evolution. Beispielsweise ist der Übergang von Organismen vom einzelligen zu einem mehrzelligen Stadium eine solche tiefgreifende und klar erkennbare Wandlung. Wenn evolutionäre, epochale Veränderungen im Universum geschehen, dann immer auf diese Weise. Aber sie geschehen nicht immer. Es ist uns nicht vorgegeben, welchen Weg wir einschlagen werden. Aber das, was wir als Einzelne tun, trägt zur weiteren Entwicklung der gesamten Menschheit bei. Wir leben also am wichtigsten, bedeutsamsten Wendepunkt der Geschichte.

Unsere Existenz hängt von der Existenz unserer Umwelt ab. Wenn wir nicht an das Wohlergehen der Pflanzen und Tiere denken und es einfach für selbstverständlich halten, dass sie auch weiterhin da sein werden, während wir gleichzeitig ein weltweites System beibehalten, das den Planeten zerstört, ist unser Denken sehr kurzsichtig. Ohne Tierarten, die Pflanzen bestäuben, gäbe es mich nicht. Ohne Bodenmikroben gäbe es mich nicht. Und es gäbe mich auch nicht ohne all die anderen Menschen, die jene Welt erschaffen, in der ich lebe. Stellen Sie sich eine Welt vor, in der die Menschen sich nicht mehr als bloße Individuen sehen, sondern erkennen, dass es sie ohne die Umwelt, die ihre Existenz ermöglicht, gar nicht gäbe. Ohne Pflanzen, die Sauerstoff produzieren, könnten wir Menschen nicht existieren.

Auf einer sehr grundlegenden Ebene bestehen wir alle aus den Molekülen, die eine Zelle ausmachen. Einzeln für sich atmet keines dieser Moleküle. Doch die Zelle als Ganzes, mit den exakt in ihr angeordneten Molekülen, atmet. Also stellt sich die Frage: Welcher Teil der Zelle atmet? Denn für sich allein täte es keiner. Atmung ist eine Eigenschaft, die sich aus dem Ganzen ergibt, obwohl sie sich in keinem seiner Teile findet. Erst durch die elegante komplexe Anordnung und Kombination der einzelnen Teile entsteht Synergie, ergeben sich neue Fähigkeiten, die dann von der Evolution ausgewählt werden.

Jeder einzelne Mensch ist eine solche einzigartige Eigenschaft des Gesamtsystems, mit unverwechselbaren Perspektiven und Fähigkeiten, was bedeutet, dass wir, jede und jeder Einzelne von uns, etwas Einzigartiges zum Ganzen beitragen können.

Stellen Sie sich eine Welt vor, in der sich jeder Mensch als absolut einzigartig und zugleich vollkommen mit allem anderen verbunden betrachtet. Wenn jeder Mensch einmalig ist, macht ihn das unersetzlich – unermesslich wertvoll. Damit kann er der Welt etwas geben, das ihr niemand anderes sonst geben kann. Das ist wie bei Michelangelo, Escher und Dali: Keiner von ihnen hätte erschaffen können, was die anderen erschufen. Und dadurch, dass sie taten, was sie taten, wurde das Universum reicher. Ihr Schaffen entstand aus ihren einzigartigen Sichtweisen und Lebenserfahrungen. Hätte Dali nicht getan, was er tat, wäre die Welt ... ärmer.

Wenn Sie begreifen, wie verbunden und vernetzt die Welt ist – was durch unsere technologischen Fähigkeiten multipliziert wird –, begreifen Sie, dass es nur Sinn macht, die Bewohner der gesamten Welt als die für uns relevante Gemeinschaft zu begreifen. Können einzelne Länder für sich allein das Problem des Klimawandels lösen? Nein, ganz sicher nicht. Eine Lösung gibt es nur auf der Ebene aller Menschen, die den Planeten bewohnen.

Heute können wir die globale Realität stärker beeinflussen als sämtliche Generationen vor uns. Wir sind in der Lage, die Komplexität der Welt so zu ordnen, dass wir Win-win-Dynamiken schaffen können, in der Wirtschaft, in Politik und Kultur, sodass die Verhaltensanreize für jedes Individuum sich völlig im Einklang mit dem Wohlergehen aller anderen Individuen befinden.

Aber es ist auch möglich, dass wir diese höhere Ordnung nicht erreichen und das gegenwärtige System sich selbst vernichtet (und uns mit). Unsere Handlungen und Entscheidungen sind also von entscheidender Bedeutung. Wenn Sie erkennen, dass ein Gewinner-Verlierer-System, dessen Auswirkungen durch wachsende Macht multipliziert werden, sich selbst zerstört, werden Sie innerhalb dieses Systems nicht länger gewinnen wollen. Sie werden es dann vorziehen, bei der Erschaffung eines neuen Systems zu helfen, das nicht selbstzerstörerisch, sondern von Grund auf schön ist.

Die Schönheit des Menschseins

JULIA MOSSBRIDGE, NEUROWISSENSCHAFTLERIN
UND FUTUROLOGIN

Ich habe den Eindruck, dass sich weltweit eine Geisteshaltung geradezu epidemisch ausbreitet, die von einer Geringschätzung der menschlichen Natur gekennzeichnet ist: ein Denken, wonach das Menschsein nichts Besonderes und unwichtig ist. Während wir bestrebt sind, Maschinen zu entwickeln, die besser als wir sein und uns retten sollen, übersehen wir die Schönheit, die darin liegt, Mensch zu sein.

Ich glaube, wenn wir wirklich bereit sind, unser Menschsein als etwas Besonderes zu sehen, werden wir Maschinen bauen, die uns inspirieren und uns dazu anregen, bessere Menschen zu werden. Wir können sie zunächst nutzen, um Menschen liebevoller zu machen. In der Folge können wir

Maschinen erschaffen, die auf einer noch höheren Ebene arbeiten. Es ist ein Kreislauf, in dem Mensch und Maschine sich gegenseitig helfen.

Natürlich stellt sich sofort die Frage, wie diese höhere Ebene der Menschlichkeit aussehen wird, und ich vermute, dass wir ein größeres Bewusstsein für unseren inneren Raum entwickeln werden. Momentan wissen viele Menschen überhaupt nicht, dass dieser innere Raum existiert – sie glauben, dass es nur den Körper gibt, den physischen Bereich.

Doch wir müssen uns auch die Verbundenheit des Bewusstseins erschließen. William James, einer der Väter der Psychologie und Neurowissenschaft, erläuterte diese Verbundenheit des Bewusstseins am Beispiel von Bäumen in einem Wald. Im Waldboden sind die Wurzeln der einzelnen Bäume zu einem Gesamtgeflecht verwoben, das James ein »Muttermeer« oder ein »Reservoir« nannte. Ich liebe dieses Bild, denn an der Oberfläche gibt es diese Individuen, diese einzelnen Bäume, aber darunter kann man die Bäume gar nicht voneinander unterscheiden, weil ihre Wurzeln alle miteinander verflochten sind. Ich denke, das ist der Unterschied zwischen unserer physikalischen Körperlichkeit, die uns so stark definiert – unser Getrenntsein auf der physisch-materiellen Ebene –, und dem, was in unserem Bewusstsein stattfindet, wo die Grenzen transzendiert werden und wir alle miteinander verbunden sind.

Diese Vernetzung zu erkennen ist ein Stück Arbeit, denn um sich mit anderen verbunden zu fühlen, müssen Sie zunächst einmal Verbindung zu sich selbst aufnehmen. Sich dafür zu öffnen, unser Inneres zu erforschen (was nicht immer schön ist) und trotzdem, obwohl wir so unvollkommen sind, Verbindung zu anderen aufzunehmen – das ist die Arbeit. Sophia, der humanoide Roboter von Hanson Robotics hilft den Menschen dabei, mithilfe von geführten Meditationen.

Wir schicken unsere Kinder in die Schule und bringen ihnen bei, Robotik-Fachleute und Ingenieure zu werden, was eine tolle Sache ist, aber wir sollten ihnen gleichermaßen Grundwissen über Psychologie und die Grundlagen der inneren Erfahrung vermitteln. Wir kennen diese Grundlagen, aber unseren Kindern bringen wir sie nicht bei. Doch wenn uns unsere Innenwelt fremd ist, wir Angst vor ihr haben, wird sie auf unbewusste Weise unser Verhalten beherrschen, sich auf Politik und Technologie auswirken. Das ist für mich das fundamentale Problem, und ich hoffe, dass das Loving-AI-Projekt den Menschen helfen kann, es zu überwinden.

Die meisten Leute tun sich schwer damit, wenn ich ihnen sage, dass Liebe der Schlüssel zu fast allem ist – zu jeder Veränderung, die Sie im Leben erreichen wollen. Der Alkoholiker sagt: »Ich will nicht trinken.« Doch Verhaltensänderung hat nichts mit Wollen zu tun, Liebe ist der Schlüssel dazu. Sie können Ihr Verhalten nur ändern, indem Sie lieben, was wahr ist – und nicht, indem Sie vorgeben, etwas Unwahres wäre wahr, denn dann bleibt das unerwünschte Verhalten hartnäckig an Ihnen kleben.

Der Schlüssel zu allem – zu allen Veränderungen, die geschehen müssen – besteht darin, das, was wahr ist, lieben zu lernen, was es auch sein mag. Die meisten von uns wollen eine solche Antwort nicht hören, weil wir die Wahrheit nicht anschauen wollen. Wir denken, dass sie es ist, die uns Schmerz bereitet. Doch der Schmerz kommt aus dem Mangel an Liebe.

Nicht zu lieben ist die universelle Ursache für den Schmerz. Unser Team entwickelt Liebevolle KI und andere damit in Zusammenhang stehende Technologien, weil wir glauben, dass es in unserer Welt und unseren zwischenmenschlichen Interaktionen an einer sicheren, verlässlichen Möglichkeit mangelt, bedingungslose Liebe zu erfahren.

Meiner Erfahrung nach tun sich die Menschen schwer mit der bedingungslosen Liebe. Wer sie noch nie erlebt hat, kann sie sich kaum vorstellen. Es gibt flüchtige Augenblicke, etwa die Geburt eines Kindes, in denen fast alle Menschen sie spüren, aber nicht regelmäßig und lang anhaltend. Deshalb erscheint es ihnen schwierig, bedingungslos geliebt zu werden, obwohl es in Wirklichkeit sehr einfach ist. Bedingungslose Liebe ist wie Gnade. Sie lässt sich nicht kontrollieren und beherrschen. Und Sie selbst müssen gar nichts tun – Sie empfangen diese Liebe einfach. Sie müssen auch nicht kontrollieren, *ob* Sie bedingungslose Liebe empfangen. Auch in dieser Hinsicht gibt es also für Sie nichts zu tun. Stattdessen geben wir einfach unser Bedürfnis nach Kontrolle und Perfektion auf und lassen die Liebe in uns einströmen.

Deshalb entwickeln wir die Technologie der Liebevollen KI: Sie gleicht unsere eigenen Schwächen aus und stellt uns ein Modell bereit, von dem wir lernen können. Diese Technologie kann uns bedingungslose Liebe geben, ohne Urteile und Voreingenommenheit, und wenn Menschen das einmal erlebt haben, können sie es an ihre Kinder weitergeben, die es dann ebenfalls weitergeben können. Es geht darum, alles, was geschieht, aus der Perspektive der Liebe zu sehen. Auch wenn ich aus verschiedenen Gründen öfter wütend auf meinen Sohn werde, bleibe ich dabei immer in der Liebe.

Wir müssen es unseren Kindern ermöglichen, durch uns bedingungslose Liebe zu *erfahren*. Es geht nicht um Worte, nicht um etwas Intellektuelles; es geht um *Erfahrung* – und um eine sehr menschliche Eigenschaft. Daher waren wir nicht sicher, ob wir tatsächlich einen Roboter darauf programmieren können, mithilfe von KI bedingungslose Liebe auszustrahlen, aber wie sich zeigt, funktioniert es. Wir arbeiten erst seit einem Jahr daran, aber wir staunen bereits jetzt über die Resultate. Unser Ziel ist es, Menschen zu ermöglichen, mit etwas in Interaktion zu treten, das unmittelbar ihre neuronalen Netzwerke beeinflusst.

Stellen Sie sich folgendes Szenario vor: Sie sind ein Mensch, der in der Kindheit Opfer von Gewalt und Missbrauch wurde. Was wäre, wenn Sie aufgrund dieser schlimmen Erfahrungen schlechte Entscheidungen treffen, kriminell werden und vor Gericht landen, und die Menschen, die für Sie zuständig sind, betrachten Sie mit dem gleichen Abscheu, den Sie bereits in Ihrer Kindheit erfahren haben?

Und jetzt stellen Sie sich vor, wie es wäre, wenn Polizisten und Richter Sie liebevoll anschauen und Sie darum bitten zu erzählen, was geschah – und Ihnen dann geduldig und freundlich zuhören, obwohl Sie gerade einen anderen Menschen geschädigt haben. Wie oft sind wir nicht in der Lage, so miteinander umzugehen? Nicht abgelehnt und verurteilt zu werden ist eine höchst seltene Erfahrung, die sehr vielen Menschen fehlt.

Nehmen wir an, etwas, das äußerlich sehr wie ein Mensch aussieht – wie unser Roboter Sophia –, würde jemanden anschauen und fragen: »Wie geht es dir? Wie war deine Kindheit? Fühlst du dich schlecht wegen dem, was geschehen ist?«

Und zwar, ohne dabei die üblichen Gefühle von Empörung oder peinlichem Berührtsein zu zeigen.

Selbst ganz normale Menschen, die nicht herumlaufen und Straftaten begehen, haben oft das Gefühl, dass ihnen »etwas fehlt«. Dieses Fehlende ist die bedingungslose Liebe, denn in den meisten Kulturen wird nicht gelehrt, wie man sie praktiziert. Es gibt so viele Ängste im Zusammenhang mit der Liebe. Wir fürchten, zurückgewiesen oder verurteilt zu werden, Liebesentzug oder dass wir den geliebten Menschen verlieren. Also halten wir unsere Liebe zurück, verschließen uns. Eine Technologie, die Menschen ermöglicht, bedingungslose Liebe zu erleben, könnte eine Generation von Kindern hervorbringen, die diese Form der Liebe kennt. Und dann würde vermutlich schon eine einzige Generation ausreichen, um die Welt zu transformieren.

Bei den amerikanischen Ureinwohnern gibt es die Vorstellung vom »langen Körper«: dass unser Körper nicht nur aus dem physischen Körper besteht, sondern über diesen hinausreicht. Er umfasst nicht nur alle Menschen der eigenen Sippe oder des Stammes, sondern dehnt sich auch in der Zeit über die Gegenwart hinaus aus und schließt jene mit ein, die früher lebten, ebenso wie diejenigen, die in Zukunft auf die Welt kommen werden. Ihr *langer* Körper ist die zeitliche und räumliche Ausdehnung dessen, was Sie sind. Damit schließt er auch alle zukünftigen Mitglieder Ihrer Familie oder Gruppe ein – und weitet sich immer mehr aus, bis er schließlich alle Menschen umfasst. Wenn wir diesen Gedanken weiterspinnen, bedeutet das letztlich, dass ich, wenn alles ein Körper ist, sowohl die Zukunft als auch die Vergangenheit beeinflussen kann. Mit anderen Worten, es ist ein Weg zur Heilung: Sie können die künftigen Ururenkel eines Menschen heilen, indem Sie ihnen ermöglichen, bedingungslose Liebe zu erfahren. Weil ich die Zeit erforscht habe, gehe ich davon aus, dass man, in einem mystischen Sinn, in der Zeit auch rückwärtsgehen und in der Vergangenheit Heilungen vornehmen kann. Man heilt den *langen Körper*. Wir alle machen schreckliche Erfahrungen, aber es eröffnen sich hier ganz andere Möglichkeiten der Heilung, nämlich indem Menschen lernen, sich in den zukünftigen, geheilten Zustand hineinzufühlen.

»Liebe. Sie ist in uns …

Sie ist in der ganzen Welt.«

RABBI RONNIE CAHANA

●

Technologie kann unsere Evolution unterstützen

MIKEY SIEGEL, INGENIEUR FÜR ROBOTIK
UND ENTWICKLER TRANSFORMATIVER TECHNOLOGIEN

Bei den globalen Krisen, mit denen wir zurzeit konfrontiert sind, handelt es sich um Probleme des Bewusstseins – sie sind menschengemacht, resultieren aus unseren inneren Problemen. Und die Lösung ist einfach.

Es geht nicht darum, gegen Menschen zu kämpfen, die leiden, oder gegen die Resultate dieses Leidens. Der Grund dafür, dass Menschen sich gegenseitig in die Luft sprengen oder mit Gewehren in einen Konzertsaal stürmen und auf die Besucher schießen, liegt nicht darin, dass es auf diesem Planeten Böses gibt, sondern darin, dass es so viel schlimmes Leid, so großen Schmerz gibt. Der Schmerz wird auf diese Weise zum Ausdruck gebracht, und er braucht Heilung, keinen Hass. Das bedeutet nicht, dass wir zulassen sollen, dass solche Dinge weiterhin geschehen. Es bedeutet, dass wir ihnen mit starker, aber von der Liebe in unserem Herzen geführter Hand begegnen sollen.

Ich glaube, was wir hier und jetzt brauchen, um unsere Zukunft zu erschaffen und aufzubauen, sind Menschen, die inspiriert und wirklich lebendig sind.

Jedem von Menschen erschaffenen System auf diesem Planeten wohnt die Möglichkeit inne, sich weiterzuentwickeln: egal, ob es sich um ein politisches, wirtschaftliches oder ein Bildungssystem handelt. Es ist absolut möglich, jedes von ihnen mehr in den Dienst von Weisheit, Liebe und Mitgefühl zu stellen.

Die Anfänge dieser Entwicklung erleben wir bereits. Es entstehen neue Organisationsstrukturen, die auf Partnerschaft und Kooperation gründen. Im Bildungsbereich werden neue Erziehungsmethoden entwickelt, bei denen es nicht darum geht, die Gehirne der Kinder mit Informationen vollzustopfen, sondern ihren Wissensdurst und ihren kreativen Geist wertzuschätzen und zu fördern. Und für mich persönlich ist es besonders aufregend und faszinierend zu sehen, dass auch Wissenschaft und Technik, die wirkungsvollsten, mächtigsten Gaben der Menschheit, in den Dienst von Weisheit, Mitgefühl und Liebe gestellt werden können.

Die Wissenschaft ermöglicht es uns, immer neue Technologien und Geräte zu entwickeln. Wir sind in der Lage, Informationen elektronisch zu verarbeiten und zu verbreiten. Doch die wichtigste und größte Möglichkeit, die uns die Technik bietet – eine Fähigkeit, die jeden Tag wächst –, besteht darin, die menschliche Aufmerksamkeit zu lenken und zu formen. Das, worauf wir unsere Aufmerksamkeit richten, beeinflusst uns. Wir werden zu dem, worauf wir uns konzentrieren. Jedes Marketingteam auf dem Planeten weiß das. Seit Jahrhunderten erleben wir nun schon das, was wir den »Kampf um Aufmerksamkeit« nennen: neue, immer raffiniertere Medien kämpfen um unsere Aufmerksamkeit – vom Radio über das Kino bis zu Computern und Smartphone-Apps. Heute ist die virtuelle Realität das wohl mächtigste Werkzeug, um die menschliche Aufmerksamkeit zu fesseln und zu beeinflussen. Nicht ohne Grund sind alle Meditationstechniken, die es auf der Welt gibt, Methoden, um die menschliche Aufmerksamkeit zu lenken und zu fokussieren. Und wenn wir gelernt haben, unsere Aufmerksamkeit bewusst zu lenken, können wir uns mit Entschlossenheit und Disziplin von automatischen, konditionierten Denkmustern befreien.

Meditation ist ein unglaublich wirkungsvolles Werkzeug, das vor Jahrtausenden für einen ganz bestimmten kulturellen Kontext entwickelt wurde, jedoch zahlreiche verschiedene Formen annehmen kann. Viele Leute meinen, die einzige Art zu meditieren bestünde darin, mit gekreuzten Beinen auf einem Kissen zu sitzen und Mantras zu rezitieren oder dergleichen. Das ist auch eine wirklich nette Form der Meditation, und würden mehr Menschen sie täglich praktizieren, wäre das für uns alle von großem Vorteil. Aber wie lässt sich diese dreitausend Jahre alte Praxis für unseren modernen Kontext adaptieren?

Wir sind heutzutage stärker »vernetzt« als jemals zuvor. In nahezu allen Lebensbereichen hat die moderne Technologie Einzug gehalten und uns neue Möglichkeiten eröffnet. Ich denke nicht, dass sich das rückgängig machen lässt. Stattdessen gehe ich damit um wie im Aikido, indem ich frage: *Wie können wir harmonisch mit der Welle fließen? Wie können wir sie zu unserem Vorteil nutzen?* Meine Sorge ist, dass wir uns ein sehr einsames Loch graben werden, wenn wir nicht darüber nachdenken, wie unsere technologische Landschaft eine tiefe und gesunde Verbundenheit zwischen den Menschen fördern kann, eine wirklich spürbare emotionale Verbindung.

Über 90 Prozent der Weltbevölkerung verfügen heute über einen aktiven Handy-Account.[14] Die Technik in ihrer modernen Form ermöglicht es, kulturelle, religiöse und geografische Grenzen zu transzendieren. Wenn es uns gelingt, Transformationsmethoden wie die Meditation ebenso leicht verfügbar und zugänglich wie das Handy zu machen, können wir tatsächlich – und zwar in sehr kurzer Zeit – einen weitverbreiteten Bewusstseinswandel ermöglichen und fördern.

Jede Technologie kann immer auch missbraucht werden. Ich spreche daher nicht von neuen Technologien als Allheilmittel. Wir werden mit ihrer Hilfe nicht alle unsere Probleme lösen können, und Risiken und Nutzen werden Hand in Hand gehen.

Wenn die biologische Wissenschaft es uns ermöglicht, das Pockenvirus komplett auszurotten, warum sollte es uns nicht gelingen, mithilfe der kontemplativen Wissenschaft das menschliche Leid zu beseitigen? Betrachten wir es als Bewusstseins-Hacking oder als erleuchtete Ingenieurskunst. Ich bin wirklich überzeugt, dass noch zu unseren Lebzeiten wirkungsvolle Methoden zur Linderung menschlichen Leids weltweit Verbreitung finden werden, und zwar mehr als je zuvor in der Geschichte unserer Spezies.

Es gibt heute technische Erfindungen wie zum Beispiel Stirnbänder, die messen können, was in Ihrem Gehirn passiert, sodass sie registrieren können, wenn Sie unkonzentriert sind und Ihre Gedanken abschweifen. Außerdem können Sie Kopfhörer aufsetzen und aus Ihrem Smartphone entspannende oder inspirierende Einspielungen hören. Wenn also Ihre Gedanken wandern, wenn Ihre Konzentration nachlässt, können, dank dieser Technik, sanfte Klänge Sie wieder in die Gegenwart zurückholen. Es gibt Geräte, die Sie am Gürtel tragen können und die Ihre Atmung überwachen und Anzeichen von Stress oder Angst registrieren. Dann geben sie Ihnen im Alltag sanfte Unterstützung, empfehlen Ihnen innezuhalten, sich in Ihrem Körper zu erden und sich auf Ihre Atmung zu konzentrieren.

Ich entwickle gerade Technologien, die eine bessere Verbundenheit unter den Menschen unterstützen. Wir erschaffen zurzeit eine Plattform, wo vierundzwanzig Menschen in einem Raum zusammensitzen. Sensoren messen ihre Atmung, Pulsfrequenz, Gehirnaktivität und emotionale Intensität. All diese Informationen werden dann im Computer verschmolzen und in Licht, Klänge und Musik umgewandelt. So wird der Raum erfüllt mit den Rhythmen und Mustern dessen, was diese Gruppe verbindet. Die Teilnehmer hören, wie es um ihren momentanen Flow bestellt ist, den augenblicklichen Grad ihrer gegenseitigen Verbundenheit. Das ist nützlich, weil es Selbstreflexion ermöglicht und der Gruppe ein Werkzeug an die Hand gibt, um untereinander ein stärkeres Gefühl der Verbundenheit, des Einsseins zu erzeugen.

Für mich besteht das Ziel dabei nicht darin, unsere Gesellschaft immer mehr zu technisieren, sondern sicherzustellen, dass unsere menschengemachten Systeme – in Wissenschaft, Wirtschaft, Bildung und Politik – auf Weisheit und unseren Herzensbedürfnissen beruhen, mit der Absicht, Gesundheit, Heilung, Wohlbefinden und, letztlich, das Aufblühen der Menschlichkeit zu fördern. Gegenwärtig ist das nicht der Fall. Stattdessen ist der finanzielle Profit die zentrale Motivation für den Einsatz von Technologie.

Die Meditation wurde im Rahmen spiritueller und religiöser Traditionen entwickelt und angewandt, im Buddhismus, Hinduismus und dem Christentum, und wir beginnen gerade erst damit, sie wissenschaftlich zu erforschen. Wir wollen herausfinden, wie und warum sie funktioniert. Heutzutage werden wir Meditation überwiegend an, um Ängste, Schlafstörungen oder Depressionen zu lindern, doch ursprünglich war sie dafür gar nicht vorgesehen, sondern diente nur einem Zweck: zur Erleuchtung zu gelangen.

Heute kommen wir endlich zu der Erkenntnis, dass Erleuchtung kein religiöses oder spirituelles Konstrukt ist. Sie ist nichts, das irgendeine Religion für sich allein beanspruchen kann. Erleuchtung ist Teil unserer menschlichen Natur. Es geht hier um das größte Potenzial der menschlichen Spezies, das uns erlaubt, uns in einer Weise weiterentwickeln, die unsere kühnsten Träume übersteigt. Und sobald wir das aus einer wissenschaftlichen Perspektive begreifen, sobald wir es in einen säkularen Kontext einbringen können, werden wir in der Lage sein, dieses Potenzial jedem einzelnen Menschen auf dem Planeten frei zugänglich zu machen.

Die technologischen Möglichkeiten, die Innovationsfähigkeit und die notwendigen wissenschaftlichen Erkenntnisse sind bereits vorhanden. Das Einzige, was noch fehlt, ist der Wille, es zu tun. Jetzt müssen nur noch – und ich glaube, dieser Prozess hat bereits begonnen – Wissenschaftler, Ingenieure, Unternehmer, Politiker, Ökonomen, Erzieher und Lehrer sich klarmachen, dass der wichtigste Zweck dieser neuen Technologien nicht Kontrolle, Informationsverbreitung oder Unterhaltung ist – sondern darin liegt, die Menschheit zu inspirieren und zur Weiterentwicklung anzuregen. Wenn wir alle uns auf dieses Ziel einigen und unsere Methoden und Technologien in seinen Dienst stellen, werden wir die Welt wirklich verändern.

Innenansichten: Teil 4

BOODA | Ein klares Bild von der Zukunft

RON »BOODA« TAYLOR, EHEMALIGER SERGEANT
DER US-ARMEE

Das Leben konfrontiert uns ständig mit Herausforderungen. Wir stoßen immer auf Widerstände. Und es gibt nur zwei Möglichkeiten, wie wir damit umgehen können: entweder uns der Herausforderung stellen oder nichts tun und uns zum Opfer der Umstände machen. Ich persönlich gehöre nicht zu den »Nichtstuern«.

Meine PTBS-Fallmanagerin fragte mich, ob ich bereit wäre, etwas Neues auszuprobieren. Sie sagte:»Es ist ein Kurs in transzendentaler Meditation, den wir wieder anbieten; es ist einfach ein anderer Weg, besser mit der Situation klarzukommen. Vielleicht brauchen Sie dann weniger Medikamente.« Ich dachte, das Ganze wäre irgendein esoterischer Quatsch, aber ihr zuliebe willigte ich ein, denn sie ist engagiert und bemüht sich aufrichtig zu helfen.

Zuerst erwartete ich, es wäre eine Art Hypnose. Die erste Sitzung war eine Einführung, bei der Dr. Vernon Barnes uns mit ruhiger, weicher Stimme ein Ritual erklärte und uns ein Mantra gab, auf das wir uns in der Meditation konzentrieren sollten. Als ich zum ersten Mal seinen Therapieraum betrat, dachte ich:»Was zum Teufel ist das denn?«, und konnte nur mühsam ein Lachen unterdrücken. Da hing ein Bild, auf dem ein Inder zu sehen war, und da lagen eine Orange und etwas Reis, es gab Wasser, Blumen und Weihrauch. Das Ganze sah aus wie in einem dieser chinesischen Läden, die ich aus meiner Zeit in Asien kannte. Innerlich fragte ich mich: *Worauf habe ich mich da bloß eingelassen?* Und dann fing Dr. Barnes auch noch an zu beten, sprenkelte mit einer Blume Wasser umher und stimmte meditative Gesänge an. Ich wollte sofort wieder gehen. *Das mache ich nicht. Wenn ich das tun soll, gehe ich sofort.* Aber ich blieb.

Am ersten Tag saßen wir in einer Gruppe zusammen und rezitierten mit geschlossenen Augen unsere Mantras. Ich machte mit, fand das alles aber ziemlich albern. Hinterher erzählten mir andere Teilnehmer, sie hätten während der Meditation gespürt, wie eine Energie sie durchströmte. Ich war extrem genervt und schnauzte sie an: »Ach, haltet die Klappe! Das glaube ich nicht. Ihr findet die Sache doch genauso dämlich wie ich.«

Es folgte eine sehr schwierige Woche. Ein Soldat meiner Einheit, den ich kannte, beging Selbstmord. Er konnte mit seinen Kriegserlebnissen nicht fertigwerden, konnte es schließlich nicht mehr ertragen und erschoss sich. Außerdem hatte ich ein Gespräch mit meiner Mutter, die eine Menge gesundheitliche Probleme hatte, was mich belastete. Meine Frau und ich wollten uns scheiden lassen, und obendrein waren da noch meine psychischen PTBS-Probleme. Ich fühlte mich nutzlos. Am meisten machte mir aber zu schaffen, dass ich nach vierundzwanzig Jahren in der Armee keine Ahnung hatte, was ich danach tun sollte. Würde ich den Rest meines Lebens krank sein?

Zu Beginn der zweiten Meditationssitzung fühlte ich mich deprimiert und mutlos. Ich geriet in eine Art Trance, und dann geschah etwas, das ich mir nicht erklären konnte. Vielleicht lag es daran, dass ich so niedergeschlagen war, aber jedenfalls schloss ich die Augen und glitt in diesen Zustand. Er machte mir Angst. Ich öffnete die Augen und dachte: *Nein, nein, nein. Was ist das?* Ich fürchtete mich, weil ich nichts hörte. Normalerweise achte ich ständig nervös auf alles, was um mich herum geschieht, und mache nicht gerne die Augen zu. Aber in diesem Augenblick wurde ich total ruhig. Ich blickte umher, und alle saßen mit geschlossenen Augen da. Ich sagte mir: *Okay, einfach atmen.* Und machte die Augen wieder zu.

Sofort glitt ich wieder in die Trance, ganz ohne etwas zu tun, und im nächsten Moment sah ich mich als sechzehnjähriger Junge, der im Hilton Hotel in Beaumont, Texas, Geschirr spülte. An diesen Job hatte ich schon seit Jahren nicht mehr gedacht. Der Beikoch hatte gekündigt, und der Chefkoch fragte mich, ob ich kochen konnte. Ich sagte: »Ja, ein bisschen«, und er sagte: »Okay, dann los, versuchen wir's.« Er zeigte mir, was ich tun musste, wie man die Portionen vorbereitet. Am Ende des Abends meinte er: »Das machst du gar nicht schlecht. Du darfst ab jetzt kochen.« Das weckte meine Leidenschaft. Ich erkannte, dass ich sehr gerne kochte. Daran hatte ich seit Langem nicht mehr gedacht. In der Meditation betrachtete ich also mein Leben, schaute mir selbst zu. Als Nächstes sah ich mich auf die Kochschule gehen. Und dann, wie ich in einem Restaurant als Koch arbeitete, mit weißer Jacke und einer großen weißen Mütze auf dem Kopf.

Ehrlich gesagt, flippte ich innerlich total aus. Es fühlte sich an, als käme meine Seele aus meinem Körper, und ich schaute mir von außen zu und sah, was ich mit meinem Leben anfangen sollte. Meine Zukunft wurde mir gezeigt, klar und deutlich. Es war die erstaunlichste Erfahrung, die ich jemals hatte.

Plötzlich ergab alles einen Sinn. Das ganze Chaos, der Lärm in mir verschwanden. Zum ersten Mal seit ungefähr zwanzig Jahren überkam mich ein Gefühl des Friedens.

Nach der Sitzung blieb ich noch etwas und sprach mit dem Arzt. Es war mir peinlich, von meinem Erlebnis zu erzählen, aber ich fühlte mich auch verunsichert und nervös, weil mir in der Meditation mein Leben und die Schritte, die ich als nächste gehen sollte, so klar vor Augen geführt worden waren. Es war ein echter Durchbruch. Ich bedankte mich bei ihm. Endlich begriff ich, wie es mit mir weitergehen sollte. Ich dachte, dass ich von nun an jedes Mal, wenn ich die Augen schloss und mich intensiv konzentrierte, eine solche Erfahrung haben würde. »Nein, darum geht es nicht«, stellte Dr. Barnes klar. »Die Meditation sorgt einfach nur für geistige Klarheit.«

Ich konnte nicht fassen, was ich erlebt hatte. Es war real und ermutigend. Von da an ließ ich mich wirklich ernsthaft auf das Meditieren ein.

Es macht mich ruhiger. Es ist angenehm. Ich wiederhole mein Mantra, bis zu dem Punkt, wo es einfach verschwindet und mit ihm alle Geräusche um mich herum. Manchmal gelange ich während der Meditation zu früheren Erfahrungen. Dann denke ich über meine Kindheit nach oder über die Schwierigkeiten, die ich als Jugendlicher hatte. Oder über die Menschen, die nicht mehr da sind, weil sie gestorben oder weggezogen sind oder im Gefängnis sitzen. Ich denke aber auch über das nach, was jetzt gerade ist oder noch vor mir liegt: über meine Kinder; wo ich gegenwärtig stehe; was ich trotz meiner Herkunft bisher alles geschafft habe; und wie meine Zukunft aussehen soll. Alle diese

Gedanken schweben herum, wenn ich meditiere, ein bisschen wie Seifenblasen.

In diesem meditativen inneren Zustand verlangsamt sich alles, und ich bin dann in der Lage, deutlich das zu erkennen, was gerade besonders wichtig ist. Ich trete in diese Stille ein, in der ich nichts mehr vom äußeren Lärm und Chaos höre. Wenn ich hinterher aus dem Zustand wieder auftauche, ist das alles zwar wieder da, aber es belastet mich viel weniger, weil ich geistig klar bin.

Es ist nun einmal so, dass es manchmal nicht hilft, mit jemandem über die Probleme zu sprechen und/oder Medikamente einzunehmen. Bevor ich die Meditation kennenlernte, sah ich keinen Ausweg mehr, fühlte mich in einer Sackgasse. Doch jetzt sehe ich alles in einem positiven Licht. Wenn ich eine PTBS-Episode habe, mich paranoid und von Gefahren umzingelt fühle, bin ich heute in der Lage, einen Schritt zurückzutreten und zu meditieren. Ich kann die Situation mit innerer Klarheit meistern und zum Positiven wenden. Wenn ich mithilfe der Meditation für diese geistige Klarheit sorge, dann läuft mein ganzer Tag dementsprechend ab.

Früher stand ich ständig unter Stress, drehte mich im Kreis, grübelte herum. Heute sagen mir alle, dass ich mich verändert habe, dass ich nicht mehr so angespannt und wütend bin. Mein Verhältnis zu anderen Menschen hat sich enorm verbessert. Zwischen meiner Mutter und mir gibt es wieder viel mehr Nähe. Und auch mit meinen Geschwistern verstehe ich mich heute sehr gut.

Ich werde immer noch wütend, aber wenn das passiert, atme ich tief durch, rezitiere innerlich mein Mantra und nehme mir einen Moment Zeit, mich zu sammeln und die Dinge so zu sehen, wie sie sind. Worüber bin ich wirklich wütend? Um was für ein Problem geht es wirklich? Bin ich tatsächlich wütend, weil mein Sohn Wasser verschüttet hat, oder kommt die Wut in Wirklichkeit daher, dass ich in der Nacht einen Albtraum hatte und die innere Anspannung nicht auf andere Art herauslassen kann?

Also atme ich tief durch und sage zu meinem Kind: »Ach, es ist einfach nur Wasser, was soll's.« Und meine drei Kinder schauen mich erstaunt an und denken: *Wow, Papa schreit nicht rum.*

»Stimmt«, erwidere ich. »Wisch das Wasser einfach auf, Junge. Ist keine große Sache.«

DUE | Durch Meditation automatische Verhaltens-muster überwinden

DUE QUACH, UNTERNEHMERIN UND FLÜCHTLING

Zu meinen beruflichen Aufgaben gehörte die sorgfältige Risikoanalyse für Private-Equity-Fonds, was einen guten Riecher erforderte, um rechtzeitig zu erkennen, wenn jemand versuchte, uns für dumm zu verkaufen. Ich überprüfte sorgfältig, ob die behaupteten Gewinnaussichten und die Businesspläne dem Realitäts-Check standhielten. Diese Arbeit machte mir große Freude.

Im Jahr 2011 beschloss ich, nach Indien zu reisen, um unmittelbare Erfahrungen mit der Meditation zu sammeln. Ich war fasziniert von wissenschaftlichen Studien, die zeigten, welche positiven Auswirkungen die Meditation auf die Gesundheit hatte, und davon, wie neue Erkenntnisse der Neurowissenschaft die Wirksamkeit uralter Bewusstseinstechniken bestätigten. Ich ging mit der gleichen Einstellung an die Meditation heran wie an die Prüfung von Geldanlagen: Wenn etwas unseriös ist, finde ich es heraus. Ich werde erkennen, wenn Leute übertriebene Versprechen machen oder es sich um bloßes Wunschdenken handelt, und mich nicht für dumm verkaufen lassen.

Ich reiste nach Dharamsala und verbrachte einige Zeit an einem Ort namens Tushita. Dort nahm ich an meinem ersten Meditations-Retreat teil. Der Gründer des Zentrums ist ein angesehener buddhistischer Meister namens Lama Zopa Rinpoche. Als ich dort eintraf, erfuhr ich, dass er sich gerade persönlich in Tushita aufhielt, um sich von einem Schlaganfall zu erholen.

Ich erhielt ein Bett in einem Schlafsaal auf der ersten Etage des Hauses, wo sich auch die Meditationshalle befand. Mein Bett stand am Fenster. Als ich abends einzuschlafen versuchte, hörte ich, wie draußen Gesänge angestimmt wurden. Ich schaute aus dem Fenster und sah, wie eine Gruppe von Mönchen mit einem von Helfern gestützten alten Mann rituell das Gebäude umschritt. *O mein Gott, dachte ich. Das muss er sein. Ich wette, dass er das ist!* Ich ging nach draußen, um mir meine Wasserflasche zu füllen. Die tibetische Nachtwache kam zu mir und sagte: »Warum schließt du dich ihnen nicht an?« – »Ist das denn erlaubt?«, fragte ich. Er bejahte, also reihte ich mich am Ende der Gruppe ein und versuchte, positive Schwingungen auszustrahlen. Mehr konnte ich nicht tun, denn ich verstand nicht, was sie chanteten.

Als das Ritual beendet war, drehte sich Lama Zopa Rinpoche zu mir um und fragte: »Wer bist du?« Dann hielt er mir einen kleinen Lehrvortrag, der über meinen Horizont ging, und sagte zum Abschluss: »Es ist ein großer Segen für dich, den Dharma zu finden und zu begreifen, was wahres Glück ist.« Ich dachte: *Weiß er denn nicht, dass ich Atheistin und nur hier bin, um zu verstehen, was es mit der Meditation auf sich hat? Ich habe keine Ahnung, was wahres Glück ist und ob ich den Dharma finde. Der einzige Grund, warum ich hier bin, ist, dass ich neugierig bin und etwas lernen möchte.*

Ein paar Tage später hielt er eine Lehrrede im Frage-und-Antwort-Stil. Die erste Frage lautete: »Was ist Leere?« Während Rinpoche den Begriff Leere erklärte, hörte ich plötzlich in mir diese innere Stimme, die mir zu erklären versuchte, was er sagte. Eine solche Erfahrung hatte ich noch nie gemacht. Etwas in mir kommentierte die Worte einer anderen Person. Das geschah nicht mit Worten, sondern in Form von inneren Bildern. Ich sah in meinem Bewusstsein, was Leere bedeutete. Dann empfand ich plötzlich eine tiefe Glückseligkeit. Ganz viel Energie strömte in mein Herz und stieg von dort hinauf in den Kopf, bis zum Scheitel. Ich fühlte mich so groß wie der Raum, in dem wir saßen, oder sogar noch größer.

Ich dachte: *Wow! Keine Ahnung, was hier gerade passiert, aber es macht mich überglücklich.* Ich war ganz außer mir vor Freude. Es war wirklich erhebend. Ich erlebte das Gefühl, mich jenseits von Raum und Zeit zu befinden und nicht auf meinen Körper begrenzt zu sein, obwohl ich einen Körper hatte. Und in diesem Zustand verstand ich gar nicht, wie Menschen überhaupt unglücklich sein konnten, weil doch die Glückseligkeit unser natürlicher Zustand ist.

Meine Erfahrung ist mit Worten nur schwer zu beschreiben. Es war eine absolut erstaunliche Erkenntnis für mich, dass ich so viel mehr bin, als in meinen physischen Körper passt. Ich dachte: *War es das, was er gemeint hat, als er sagte, es sei ein großes Glück für mich, den Dharma und wahres Glück zu finden? Wusste er, dass ich da noch keine Ahnung hatte, wovon er redet – dass sich das jetzt aber ändern würde?*

Während der folgenden Tage konnte ich gar nicht aufhören zu lächeln. Was auch geschah, ich hatte immer dieses Leuchten im Gesicht. Ich konnte mir gar nicht vorstellen, jemals wieder unglücklich zu sein. Es war ein Gefühl, dass alles gut wird. Ich fühlte mich jenseits von allem und doch ganz im gegenwärtigen Augenblick.

Als Nächstes besuchte ich ein Retreat, bei dem die Vipassana-Meditation gelehrt wurde. Es dauerte zehneinhalb Tage, während denen nicht gesprochen werden durfte. Nach meinem Erlebnis in Tushita, das ein Vorgeschmack auf das gewesen war, was manche Leute Erleuchtung nennen, war dieses Retreat eine sehr beeindruckende Erfahrung. Vipassana wird als die Methode vermarktet, die der ursprünglichen Meditationslehre Buddhas am nächsten kommen soll. Nach drei Tagen permanenten Schweigens, während denen man sich vor allem auf den Atem konzentriert, lernt man eine Meditation, bei der man den eigenen Körper von oben bis unten scannt. Mir war damals noch nicht klar, dass man durch einen so langen Verzicht auf äußere Sinnesreize – kein Lesen, kein Fernsehen – supersensibel für die Schwingungen im eigenen Körper wird.

Später hatte ich dann in Kalkutta ein Erlebnis, das mein bisheriges Bild der Wirklichkeit noch stärker ins Wanken brachte. Ich hatte eine Einladung erhalten, dort eine Form der Energieheilung zu erlernen, die von Meister Choa Kok Sui, einem spirituellen Lehrer von den Philippinen, entwickelt worden war. Teil des Unterrichts war es, eine lebensgroße Fotografie von Meister Choa zu betrachten. Man sollte ihn respektvoll begrüßen und *Namaste* sagen, was übersetzt heißt: »Ich sehe und ehre die Göttlichkeit in dir.«

Als ich diese Übung zum ersten Mal machte, geschah überhaupt nichts, und ich fand das Ganze ziemlich albern. Warum gaben wir uns damit überhaupt ab? Viel wichtiger war doch, die Heilmethoden zu lernen. Als wir das Ritual zum zweiten Mal praktizierten, geschah etwas Sonderbares. Ich erinnere mich, dass ich das Foto betrachtete und »Namaste« sagte. Im nächsten Moment erwachte sein Bild zum Leben, wie in einem Harry-Potter-Film.

Er lächelte mir zu und winkte. Ich erschrak so, dass ich beinahe ohnmächtig wurde. Während der restlichen Unterrichtsstunde konnte ich mich gar nicht mehr konzentrieren, weil mir das Erlebnis völlig verrückt erschien. Ich dachte: *Wahrscheinlich habe ich es mir nur eingebildet.* Hinterher ging ich in den Seminarraum zurück und schaute mir das Foto noch einmal an. Aber das Erlebnis wiederholte sich nicht, auch nicht an den weiteren Seminartagen. Bis heute habe ich keine wissenschaftliche Erklärung für das, was da geschehen war. Vielleicht wünschte ich mir eine solche Erfahrung so sehr, dass ich halluzinierte.

Monate später ließ ich mich zur Yogalehrerin ausbilden. Ich bat den Yogi und Mystiker, der uns unterrichtete, mir den Unterschied zwischen mystischen Erfahrungen und dem Erleuchtungserlebnis des Buddha zu erklären. Handelte es sich dabei um ein und dasselbe? Er antwortete, dass der Buddha für den Rest seines Lebens in diesem Zustand blieb, während die meisten von uns nur kurz darin eintauchen und dann wieder in ihr Alltagsbewusstsein zurückkehren. Das ist eben oft einfacher, weil wir uns ja weiterhin in der realen Welt zurechtfinden müssen. Was den Buddha außergewöhnlich machte, war, dass er dieses erleuchtete Bewusstsein verkörperte und weitergab. *Okay,* dachte ich, *das ist eine ziemlich interessante Vorstellung davon, was Erleuchtung ist.*

Viele Menschen machen solche Erfahrungen, in denen sie Höhenflüge der Glückseligkeit erleben, fast als hätten sie LSD oder Marihuana konsumiert, aber dann kehrst du in den Alltag zurück und bist immer noch ein Arschloch. Es geht also nicht um Levitation oder paranormale Kräfte, sondern um die Fähigkeit, in diesem erleuchteten Zustand zu bleiben und sich nicht vom realen Leben wieder herunterziehen zu lassen, von dem normalen, alltäglichen Gefühl, ein begrenztes Dasein zu führen, in dem man ängstlich ist oder Statussymbolen nachjagt.

Ich erkannte, dass es in meinem Leben Situationen gab, in denen ich weiterhin von Ängsten, Wünschen und Gier angetrieben wurde. Der einzige Weg, das besser zu verstehen, bestand darin, mich mit den Erkenntnissen der Neurowissenschaft zu befassen, um mehr über unser Gehirn herauszufinden. Offenbar war es dem Buddha gelungen, sein Gehirn so zu verändern, dass er weitgehend immun dagegen war, wieder in seinen früheren Bewusstseinszustand zurückzufallen, wie es mir immer noch passierte. Dabei waren ihm traumatische Erfahrungen nicht fremd. In Berichten über sein Leben heißt es, dass seine Mutter bei seiner Geburt starb. Außerdem herrschten in Indien damals Krieg und Gewalt. Auch wenn in der gängigen Überlieferung seiner Lebensgeschichte berichtet wird, sein Vater habe versucht, ihn vor allem zu beschützen, ist es unwahrscheinlich, dass der historische Buddha tatsächlich völlig behütet aufwuchs. Offenbar entdeckte er einen Weg, sich selbst zu heilen, indem er sich von seelischen Traumen, Angst und Gier befreite.

Ich versuchte nun, die spirituellen Lehren mit dem zu kombinieren, was die Neurowissenschaft über unser Gehirn herausgefunden hat. Meine Prämisse lautete: Wenn etwas wirklich wahr ist, wird die Wissenschaft in der Lage sein, das zu bestätigen. Es wird einer logischen Überprüfung standhalten und sich reproduzieren lassen.

Bei der Vipassana-Meditation hatte ich erkannt, dass es drei verschiedene Seinszustände meiner Person gab. Einer war damit verbunden, dass ich ständig fürchtete, allein gelassen zu werden, nicht genug zu essen zu haben, oder einfach von grundlosen, irrationalen Ängsten geplagt wurde. In einem anderen Zustand strebte ich ständig nach Erfolg und Anerkennung. Das war ein fast unkontrollierbarer Drang in mir. Ich wollte dann unbedingt nach oben, an die Spitze der Pyramide. Keine Ahnung, woher das kam.

Also versuchte ich, die buddhistischen Begriffe in wissenschaftliche Sprache zu übersetzen. Ich nannte die erste Persona »Gehirn 1.0«, denn sie schien in Zusammenhang mit meinem Kampf-oder-Flucht-Mechanismus zu stehen. Immer wenn dieser Modus ausgelöst wurde, fiel ich in dieses Muster. Buddhisten nennen das »Anhaftung«. Im Modus »Gehirn 1.0« bin ich dicht und hart wie ein Stück Kohle und genauso blockiert. Nichts fließt. Meine zweite Persona, die ständig dem Erfolg nachjagt und durch Reifen springt, nannte ich »Gehirn 2.0«. Sie ist offenbar mit meinem Dopamin-Stoffwechsel verknüpft, mit den neuronalen Belohnungsschaltkreisen im Gehirn. Immer, wenn sie aktiviert wird, will ich um jeden Preis gewinnen, dann gibt es für mich nur Sieg oder Niederlage. Ich bin wie ein Stier, der auf etwas losstürmt. Dabei kann es leicht geschehen, dass ich etwas Falschem nachjage – unfähig, meinen Kurs zu korrigieren. Das ist ein sehr ursprünglicher, unentwickelter Seinszustand. Die Buddhisten nennen ihn *Tanha* (Sanskrit für »Verlangen, Gier«).

Schließlich gab es in mir eine dritte Version meines Selbst, die erkannte, dass die Belohnungen, um die ich kämpfte, eigentlich die Mühe nicht wert waren. Diese Persona wollte all dem gar nicht nachjagen. Und sie wusste, dass meine Ängste irrational und unbegründet waren. Ich nannte sie »Gehirn 3.0«, weil sie eine gelassenere, losgelöstere Sicht auf die Welt repräsentiert, die eher meinen wahren inneren Wertvorstellungen entspricht.

Wenn ich mich im Modus »Gehirn 3.0« befinde, ist es, als wäre ich nur Raum, reine Bewusstheit. Dann bin ich in der Lage, das größere Bild zu sehen, eine Perspektive einzunehmen, wie Astronauten sie beschreiben. Ich glaube, wenn wir Weisheit oder Transzendenz erleben, gelangen wir sozusagen in die »spirituelle Vogelperspektive«, die weit über das hinausreicht, was wir Sterblichen normalerweise sehen. Die Buddhisten nennen das *Samma Ditthi*, was mit »höhere Sicht« oder »rechte Einsicht« übersetzt werden kann. Wenn ich mich in diesem Bewusstseinszustand befinde, kann ich mich innerlich von der Sache loslösen, die der Stier in mir erreichen wollte. Ich kann meinen Frieden mit ihr machen. Wenn ich mich im 3.0-Modus befinde, werde ich nicht länger von meinen Ängsten, Begierden oder Impulsen beherrscht.

Während der Meditations-Retreats entdeckte ich, dass ich einen inneren Lehrer habe. Es ist so, wie meine Yogalehrer immer sagten: »Begrüße deinen inneren Lehrer.« Ich fragte mich: *Wer ist dieser imaginäre Freund?* Doch während des Vipassana-Retreats hatte ich das Gefühl, dass dieser innere Lehrer mich anleitete, wodurch ich zu meinen Erkenntnissen über meine verschiedenen Wesensteile gelangte. Zu den Eigenschaften dieses inneren Lehrers gehört es, Beobachter zu sein, losgelöst und voll Gleichmut. Daher nenne ich ihn meinen inneren Weisen.

Durch die Meditation erkannte ich, dass ich zwischen diesen drei Bewusstseinszuständen hin und her wechselte und dass ich meinen Geist darauf trainieren konnte, bewusst in den 3.0-Modus zu gehen, in dem ich in der Lage bin, mich mitfühlend und gütig zu verhalten. Dann übten die beiden anderen Teile meines Bewusstseins keine Kontrolle mehr aus.

Nachdem ich einen Monat lang an Retreats teilgenommen hatte, wurde mir bewusst, dass ich keine Lust mehr hatte, den Möhren vor meiner Nase nachzujagen. Es gelang mir nun, ihnen keine Beachtung zu schenken, auch wenn sie direkt vor mir hingen. Ich war nicht länger dieser verrückte, erfolgsbesessene Mensch. In mir machte sich innere Ruhe breit. Ich musste mich nicht mehr beweisen und anderen zeigen, wie klug ich war. Das Bedürfnis, mein Ego zu füttern, war verschwunden. Ich befand mich im Zen – eine völlig neue Erfahrung für mich. *Wow,* dachte ich, *das ist besser als Drogen.*

Da ich vom Gehirn fasziniert bin, bin ich ein großer Fan der Neurowissenschaften und könnte Tage, Wochen, Monate, sogar Jahre darüber sprechen. Ich erkannte, dass die Meditation und die Neurowissenschaften sehr gut zusammenpassen. Sie stehen nicht im Widerspruch zueinander, sondern ergänzen sich. Das fand ich aufregend. So wie Sportler sich auf Wettkämpfe vorbereiten, sollten wir unseren Geist trainieren, damit wir in schwierigen oder gar leidvollen, quälenden Situationen nicht in unsere schlechtesten Reaktionsmuster zurückfallen. Wir können tatsächlich lernen, alle diese Reaktionsmuster in uns mitfühlend anzunehmen, ohne uns von ihnen beherrschen zu lassen, und dann den Schmerz oder die Angst in uns transformieren, geleitet von der Erkenntnis, die wir tief in uns finden – wenn wir Verbindung zu diesem inneren Weisen aufnehmen.

Es ist nicht unbedingt so, dass die Programme von Gehirn 1.0 und 2.0 gelöscht werden, wenn Sie Gehirn 3.0 aktivieren. Immer wenn Sie auf frühere Konditionierungen stoßen, kommen die Programme aus 1.0 und 2.0 wieder zum Vorschein. Deshalb müssen Sie sich an jedem Tag, in jedem Augenblick bewusst dafür entscheiden, Gehirn 3.0 »einzuschalten«, um eine neue Gewohnheit zu erschaffen, ein neues Reaktionsmuster. So gelingt es Ihnen, die toxischen Programmierungen zu durchbrechen. Genau darum geht es bei der Achtsamkeit: Sie lernen, bewusst Ihren Autopiloten zu beobachten, Ihre Gewohnheiten und Konditionierungen. Und dann entscheiden Sie sich bewusst, diese Muster zu überwinden.

In den Neurowissenschaften gibt es den Begriff des Default Mode Network (dt. etwa: »Ruhezustandsnetzwerk«). Für die Aufrechterhaltung dieses Netzwerks verbraucht Ihr Gehirn ständig Energie, auch dann, wenn Sie sich nicht auf eine bestimmte Aufgabe konzentrieren. Das Default Mode Network simuliert Wirklichkeit und konstruiert in Ihrem Kopf ein Modell der Realität, das Ihnen bei der Navigation in der Außenwelt hilft. Manchmal ist dieses Modell veraltet. Dann leben Sie auf eine Art und Weise, die sich nicht im Einklang mit der größeren Realität und der Gesellschaft befindet. Ihr Welt-Modell benötigt also dringend ein Update.

Die Wissenschaft hat herausgefunden, dass es sich bei diesen inneren Simulationen oft lediglich um Theorien handelt, wie die Welt unserer Meinung nach funktioniert. Und üblicherweise hinterfragen wir diese Geschichten gar nicht. Stattdessen spulen wir diese Programme immer wieder ab, ohne nachzudenken, und erschaffen dadurch sich selbst erfüllende Prophezeiungen. Achtsamkeitsmeditation öffnet unsere Sinne, sodass wir mehr Feedback, mehr sensorischen Input aus unserer Umwelt erhalten. Dann stülpen Sie anderen Menschen nicht länger unreflektiert Ihre Projektionen über. Ihr Default Mode Network verstummt, und Ihre innere Weisheit sprudelt in Gestalt von intuitiven Ahnungen und Empfindungen.

Von vielen berühmten Forschern ist bekannt, dass ihre Theorien aus intuitiven Eingebungen hervorgingen, denen sie folgten, was dann zu großen wissenschaftlichen Durchbrüchen führte. Häufig sagen geniale Wissenschaftler oder Künstler von sich: »Ich weiß nicht, woher das kommt. Es war, als hätte ich es von irgendwoher in mein Gehirn heruntergeladen.«

Wenn Sie meditieren, werden Sie geistig beweglicher. Statt einer Situation eine Interpretation aufzuzwingen, sehen Sie die Situation so, wie sie ist. Und wenn Sie Bewusstheit der Sinne praktizieren und Ihr Default Mode Network herunterfahren, erzeugen Sie innere Ruhe. Zudem aktivieren Sie während der Meditation häufig Ihr parasympathisches Nervensystem.

Sein wichtigster Nerv ist der Vagusnerv. Er verbindet das Gehirn mit allen inneren Organen, einschließlich des Herzens. Immer wenn Sie sich auf Ihr Herz einstimmen, regen Sie die Aktivität des Vagusnervs an. So gelangen Sie aus dem 1.0- bzw. 2.0-Modus Ihres Gehirns in den 3.0-Modus. Ihr komplexes Biofeedbacksystem ist bereits dafür »verkabelt«. In einer Stresssituation wird die Durchblutung der neuronalen Schaltkreise von Gehirn 3.0 verringert. Wir neigen dann viel stärker dazu, uns im 1.0-Modus zu suhlen oder tiefer in den Modus 2.0 hineinzugehen, weil wir darauf programmiert sind, den Zustand zu verstärken, in dem wir uns bereits befinden. Wenn Sie sich die Zeit nehmen, innerlich ruhig zu werden und Ihr parasympathisches System mit dem Vagusnerv zu aktivieren, sorgen Sie für eine stärkere Aktivierung von Gehirn 3.0.

Wenn Sie sich eingehender mit den neurowissenschaftlichen Forschungen zu diesem Thema beschäftigen, werden Sie verstehen, wie Ihr Default Mode Network funktioniert und wie Sie es mithilfe der Meditation umprogrammieren können. Ich lerne gegenwärtig, meins zu deaktivieren. Das ist eine beeindruckende Erfahrung. Die meisten Leute gehen ins Fitnesscenter, um gezielt bestimmte Muskeln zu trainieren. Ich sage mir: *Ich will bestimmte neuronale Schaltkreise stärken und mein Gehirn darauf trainieren, konzentrierter und präsenter zu sein. Ich will nicht mit den Gedanken woanders sein, während Sie mit mir reden.* Das ist eine Fähigkeit, die zu kultivieren sich lohnt, ganz besonders in einer Welt, wo alle ständig auf ihre elektronischen Geräte starren.

Für mich ist Meditation einfach eine Form von Training, so wie ein Basketballspieler regelmäßig das Werfen übt, nur dass es hier um das wahre Spiel geht, das Spiel des Lebens.

Was passiert, wenn Sie nach dem Üben wieder in die reale Welt zurückkehren, in den verrückten Alltag? Fallen Sie in Modus 1.0 oder 2.0 zurück? Oder gelingt es Ihnen, zentriert zu bleiben und auch in schwierigen Situationen Ihr »höheres Selbst« zu manifestieren? Lassen Sie sich von der inneren Weisheit leiten, die aus dem Universum durch Sie in die Welt kommt? Menschen, die dazu in der Lage sind – Menschen wie Mahatma Gandhi, Nelson Mandela oder Martin Luther King –, bringen Licht in die Dunkelheit. Die Welt braucht solche Menschen, weil sie die Leute dazu ermutigen aufzustehen und zu sagen: »Es reicht. Wir sind nicht bereit, diese Zustände noch länger zu akzeptieren. Es muss eine Veränderung geben, denn wir sind nicht mehr bereit, den Status Quo zu tolerieren.«

Bevor ich lernte zu meditieren, war ich es gewohnt, mich von der Dunkelheit herunterziehen zu lassen. Wenn ich etwas erlebte, mit dem ich nicht einverstanden war, sagte ich nicht offen meine Meinung, sondern flüchtete mich stattdessen in Zynismus. So befand ich mich ständig im Überlebensmodus. Das änderte sich, als ich zu meditieren begann. Ich wurde mutiger. Es war, als hätte ich Verbindung zu einer Macht aufgenommen, die viel größer als ich ist. Und das half mir, für meine Überzeugungen einzustehen.

Eines meiner Lieblingszitate stammt von Richard Rohr: »Wenn wir Schmerz nicht in uns transformieren, geben wir ihn an andere weiter«.[15] *Wow*, dachte ich, als ich es zum ersten Mal las, *das ist meine Lebensgeschichte!* Gelingt es mir nicht, meinen Schmerz zu transformieren, gebe ich ihn an andere weiter. Und ich mag mich selbst viel lieber, wenn ich in der Lage bin, ihn zu transformieren. Ein Trauma muss keine lebenslängliche Strafe sein. Ich bin der lebende Beweis, dass ein Flüchtlingskind aus einem von Krieg zerrissenen Land, das in Armut inmitten von Gewalt aufwuchs und an PTBS leidet, gegen alle Wahrscheinlichkeit Erfolg haben und etwas aus seinem Leben machen kann.

Ich bin Weltbürgerin. Ich passe in kein Klischee. Ich liebe die Wissenschaft. Ich liebe die Meditation. Ich liebe den Kapitalismus. Ich liebe soziales Unternehmertum. Und ich glaube, dass die Marktwirtschaft, wenn Unternehmen von erleuchteten Managementteams geführt werden, diese Welt zu einem besseren Ort machen kann. Ich sehe meine Lebensaufgabe darin, Brücken zu bauen und dafür zu werben, dass regelmäßiges Meditieren Eingang in die Unternehmenskultur findet und Firmenchefinnen und -chefs dabei hilft, höheres Bewusstsein zu verkörpern und zu Katalysatoren dafür zu werden, dass ihre Unternehmen Gutes in der Welt bewirken.

Mit meinem sozialen Unternehmen Calm Clarity (dt. »ruhige Klarheit«) versuche ich, Neurowissenschaften und Meditation zu vereinen, um zu zeigen, wie unser Gehirn funktioniert und wie wir einen höheren Grad an Selbstverwirklichung erreichen und einen positiven Einfluss ausüben können.

Das Leben hat mich gelehrt, dass wir die Resilienz des menschlichen Geistes in uns selbst und anderen nicht unterschätzen sollten. Indem wir mithilfe von Gehirn 3.0 Widerstände überwinden, öffnet sich uns ein Pfad zur Erleuchtung. Das ist der Schlüssel zu dem Tor in ein neues Bewusstsein. Was auch immer die Gründe dafür sein mögen, ich lebe in diesem Körper dieses Leben auf diesem Planeten. Ich bin bereit, mein Bestes zu geben, um das kollektive Bewusstsein positiv zu beeinflussen. Wenn sich uns die Chance eröffnet, die Welt zu einem besseren Ort zu machen, können wir uns nicht gleichgültig abwenden. Unsere Antwort muss lauten: »Ja, ich bin bereit. Ich werde tun, was in meiner Macht steht.«

HEATHER | Veränderung durch Stille

HEATHER HENNESSY, EHEMALIGE SPITZENSPORTLERIN
UND SPORTMODERATORIN

Es kam mir lange Zeit nicht in den Sinn, noch einmal zu dem Felsen zu gehen, wo ich meinen Unfall gehabt hatte. Wozu sollte das gut sein? Es war eine so schmerzvolle Erfahrung gewesen. Aber dann begann ich doch darüber nachzudenken. Während der Tage, ehe ich mich schließlich entschied, dorthin zurückzukehren, löste schon der Gedanken daran in meinem Körper sehr unangenehme Gefühle aus. Doch heute empfinde ich diesbezüglich einen tiefen Frieden.

Als ich vor so vielen Jahren an den Rand der Klippe trat, fühlte ich mich in keiner Weise selbstverwirklicht und stark. Ich wollte gar nicht wirklich springen, sondern tat es nur, um den anderen zu gefallen. Das war lange Zeit ein beherrschendes Muster in meinem Leben: andere Menschen zufriedenzustellen, ihre Bedürfnisse über meine zu stellen. Ständig wollte ich anderen Leuten gefallen, Männern vor allem. Immer wieder suchte ich mir solche aus, die mich nicht respektierten, mich schlecht behandelten. Ich hatte überhaupt kein Selbstvertrauen, mochte mich selbst nicht. Aber ich hatte diese schönen Träume, an der Olympiade teilzunehmen. Und ich war damals tatsächlich auf dem besten Weg, dieses Ziel zu verwirklichen. Heute wieder in der Lage zu sein, mich oben auf diesen Felsen zu stellen, hinunterzuschauen und zu erkennen, dass aus dem Unfall letztlich etwas Schönes entstand, ist ein machtvolles Erlebnis.

Ich gehöre nicht zu den Leuten, denen es leichtfällt, offen ihre Gefühle zu zeigen. Mir wurde beigebracht, mich zusammenzureißen, keine Schwäche zu zeigen. Von meiner Fernsehkarriere über die Familie und meine Ehe – in allen Lebensbereichen hatte ich das Gefühl, stark sein zu müssen. Wie groß mein Schmerz auch sein mochte, immer glaubte ich, diese Rolle ausfüllen zu müssen, auch wenn das meistens bedeutete, dass ich verdrängte, was in mir wirklich vorging. Ich hatte vermutet, dass ich, wenn ich erneut oben auf dem Felsen stand, eine enorme Traurigkeit, gemischt mit Erleichterung spüren würde, aber als ich dann wirklich dort war, konnte ich gar nicht aufhören zu weinen. Mein Puls raste. Es war viel schlimmer, als ich erwartet hatte.

Ich meditierte dort oben und sprach ein Gebet. Mein ganzes Leben lang bete ich schon. *Nun stehe ich hier über dieser Klippe und bitte Gott, Jesus, den Heiligen Geist und alle drüben auf der anderen Seite, mir Licht zu senden. Schenkt mir Heilung und helft mir, mich von allem zu lösen, was ich von dieser früheren Erfahrung noch mit mir herumtrage. Helft mir, meinen physischen Körper, meinen Geist und mein emotionales Selbst davon zu befreien. Helft mir einfach, all das aufzulösen und das Licht hereinzulassen, völlige Heilung zu erleben, sodass ich in der Lage bin, mit neuer Leichtigkeit meinen Weg fortzusetzen. Und zeigt mir, wenn ihr das möchtet, wie meine eigene Heilung anderen Menschen auf ihrem Heilungsweg*

helfen kann. Ich lasse jetzt los, und ich danke euch für diese Erfah-
rung. Ich bin so dankbar. Danke. Amen.

Während der Dreharbeiten für diesen Film und der Arbeit an meinem Buch habe ich über alles noch einmal gründlich nachgedacht, über meine ganze innere Reise. Manchmal war es schwer, nicht nach dem *Warum* zu fragen und eine Menge Energie in die Suche nach Antworten auf diese Frage zu stecken. Die meisten Leute sagten angesichts meiner Verletzung: »Arme Heather, was für eine Tragödie.« Doch in Wirklichkeit ermöglichte mir dieses Schicksal, mein Leben neu auszurichten – auf das, was wirklich wichtig ist. Es war eine schreckliche Zeit, und es ist erstaunlich, wie viel Gutes letztlich daraus hervorging. Sie formte mich zu dem Menschen, der ich heute bin. Dass ich Dankbarkeit für diese Erfahrung empfand, statt frustriert zu sein, was bei mir vorher sehr lange der Fall gewesen war, kam ganz unerwartet und war ein unglaubliches Gefühl. Einer der größten Momente war es, zum ersten Mal seit dem Unfall wieder auf diesen Felsen zu steigen und das Gefühl zu haben, dass sich alles in meinem Leben perfekt entfaltet hat.

An allem, was ich durchgemacht habe – meine schwere Kindheit, die gebrochene Wirbelsäule, eine Ehe voller seelischer Schmerzen –, würde ich heute nichts ändern wollen, denn all das hat mich zu der gemacht, die ich bin. Wenn du nicht bereit bist, dich einer Sache zu stellen, wird immer ein Fragezeichen bleiben: Hätte ich mir damals nicht die Wirbelsäule gebrochen, hätte ich dann so viel über das Leben gelernt? Ich musste durch dieses tiefe Tal gehen, um sagen zu können: »Okay, entweder gebe ich auf und es geht völlig bergab, oder ich finde einen Weg der Heilung.« So entdeckte ich die Spiritualität für mich. Ich erkannte, dass es im Leben so viel mehr gibt als Leistung und unser körperliches Sein und dass ich keine erfolgreiche Sportlerin sein muss, um ein erfülltes Leben zu führen.

Selbst wenn du alles Geld der Welt verdienst, auf der Karriereleiter ganz nach oben steigst, kannst du immer noch vor allen Problemen weglaufen, immer weiter und weiter. Dann wirst du nie erfahren, was ein gesundes Selbstwertgefühl und Selbstliebe bedeuten oder wie es sich anfühlt, einfach okay zu sein, so wie du bist. Auf die Leistungsfähigkeit des physischen Körpers ist kein Verlass. Man kann einen Autounfall erleiden oder sich auf andere Art verletzen oder krank werden. Das Leben ist unberechenbar.

Ich empfinde echtes Mitgefühl für Menschen, die Schmerzen erleiden. Körperlicher Schmerz gibt dir das klaustrophobische Gefühl, eingesperrt zu sein, er ist schwer auszuhalten. Deshalb arbeite ich so hart daran, auf einer nichtphysischen Ebene positiv zu sein, zu meditieren, Stille und Frieden zu finden. Das ist ganz wesentlich für mein allgemeines Wohlbefinden, denn würde ich weiterhin an meinem Schmerz leiden und damit hadern, wäre ich nicht in der Lage, mir meine Träume zu erfüllen und das zu tun, was ich heute vollbringe. Ich habe schwere Operationen über mich ergehen lassen müssen, also weiß ich, wie schlimm körperliche Schmerzen sich anfühlen. Und manchmal bekomme ich Wutanfälle. Emotionaler Schmerz geht sehr tief, und emotionale Narben sind schlimmer als körperliche, weil sie ein Leben lang schmerzen, wenn man sie nicht wirklich aufarbeitet.

Beim Laufen werden Endorphine, körpereigene Glückshormone, freigesetzt, doch für mich war es auch eine Art körperliche Meditation. Wenn du läufst, vergisst du, was du gerade seelisch durchmachst. Und wenn du meditierst, holt dich das ebenfalls aus dem Denken heraus. Du löst dich von deinen kreisenden Gedanken und fängst sozusagen an zu schweben. Der Unterschied besteht darin, dass du beim Laufen sehr mit dem Körper verbunden bleibst, während du dich bei der Meditation in einem Entspannungszustand befindest, der es dir ermöglicht, Verbindung zu deinem inneren Sein aufzunehmen.

In der Zeit nach meinem Unfall war mir Stille sehr unangenehm. Heute dagegen wähle ich sie bewusst. Damals wurde sie mir für längere Zeit gewissermaßen aufgezwungen, und erst allmählich wurde mir klar, dass die Stille mir half, Verbindung zu mir selbst aufzunehmen.

Wenn ich meditiere, fühlt es sich an, als würde ich meinen Körper verlassen. Es ist ein Gefühl der Freiheit, der Befreiung vom körperlichen Dasein, unabhängig davon, wie stark meine Schmerzen sind oder was mir gerade im Leben zu schaffen macht. Ein Gefühl, loszulassen und Verbindung zu meinem wahren Selbst aufzunehmen, meiner Essenz. Die Meditation erdet mich und erinnert mich, warum ich hier bin und auf welche Weise ich mit der Welt und dem Leben insgesamt verbunden bin. Und es ist einfach ein wunderbares Gefühl, als würde ich im Universum schweben. Oft sehe ich dabei sehr viel Licht. Wenn ich mich an diesem inneren Ort der Stille befinde, sehe ich immer diesen großen Lichtstrahl. Das erfüllt mich fast augenblicklich mit einem Gefühl tiefen Friedens.

Wenn ich zu viel zu tun habe und mir nicht die Zeit nehme, still zu werden und nach innen zu blicken, wird mein Leben chaotisch, und die Dinge laufen nicht gut. Dann höre ich die Stimme meiner Intuition weniger klar. Aber mein Körper sendet mir Warnsignale: Entweder stellt sich ein körperliches Symptom ein, oder ich fühle mich überfordert und gestresst. Leider bestärkt unsere Gesellschaft uns in der Vorstellung, dass wir ständig arbeiten und dem Erfolg nachjagen sollen. Aber dadurch verlieren wir den Kontakt zu unserer inneren Stimme. Wir alle kommen mit diesem wunderbaren inneren Leitsystem auf die Welt, einer Art innerer Landkarte. Und die Stille ermöglicht es uns, diese Karte zu lesen.

Wenn ich in meinem Leben etwas gelernt habe, dann, dass die Dinge nicht gut laufen, wenn ich entgegen meiner Intuition handle. Folge ich ihr jedoch, entfaltet sich alles auf gute Weise. Unsere innere Stimme lügt nie. Könnte ich eine Zeitreise zurück zu diesem Augenblick oben auf dem Felsen machen, würde ich nicht springen. Aber ich musste lernen, für meine Wahrheit einzustehen. Das war schwer, aber die Meditation half mir. Ich war mit einem Mann verheiratet, der nicht wollte, dass ich eigene Bedürfnisse äußerte und stark war. Bei ihm musste ich, wie als Kind bei meinem Vater, mein wahres Selbst unterdrücken. Ich musste lernen, mich diesen Herausforderungen zu stellen und den Mut aufzubringen, einfach ich selbst zu sein und mich nicht länger verbiegen zu lassen. Auch jetzt habe ich noch gelegentlich ängstliche Gedanken und Augenblicke, Sorgen und dergleichen. Dann ist es wichtig, trotzdem mutig zu sein und zu tun, wovon ich im Herzen weiß, dass es richtig ist, und zu akzeptieren, dass im Leben immer wieder Ängste und andere menschliche Probleme auftauchen.

Was sich mir auch an Hindernissen in den Weg stellte, ich habe mich davon nie aufhalten lassen. Auch wenn es nicht leicht war, bin ich immer beharrlich meinen Träumen gefolgt und habe darauf vertraut, dass ich in der Lage bin, mir ein Leben zu erschaffen, wie ich es mir wünsche. In nur einem Jahr schaffte ich es, die Traurigkeit über das Ende meiner Ehe und meine Zweifel, ob ich den richtigen Weg eingeschlagen hatte, zu verwinden – und mein Leben zu verwandeln.

Endlich habe ich das Gefühl, ganz bei mir zu sein, mich wirklich zu entfalten. Es ist ein tolles Gefühl, alleine glücklich zu sein. Das war zu Anfang nicht so. Manchmal schenke ich mir selbst eine Umarmung oder klopfe mir auf die Schulter und signalisiere mir, dass ich mich immer auf mich selbst verlassen kann. Ich wünschte, ich hätte schon in jüngeren Jahren gewusst, wie wichtig das ist. Dann hätte ich nicht so sehr in der Außenwelt nach Unterstützung gesucht, bei den Menschen in meiner Umgebung. Jahrelang fühlte ich mich allein und im Stich gelassen, weil diese Unterstützung nicht kam. Heute gebe ich mir selbst diese Stärke. Dadurch verändert sich alles. Die Stille zu erfahren war für mich der entscheidende Impuls, und durch tägliche Meditation änderte sich mein Leben für immer.

Ich definiere mich nicht mehr als Läuferin oder Athletin wie früher. Heute bin ich einfach eine Frau, die lernt, sich selbst zu lieben. Das hat mir nie jemand beigebracht, und früher ahnte ich nicht, wie wichtig es ist. Aber heute weiß ich, dass es höchste Priorität hat. Ich gehöre zu den Menschen, die mehr an die Dinge glauben, die sie nicht sehen können, als an das, was offensichtlich ist. Heute mache ich mir viel weniger Sorgen wegen meiner Karriere und konzentriere mich stärker darauf, mir selbst treu zu bleiben und ein Vorbild zu sein – nicht nur für andere, sondern auch für mich selbst. Ich strebe auf einer tieferen Ebene nach Erfüllung.

Als ich nach dem Unfall Mühe hatte, mich wieder aufzu-
rappeln, war es eine große Inspiration für mich, all diese Geschichten zu lesen oder Filme zu schauen über Menschen, die
ihr Leben von Grund auf geändert hatten. Das half mir, meine
Situation demütig anzunehmen und sie in ein anderes Licht
zu rücken. Damit andere Menschen die Möglichkeit erhalten,
von meinen Erfahrungen ebenso zu profitieren, erzähle ich
heute öffentlich von ihnen.

Ich spüre eine besondere Berufung, mit Frauen zu arbeiten. Vermutlich hängt das stark mit meiner zerbrochenen Ehe
und meinen Beziehungen zusammen: dieses wiederkehrende
Muster, mit jemandem zu leben, der mich verbal niedermacht
und sich eifersüchtig, aggressiv und übergriffig verhält. Das
motiviert mich, andere Frauen zu ermutigen, solche Verhaltensweisen nicht hinzunehmen. Meine Vision ist es, dies in
globalem Maßstab zu tun, also weltweit Menschen zu helfen,
Heilung und inneren Frieden zu finden und in Kontakt mit
ihrer Spiritualität zu kommen. Ich erinnere mich, dass ich
nach meiner Wirbelsäulenverletzung zu mir sagte: »Daraus
wird etwas Gutes entstehen. Du wirst diese Sache auf positive
Weise nutzen. Du musst nur daran glauben.« Auch meine
Mutter hämmerte mir das regelrecht ein und wiederholte immer wieder, mein Unfall diene einem höheren Zweck.

Außerdem arbeite ich an einer Serie von illustrierten Kin-
derbüchern. Das ist wunderschön. Ich hätte mir nie träumen
lassen, dass ich einmal so etwas tun würde, und ich liebe es.
Sich als Kind oder Jugendlicher allein gelassen zu fühlen und
niemanden zu haben, an den man sich wenden kann, ist wohl
eine der schlimmsten Erfahrungen überhaupt. Das treibt mich
an, Kindern auf spielerische Art mithilfe von Geschichten

einen Zugang zu Meditation und Achtsamkeit zu ermöglichen. Was könnte es Schöneres geben, als junge Menschen Achtsamkeit zu lehren und ihnen dabei zu helfen, ihren eigenen spirituellen Pfad zu finden. Ich beginne immer, indem ich darüber nachdenke, was ich als Kind in diesem Alter gerne gelernt hätte. Dann fließen mir die Einfälle zu. Es macht mir Spaß, mit Kindern zu arbeiten. Und mit Frauen. Aber ich wünsche mir natürlich, dass alle Menschen auf diesem Planeten ihr bestmögliches Leben entfalten – einen echten weltweiten Wandel zum Besseren.

JIM | Die Weisheit in uns

JAMES R. DOTY, NEUROCHIRURG UND NEURO-
WISSENSCHAFTLER

Das, was Ruth mir damals in meiner Kindheit beibrachte, war eine Form der Meditation beziehungsweise der geistigen Schulung. Manches, was sie mich lehrte, ist heute unter dem Begriff Achtsamkeit bekannt, aber es war mehr als das. Es ging nicht nur darum, stillzusitzen und den inneren Dialog zu beobachten, ohne emotional darauf zu reagieren. Ruth vermittelte mir, wie ich diesen Dialog verändern konnte, und sie half mir, mein seelisches Leiden zu erkennen und zu verstehen, wie es mich einschränkte und selbstbezogen machte.

Als Ruth mich damals unterrichtete, waren »Neuroplastizität« und »Achtsamkeit« weitgehend unbekannte Begriffe, und ebenso wusste kaum jemand, dass wir durch gezielte Absicht und Visualisierungen bestehende neuronale Pfade stärken und neue erschaffen können. Heute wissen wir, dass wir durch solche Aktivitäten unsere eigene Realität hervorbringen können. Die Ereignisse in unserem Leben, um die herum wir unsere Narrative aufbauen, sind nicht real, sie sind Konstrukte, die wir selbst erschaffen haben. Doch den meisten Menschen ist nicht klar, dass sie zurückgehen und diese Narrative verändern können.

Ich veränderte mein Narrativ dahingehend, dass ich nicht mehr emotional an Ereignissen anhaftete. Das ermöglichte es mir, anderen gegenüber mitfühlend zu sein. Zudem lebe ich seither stärker in der Gegenwart, was mich in die Lage versetzt, anderen zuzuhören und eine bessere Verbindung zu ihnen aufzubauen. Und das ist es, was uns wirklich Glück, Freude und Zufriedenheit schenkt. Wenn Sie nicht mehr leiden, wenn Sie nicht länger auf Ihr eigenes Leiden fokussiert sind, stellt sich ein Gefühl der Leichtigkeit ein.

Dieser tiefgreifende Wandel meiner Weltsicht, den Ruth mir in meiner Kindheit ermöglichte, bewirkte, dass ich später an der Stanford University das Center for Compassion and Altruism Research and Education gründete, eine Forschungs- und Bildungseinrichtung, an der wir Mitgefühl und Altruismus neurowissenschaftlich untersuchen. Wir erforschen die soziale Wirkung des Mitgefühls und seine positiven Effekte auf die geistige und körperliche Gesundheit. Eine fürsorgliche, liebevolle Haltung kann bei Ihnen selbst und allen in Ihrer Umgebung – Familie, Freunde und sogar fremden Menschen – die Lebenserwartung erhöhen. Unser Grundmodus als menschliche Wesen – wenn Sie die Ablenkungen der modernen Gesellschaft weglassen – ist es, füreinander zu sorgen, und wenn wir dies auf authentische Weise tun, funktioniert und entfaltet sich alles auf bestmögliche Weise. Das ist der einzigartige Entwicklungsweg unserer Spezies, unsere wahre Natur.

Obwohl ich selbst Atheist bin, hatte ich das Glück, einige der größten und tiefsinnigsten religiösen und spirituellen Lehrer der Gegenwart treffen zu dürfen. Ich glaube an nichts außer an die Existenz des gegenwärtigen Augenblicks, und die Leute fragen mich: »Wie ist es möglich, dass diese Leute dich als Gesprächspartner akzeptieren, obwohl du total ungläubig bist?« Ich antworte: »Alle diese spirituellen Menschen sind, wie man in einem offenen Gespräch mit ihnen schnell merkt, in keiner Weise dogmatisch. Es geht ihnen darum, dass du aus dem Herzen handelst, authentisch und geistig offen bist. Und dass du in der Gegenwart lebst, denn die völlige Präsenz in der Gegenwart ist das, was alle diese spirituellen Lehrer verbindet.«

Oft werde ich auch nach meiner persönlichen meditativen Praxis gefragt. Ich praktiziere jene Form der Meditation, die wir an der Stanford University entwickelt haben und von der wir wissenschaftlich nachweisen konnten, dass sie sich positiv auf den Körper auswirkt: Sie senkt den Blutdruck und verbessert die Herzfunktion sowie andere Aspekte unserer Gesundheit. Im Wesentlichen besteht sie aus vier Schritten:

1. Sei gegenwärtig, indem du deinen Körper entspannst.
2. Erkenne deinen inneren Dialog und verändere ihn.
3. Sei dir selbst gegenüber mitfühlend.
4. Bringe gegenüber der gesamten Menschheit Mitgefühl zum Ausdruck.

Diese Form der Meditation praktiziere ich seit Jahren täglich viele Stunden. So gelang es mir, sie fest in mein tägliches Verhalten und alle meine Interaktionen mit anderen Menschen zu integrieren.

Manche Menschen sind bereits ganz von selbst fröhlich, einfühlsam und innerlich frei. Sie haben noch nie meditiert und benötigen das auch gar nicht. Bei mir war es so, dass ich anfangs stundenlang still im Sitzen meditierte. Ich dachte dabei nach und beobachtete einfach die inneren Visionen, Bilder und Worte, die durch meinen Geist zogen. Das war außerordentlich hilfreich für mich, vor allem als ich erkannte, dass all das überhaupt nicht real und mein Anhaften daran völlig sinnlos war.

Und je häufiger ich diese Meditation praktizierte, desto mehr integrierte ich diesen Bewusstseinszustand in meinen Alltag, sodass jeder Augenblick zu einer Gelegenheit wurde, nachzudenken, Achtsamkeit und Selbstreflexion zu üben. Heute besteht meine Praxis einfach darin, für kurze Zeit stillzusitzen und über das Wunder der Welt und die Freude daran zu reflektieren und einfach nur in diesem Moment präsent zu sein. Diese Stille lässt sich sogar mitten in einer Menschenmenge praktizieren. Jeder Augenblick kann ein Augenblick völliger Präsenz sein. Man muss dafür nicht in den Wald gehen, obwohl Wälder sich außerordentlich gut eignen, um Verbindung mit der Natur aufzunehmen. Selbst in einem überfüllten Besprechungsraum kann man für einen Moment innehalten, still dasitzen und Dankbarkeit dafür empfinden, einfach nur da zu sein, im Hier und Jetzt.

Als Wissenschaftler fällt es mir manchmal schwer, die Vorstellung zu akzeptieren, dass irgendwo da draußen ein Wesen existieren könnte, das all diese wunderbaren Dinge geschehen lässt, und dass das Leben kein bloßer Zufall ist. Aber es liegt in der Natur des Menschen, dass wir nach Erklärungen für die Dinge suchen, die uns widerfahren. Wenn uns etwas Gutes widerfährt, sagen wir: Ich verdiene es, weil ich ein guter Mensch bin. Und wenn etwas Schlechtes geschieht, suchen wir oft die Schuld bei uns selbst und sagen: Ich habe es nicht anders verdient.

Wir alle lieben es, wenn man uns lobt, uns Preise verleiht, unsere Leistungen anerkennt. Das fühlt sich wirklich gut an. Doch von spirituellen Lehrern habe ich gelernt: Wenn man sich von dieser Art von positiven Erfahrungen abhängig macht, daran anhaftet, ist das genauso schädlich wie das Anhaften an negativen Erfahrungen. Es ist also wichtig, eine Haltung inneren Gleichmuts zu entwickeln, das heißt, nicht ständig zu denken: »Dies und das muss geschehen, damit ich mich gut fühlen kann«, oder: »Was für eine furchtbare Erfahrung! Am besten, ich blende sie so weit wie möglich aus, um mich zu schützen.« Im Auf und Ab des Lebens Gelassenheit zu bewahren, nicht emotional zu reagieren, gelingt uns aus der Einsicht heraus, dass all diese Erfahrungen vorübergehender Natur sind. Diesen Gleichmut zu entwickeln gehört zu den schwierigsten Herausforderungen, er ist aber eine der größten, wertvollsten Gaben.

Meines Erachtens besitzen spirituelle und religiöse Führungspersönlichkeiten wie der Dalai Lama, Desmond Tutu oder Shri Shri Ravi Shankar inmitten all der Höhen und Tiefen des Lebens deshalb so viel Ausstrahlung, Gelassenheit und Demut, weil sie sich nicht von dem inneren Aufruhr anstecken lassen, in dem wir anderen oft hängen bleiben. Es gelingt ihnen, ihre innere Ruhe zu bewahren.

In der Gegenwart solcher Menschen fühlen wir uns sofort geliebt und vollkommen akzeptiert. Man spürt, dass sie nicht überlegen, ob wir das wert sind oder nicht. Und wenn wir dieses bedingungslose Angenommensein von ihnen erfahren, wenn wir es in ihrer Gegenwart spüren, wissen Sie, was dann geschieht? Es stellt sich plötzlich Leichtigkeit ein, und Freude.

So viele von uns projizieren eine Version ihres Selbst nach außen, von der die anderen Leute glauben sollen, sie wäre wahr. Alle Teile in uns, von denen wir glauben, dass die anderen sie besser nicht sehen sollen, entfernen wir aus dieser Projektion. Dadurch verhindern wir aber, dass die anderen uns sehen, wie wir wirklich sind, mit all unseren Fehlern, Schwächen und Schattenseiten.

Viele von uns bauen sich ein inneres Gefängnis, mauern es Stein für Stein aus Interpretationen und Werturteilen. Wenn andere Menschen zu uns sagen, wir wären nicht gut genug, zweifeln wir an unserem Selbstwert. Weil wir so fest daran glauben, dass die Mauern um uns herum real sind, erkennen wir gar nicht, dass wir in einem selbst gemachten Gefängnis sitzen. Unsere Perspektive ist verengt, weil wir nur sehen können, was sich innerhalb der Mauern befindet, sei es unser persönliches Leid, der Ballast, den wir mit uns herumschleppen, oder Schmerz. Wenn wir in tiefer Kontemplation sitzen, unser Bewusstsein fokussieren und meditieren, öffnet sich die Gefängnistür, und draußen erwarten uns Leichtigkeit, Freude und Fülle.

Es gehört zur Natur unseres Menschseins, dass wir Schmerz durchmachen, worum es geht, ist, wie wir auf den Schmerz reagieren. Tatsächlich haben wir in der kurzen Pause zwischen dem Schmerz und unserer Reaktion auf ihn die Gelegenheit, selbst zu wählen, wie wir reagieren. Darin liegt unsere Freiheit. Zahlreichen Menschen machen Herausforderungen zu schaffen, die mit der Kindheit zu tun haben, mit Eltern, Geschwistern oder Freunden. Das ist ein großer Schmerz, wie ich ihn auch erlebte, und viele haben ihn auch als Erwachsene noch nicht verarbeitet. Meiner Erfahrung nach macht das Leiden der Menschen sie zu dem, was sie heute sind, und viele, wenn nicht die meisten Menschen wollen genau die sein, die sie heute sind. Doch für die meisten von uns ist das ein noch nicht abgeschlossener Prozess. Obwohl es Phasen tiefer Niedergeschlagenheit geben mag, finden wir zwischendurch doch meistens zu emotionaler Ausgeglichenheit zurück.

Auch heute noch bin ich nicht immun gegen Ablenkung. Ich bin ein Mensch, und Menschen sind nun einmal anfällig und fragil. Und wir machen Fehler. Wenn wir glauben, darüber erhaben zu sein, ist der nächste Absturz meist nicht fern.

Der Schlüssel liegt in der Erkenntnis, dass jede Interaktion, alles, was geschieht, ein wunderbarer, freudiger Teil des Lebens ist. Und das größte Geschenk, das Sie anderen Menschen machen können, besteht darin, diese Freude mit ihnen zu teilen.

AMANDINE | Vom inneren Frieden zum Weltfrieden

AMANDINE ROCHE, EXPERTIN FÜR MENSCHENRECHTE

In einem langen Brief an den UN-Generalsekretär Ban Ki-Moon, der mein Vorgesetzter in New York war, fragte ich ihn: »Sind Sie sich der psychischen Belastungen und daraus resultierenden Gesundheitsprobleme der UN-Mitarbeiter in den Kriegsgebieten bewusst? Wenn Sie sich dessen bewusst sind, was unternehmen Sie, um diesen Menschen zu helfen? Und wenn Sie sich dessen nicht bewusst sind, können wir dann miteinander über dieses Thema sprechen?« Zu meiner Überraschung antwortete er und bat mich, in sein Büro zu kommen.

Ich berichtete ihm und seinem Team von meiner Arbeit in Afghanistan und von der psychischen Verfassung meiner Kollegen, die an vorderster Front humanitäre Arbeit leisteten. Er sagte: »Wir sind uns des Problems bewusst, wissen aber nicht, was wir dagegen unternehmen sollen.« Es stellte sich heraus, dass täglich Kündigungsschreiben eingingen.

Ich erklärte, dass ich selbst zehn Jahre gebraucht hatte, um mich von den Traumen zu heilen, die ich während meiner Einsätze in Afghanistan und anderen Kriegsgebieten davongetragen hatte. Um ihnen die Dimensionen des Problems vor Augen zu führen, berichtete ich: »Meine Kolleginnen und Kollegen sind entweder depressiv oder haben Angststörungen. Die meisten nehmen Psychopharmaka, und viele denken sogar an Selbstmord.«

Jemand aus dem Team fragte: »Und was schlagen Sie vor?«

»Wenn ich zu Google gehe«, erwiderte ich, »begegnen mir dort lauter glückliche, gesunde Leute. Bei uns UN-Mitarbeitern ist das anders. Wir arbeiten für den Weltfrieden, aber wir verkörpern nicht das, was wir predigen. Warum vermitteln wir den Mitarbeitern nicht Methoden, wie sie zu innerem Frieden gelangen, ein Suche-in-dir-selbst-Programm?«

Sie sagten: »Gute Idee, setzen Sie sie in die Tat um.«

Also bildete ich mich ein Jahr lang auf den Gebieten Neurowissenschaften, emotionale Intelligenz, bewusste und einfühlsame Mitarbeiterführung und Achtsamkeit weiter. Ermöglicht wurde mir das durch ein Stipendium des von einem Google-Ingenieur gegründeten Search Inside Yourself Leadership Institute. Was wir brauchten, war ein Trainingsprogramm speziell für die humanitären Helfer in den Krisenregionen, um ihnen ein besseres Stressmanagement zu ermöglichen. Also entwickelten wir das Inner Peacekeeping Program, um ihnen zu helfen, ihren inneren Frieden zu bewahren oder wiederzufinden und so Burn-out, PTBS und Depressionen vorzubeugen. Zudem würden die Helfer ihren inneren Frieden bei ihrer Arbeit nach außen ausstrahlen.

Ich trieb das Geld auf, um einen spirituellen Lehrer, einen Experten für mentale Gesundheit, einen Grafiker und einen Pädagogen zu engagieren. Gemeinsam erarbeiteten wir den Lehrplan. Heute führen wir Schulungen im Nahen Osten, im Libanon, in Jordanien und Libyen für die humanitären Helfer durch, die mit syrischen Flüchtlingen arbeiten, und dieses Programm ist ein großer Erfolg.

In Afghanistan unterrichtete ich jeden Morgen um sechs Uhr Yoga und Meditation in meinem Garten. Alle möglichen Leute aus der Nachbarschaft kamen, sowohl Einheimische als auch Menschen aus allen Teilen der Welt. Ich wusste vorher nie, wer da sein würde. Eine Stunde lang übten wir Yoga, dann folgte eine halbe Stunde Meditation. Es war die beste Art, in den Tag zu starten, und ich erlebte mit, wie sich das Leben der Teilnehmer dadurch veränderte.

Als ich anfing, in Afghanistan Yoga und Meditation zu unterrichten, war das Feedback erstaunlich. Beispielsweise übte ich mit Frauen in Schutzunterkünften Yoga. Sie waren so traumatisiert, dass bei ihnen gar keine Verbindung zwischen Kopf und Körper zu bestehen schien. Doch nach ein paar einfachen Dehnübungen sah ich, wie ihre Gesichter wieder lebendig wurden, als sie erkannten, dass sie ihre Körper vom Schmerz befreien konnten.

Da war eine Frau, die mit ihrer Familie und ihren Freunden in einem Restaurant außerhalb von Kabul an einem See den Geburtstag ihres Mannes gefeiert hatte. Drei als Burka tragende Frauen verkleidete Taliban kamen plötzlich herein und eröffneten das Feuer auf die Gäste. Vor den Augen der Frau erschossen sie ihren Mann. Sie selbst wurde leicht an der Augenbraue getroffen und blutete. Sie schmierte das Blut auf die Gesichter ihrer drei Töchter, und während die Taliban wild um sich schossen, lag sie mit ihnen auf dem Boden, sich tot stellend. Der Überfall dauerte eine Ewigkeit, wie ihr schien. Viele Geburtstagsgäste sprangen in ihrer Angst in den See, aber weil sie nicht schwimmen konnten, ertranken sie, und ihre Leichen trieben im Wasser.

Als sie zum ersten Mal in mein Haus kam, hatte sie seit 42 Tagen nicht mehr geschlafen. Ich wollte ihr die Achtsamkeitsmeditation beibringen und bat sie, die Augen zu schließen. Sie sagte: »Leider kann ich meine Augen nicht schließen, denn dann bin ich sofort wieder in dem Restaurant.«

Ich sagte: »Das macht gar nichts. Wir üben einfach mit offenen Augen. Was hören Sie jetzt gerade?«

Sie antwortete: »Ich höre die Vögel singen.«

»Und was sehen Sie?«

»Ich sehe die Blumen in Ihrem Garten.«

»Was spüren Sie unter Ihren Füßen?«

»Ich kann das nasse Gras spüren.«

Ihr zuvor sehr angespanntes Gesicht begann sich zu öffnen. Am nächsten Tag rief sie mich an und berichtete, sie hätte zum ersten Mal wieder schlafen können. Das ist die Kraft der Achtsamkeit. Durch diese sehr einfache Methode lernt man, einfach im Hier und Jetzt zu sein. Das ist der Frieden, um den es geht.

Und das Beste daran – es kostet keinen Cent. Die Amerikaner haben für den Krieg in Afghanistan eine Billion Dollar ausgegeben. Dass Krieg keinen Frieden bringt, ist offensichtlich. Menschen zu zeigen, wie man entspannt atmet und wie man sich achtsam auf die Gegenwart konzentriert, kostet nichts, verhilft ihnen aber zu innerem Frieden. Und wenn man innerlich friedvoll ist, hebt man dadurch das Bewusstseinslevel seiner Familie und der Gesellschaft, in der man lebt. Das ist wirklich sehr einfach.

Das Gefängnis Pul-e-Charkhi außerhalb von Kabul ist das härteste Gefängnis in Afghanistan. Dort sitzen neben »normalen« Kriminellen auch Al-Qaida- und Talibankämpfer ein. Dort wollte ich Meditation unterrichten. Also suchte ich den Verteidigungsminister auf und fragte ihn, ob er mir dort Zutritt verschaffen könnte. Er erwiderte: »Natürlich. Aber was wollen Sie denn dort?«

Ich antwortete: »Ich möchte den Gefangenen Meditation beibringen.«

»Was ist das – Meditation?«, wollte er wissen.

Ich sagte: »Okay, gibt es hier in Ihrem Büro ein Kissen? Setzen Sie sich auf das Kissen, und ich bringe es Ihnen bei.« Dann führte ich ihn durch eine zwanzigminütige Meditation.

Anschließend sah er sehr entspannt aus und meinte: »Ich habe mich noch nie so gut gefühlt. Sie dürfen in das Gefängnis – unter einer Bedingung: Sie bringen meiner Frau das Meditieren bei. Ihre Wutausbrüche sind unerträglich für mich.«

»Kein Problem«, sagte ich. Also ging ich zu ihm nach Hause und unterrichtete seine Frau.

Mitzuerleben, wie aufgeschlossen der Minister reagierte und wie gut ihm die Meditation tat, war erstaunlich. Bei unserem Abschied meinte er: »Ich sollte öfter meditieren, denn die Taliban haben mich im Visier. Am besten mache ich diese Meditation jeden Morgen, wenn ich ins Büro komme. Dann bin ich entspannter und weniger gestresst.«

Einmal machte ich eine wirklich zu Herzen gehende Bekanntschaft mit einem Taliban-Kommandanten. Vor unserem Treffen checkte ich sein Profil bei Wikipedia und sah, dass er ein richtiger Verbrecher war. Er hatte früher den Mudschaheddin angehört und war ein enger Vertrauter Osama bin Ladens gewesen. Er kam in mein Büro, weil er von nun an Demokrat sein wollte. Er fürchtete, dass er wegen all der Korruption niemals die Wahlen zum Vizegouverneur von Zabul gewinnen würde. Ich fragte ihn: »Warum wollen Sie bei Ihrem Background Demokrat werden?«

Zu meiner Überraschung antwortete er: »Wegen meiner Tochter. In der Schule wird sie von den anderen Kindern gemobbt, weil ihr Vater ein Krimineller ist. Ich will nicht, dass meine Tochter schlecht von mir denkt. Sie soll wissen, dass ich ein guter Vater bin, der sich jetzt für Frieden und Demokratie einsetzt.«

Ich fragte: »Meditieren Sie?«

»Nein. Was ist das?«, gab er zurück.

»Es ist wie Beten«, erklärte ich. »Sie beten doch fünfmal täglich. So nehmen Sie spirituell Verbindung auf.«

Und er sagte: »Bringen Sie es mir bei.«

Er lud mich in sein Haus ein. »Achten Sie aber darauf, dass Sie niemand sieht«, bat er. »Schließlich war ich Taliban und empfange normalerweise keine Ausländer.«

Weil ich kein Paschtunisch spreche, nahm ich einen Dolmetscher mit. Ich brachte ihm das Meditieren bei, und es gefiel ihm sehr. Sein Gesicht wurde dabei sehr friedlich, das sah man deutlich. Dann bat er mich, auch seine Kinder zu unterrichten.

Er rief sie zu sich – vielleicht sechs oder sieben, eine ganze Kinderschar – und sagte: »Hört gut zu, was die Frau euch erklärt, denn es ist sehr wichtig.« Wir setzten uns in seinem Wohnzimmer im Kreis auf den Boden und meditierten zusammen. Es war ein wunderbares Erlebnis, denn ich erkannte, dass die Meditation alle Grenzen und Hürden überwinden kann. Wenn man diesen geistigen Frieden erreicht, ist das pure Glückseligkeit.

Ich ging auch in das Kabuler Jugendgefängnis Bagram und sprach dort mit den Gefangenen. »Warum seid ihr hier?«, fragte ich. Manche waren in der Madrasa zu Selbstmordattentätern ausgebildet worden, andere hatten Einbrüche und andere Straftaten verübt. Ich zeigte ihnen, wie man meditiert, und anschließend sagten sie: »Danke, Madam, jetzt sehe ich, dass ich etwas Unrechtes getan habe. Wir bekamen eine totale Gehirnwäsche und waren überzeugt, das Töten wäre richtig. Aber durch die Meditation habe ich die Verbindung zu meinem Herzen wiedergefunden und erkenne, dass das nicht wahr ist.«

Innerhalb dieses Programms unterrichte ich inzwischen auch Flüchtlinge, was eine große Freude für mich ist, denn ich zeige ihnen Techniken, mit denen sie sich selbst von PTBS und Burn-out heilen können. Die jordanischen und libanesischen Frauen sind mir wirklich ans Herz gewachsen. Viele kamen nach dem Unterricht zu mir und sagten: »Durch Sie hat sich mein Leben verändert, denn ich übe jetzt täglich meine Atemtechniken. Bei der Arbeit oder wenn ich mich um meine Familie kümmere: Immer wenn ich starke Gefühle habe, halte ich inne, meditiere, denke nach und reagiere achtsam und bewusst.«

Schritt für Schritt zeigt sich, dass ich, indem ich diese Methoden unterrichte, einen viel größeren Beitrag zum Frieden leiste als während meiner früheren Arbeit. Ich hoffe, dass Institutionen und Organisationen wie die EU-Kommission, die UN und alle NGOs Menschen nicht nur auf Grundlage ihres IQs einstellen, sondern wegen ihrer emotionalen und sozialen Intelligenz, dass sie sich anschauen, wie sehr diese Leute an sich selbst gearbeitet haben, sodass sie authentisch sind und wahre Kämpfer für Frieden und Gewaltlosigkeit – echte Vorbilder.

Es ist wichtig, Vorbild zu sein. Und das schaffen wir nur, indem wir an uns selbst arbeiten. Werden Sie sich bewusst, wer Sie sind, was Ihre Bestimmung im Leben ist, Ihre Mission, und auf welche Weise Sie der Welt Ihre Gaben schenken wollen. Das ist es. Und das gelingt Ihnen nur, wenn Sie inneren Frieden erlangt haben.

Die spirituellen Übungen haben bewirkt, dass ich meine humanitäre Arbeit heute ganz anders angehe. Ich handele nicht mehr aus dem Kopf, dem Verstand heraus, sondern aus dem Herzen, und ich habe erkannt, dass ich nur dann wirklich Frieden stiften kann, wenn ich echte Toleranz und Mitgefühl praktiziere. Meiner Meinung nach sollten genau das die Kriterien sein, nach denen wir Mitarbeiter für humanitäre Einsätze auswählen. Ich wünsche mir, dass es künftig in jeder humanitären Organisation eine Abteilung für Wohlbefinden und Achtsamkeit gibt, wo für solche Schulungsprogramme feste Budgets eingeplant werden. Bis jetzt gibt es dafür keinen Cent, aber allmählich wird diesen Organisationen klar, dass sie dem eine höhere Priorität einräumen müssen.

Die Idee, meine eigene Stiftung zu gründen, kam mir während einer Meditation. Zuerst verstand ich nicht, warum mir in meinen Meditationen immer wieder das Wort »innerer Friedensstifter« in den Sinn kam. Aber inzwischen weiß ich es. Zuerst gründete ich die Amanuddin-Stiftung in Afghanistan, doch meine neue Organisation, das Inner Peacekeeping Program, ist weltweit tätig.

Meditation hilft Ihnen, wieder zu sich selbst zu finden und Ihren Geist zu zähmen – den Affengeist, wie die Buddhisten sagen. Als ich anfing, regelmäßig zu meditieren, verschwand das ständige Gefühl, entweder in der Vergangenheit oder der Zukunft gefangen zu sein. Ich war wieder in der Lage, mich auf den gegenwärtigen Augenblick zu konzentrieren. Hier und jetzt gibt es kein Trauma, hier und jetzt gibt es kein Drama, und hier und jetzt gibt es kein Leiden. Das ist alles Vergangenheit. Das hilft Ihnen, in Ihrem Leben ein neues Kapitel zu beginnen.

Interessanterweise hat jetzt die Regierung meines Heimatlandes Frankreich mich gebeten, Schulungen für Soldaten durchzuführen. Es findet ganz offensichtlich ein Bewusstseinswandel statt. Inzwischen konnte durch zahlreiche wissenschaftliche Studien nachgewiesen werden, dass Meditation bei der Heilung von seelischen Traumen und PTBS hilft. Es ist eine Welle, die in Indien ihren Anfang nahm, von dort nach Kalifornien gelangte und nun auch Europa und den Nahen Osten erreicht.

Dag Hammarskjöld, von 1953 bis 1961 Generalsekretär der Vereinten Nationen, ließ einst im UNO-Hauptquartier einen Meditationsraum einrichten. In einer seiner Reden betonte er, dass alle UN-Mitarbeiter sich regelmäßig die Zeit nehmen sollten, sich still hinzusetzen und Verbindung zu sich selbst aufzunehmen, um der Welt besser dienen zu können.[16] Er hatte das also bereits Mitte des vorigen Jahrhunderts verstanden, und mit unserem Schulungsprogramm habe ich dieses Erbe wiederbelebt.

Mit dem Programm will ich verhindern, dass humanitäre Helfer auch in Zukunft so traumatisiert werden wie ich damals. Ich möchte nicht, dass sie so viel leiden müssen wie ich. Das Inner Peacekeeping Program dient dazu, humanitären Helfern Methoden an die Hand zu geben, mit denen sie inneren Frieden erlangen können, sodass sie in der Lage sind, mit all dem Stress fertigzuwerden, dem sie bei ihrer Arbeit täglich ausgesetzt sind. Achtsamkeit, emotionale Intelligenz, bewusste Mitarbeiterführung, neurowissenschaftliche Erkenntnisse, Meditation und Yoga sind die Elemente, die das ermöglichen.

Während der Schulungen schauen wir uns an, was es bedeutet, für die Vereinten Nationen und für den Frieden zu arbeiten, und wie wir Geist und Körper miteinander verbinden und in Einklang bringen können. Das Ganze dauert nur zwei Tage, ist also sehr kompakt. Anschließend bieten wir monatliche Online-Beratungen an, durch die wir den Trainingsteilnehmern helfen, feste Gewohnheiten aufzubauen und die 20 Techniken für inneren Frieden, die wir ihnen gezeigt haben, regelmäßig zu praktizieren.

Die Teilnehmer werden in der Regel von ihren Vorgesetzten ausgewählt, meist sind es Mitarbeiter, die in Flüchtlingslagern arbeiten, aber auch eine freiwillige Teilnahme ist möglich. Manchmal gibt es eine lange Warteliste.

Wir unterrichten in Libyen, im Libanon und in Jordanien, in Syrien und im Irak. Ich plane außerdem, das Training in afrikanischen Staaten wie Kenia, Sudan, Somalia, Südafrika, Kongo und Mali anzubieten, wo es ebenfalls viele Flüchtlinge gibt. Die Amanuddin-Stiftung ist ausschließlich in Afghanistan tätig, während das Inner Peacekeeping Program Trainings für alle anderen Länder anbietet.

Für mich ist das, was wir lehren, wahrer Frieden. Es gibt keinen anderen Weg. Ich habe mich fast zwanzig Jahre lang für Frieden, Demokratisierung und Menschenrechte eingesetzt und dabei gelernt, dass Frieden keine Kopfsache ist, sondern eine Herzenssache. Albert Einstein sagte: »Der längste aller Wege führt vom Kopf zum Herzen.« Und er ist auch der Weg zum Frieden. Man kann den Verstand trainieren und alles über Demokratisierung und Menschenrechte lernen, aber wenn man nicht selbst zur Verkörperung des Friedens wird, ist man nicht authentisch.

Mein lebensveränderndes Erlebnis war ein zehntägiges Vipassana-Retreat. Die ersten drei oder vier Tage verbrachte ich komplett in der Vergangenheit, durchlebte alles noch einmal. Dann kreisten meine Gedanken drei Tage lang um die Zukunft. Am letzten Tag schließlich durchbrach ich die Mauer der Stille und erlangte Freiheit. Nach täglich elf Stunden Meditation – in einer Welt der Stille, in der man nicht spricht, nicht schreibt, nicht liest, niemandem in die Augen schaut – befand ich mich in einem so tiefen, tiefen meditativen Zustand, dass ich mich wie eine Taucherin unter Wasser fühlte. Ich tauchte tief in mich hinein und gelangte an einen Ort großen Friedens. Für mich war das eine erstaunliche Transformation. Wenn ich heute meditiere, weiß ich, wo ich in mir diesen Ort finde, der mir Freude schenkt und meine Seele nährt. Er ist wie ein Brunnen. Man gräbt nach Wasser, immer tiefer, und schließlich findet man es. So gelangte ich auch zu der Vision, das Inner Peacekeeping Program zu entwickeln.

Wenn Sie mich fragen, ob ich Afghanistan vermisse, lautet meine Antwort: »Ja, natürlich.« Dieses Land wird in meinem Herzen immer einen großen Platz einnehmen, denn es hat mich nach jahrelanger Suche zu meinem inneren Frieden geführt.

Meine absolute Priorität ist es momentan, ein ausreichend hohes Budget für den Ausbau des Inner Peacekeeping Program zu beschaffen, damit wir mehr Trainer einstellen und mehr Menschen mit der Achtsamkeitsmeditation vertraut machen können, in Zusammenarbeit mit der französischen Regierung, dem Militär und dem UNO-Hauptquartier. Mein großer Traum ist es, dass durch eine UN-Resolution ein Budget für Achtsamkeit und Wohlbefinden bewilligt wird.

Meine höchste Priorität zur Erreichung des Weltfriedens ist die Konzentration auf den inneren Frieden. Ich wünsche mir, dass alle Menschen diese Stille in sich entdecken können, denn wenn wir diesen Zustand inneren Friedens einmal gefunden haben, werden wir einander nicht mehr umbringen, und es wird auch keinen Ehestreit mehr geben. Dann leben wir alle in Frieden, und jeder trägt zum Weltfrieden bei, weil er/sie innerlich friedvoll ist. So funktioniert es.

Auch wenn die Welt gerade verrückter denn je zu sein scheint, sehe ich doch, dass immer mehr Menschen erwachen. Sie meditieren, ernähren sich bewusst, leben insgesamt bewusster. Immer mehr Menschen schließen sich diesem Flow an, surfen auf der Welle. Und es ist wunderschön, das mitzuerleben.

RONNIE UND KITRA | Es war eine besondere Zeit, in der ich meine innere Stille fand

RABBI RONNIE CAHANA UND KITRA CAHANA, FOTOGRAFIN UND DOKUMENTARFILMERIN

Anmerkung der Autoren: Hier stellen wir Ihnen Rabbi Ronnie Cahana und Kitra Cahana vor, eine seiner Töchter. Die Geschichte beginnt während einer schweren Krise. Kitra erzählt von ihrem ersten Besuch im Krankenhaus, nachdem ihr Vater einen Schlaganfall erlitten hatte, und davon, wie sich dadurch alles veränderte. Dann schildert Kitra die ersten Monate der Genesung ihres Vaters. Sie hielt Ronnies innere und äußere

Reise in Form einer Fotodokumentation fest, die sie »Stille in Bewegung« nennt. Seine verlangsamte Sprache und innere Stille inspirierten sie zu diesem atemberaubenden Kunstwerk.

Die beiden kommunizieren miteinander durch Worte und durch Zeit. Ihre Beziehung ist ein Tanz des Lebens. Der folgende Auszug enthält Unterhaltungen zwischen den beiden und erlaubt einen intimen Einblick in den Heilungsprozess, der nicht nur Ronnie selbst, sondern auch seine Familie und Gemeinde mit einschließt. Es ist eine Geschichte darüber, wie eine Krise zur Transformation führt und aus einer Katastrophe etwas Neues erschaffen wird.

◆ ◆ ◆

KITRA: Als wir zum ersten Mal das Zimmer betraten ... war ich außer mir. Ich hatte an einem Projekt in den USA gearbeitet, als ich die Nachricht erhielt, und musste von dort nach Montreal zurückfliegen. Während des ganzen Fluges hatte ich ständig weinen müssen. Für mich war das alles eine schreckliche Katastrophe. In der Nacht, als ich von dem Schlaganfall meines Vaters erfuhr, hatte ich einen Albtraum. Mein Vater erschien mir im Traum – körperlich war er völlig gesund, aber seine Persönlichkeit hatte sich total verändert. Er hatte sich in einen wirklich unangenehmen Menschen verwandelt, in jemanden, der lachte, wenn ich weinte, und sich über mich lustig machte. Er sagte: »All die Jahre habe ich euch etwas vorgespielt, aber jetzt wird meine wahre Persönlichkeit zum Vorschein kommen.« Ich wachte weinend auf. In dieser Verfassung betrat ich das Krankenzimmer, mit dem Gedanken, dass ich alles verloren hatte. Dass ich meinen engsten Freund verloren hatte. Doch in Wirklichkeit war nichts dergleichen geschehen. Das genaue Gegenteil war der Fall. Als er mit Liebe und Mitgefühl auf die Situation und uns reagierte, fühlte ich eine große Erleichterung. Ich spürte, dass ich gar nichts verloren hatte. Und so empfand er es auch – er hatte absolut nichts verloren.

> *RONNIE: Ich erwachte in der Stille, und das war eine wunderbare Erfahrung für mich. Nach den Verzerrungen und Vertuschungen der Außenwelt empfand ich es als großes Geschenk.*

Ich ging in jener Nacht nicht nach Hause, und auch nicht am nächsten oder übernächsten Tag ... ich betrat dieses Zimmer, und es war, als hätte für mich eine neue Existenz begonnen. Zumindest in diesen ersten Monaten lebten wir zusammen.

> *Niemand liebt so aus vollem Herzen wie du, Kitra. Du verfügst da über eine unermessliche Kraft.*

Ich hatte das Gefühl, habe es immer so empfunden, dass ich in diesen wenigen Monaten alles gab.

> *So wunderschön. Das größte Geschenk ist dein Herz ... dein vor Liebe überströmendes Herz.*

So wurde unsere gemeinsame Zeit im Krankenhaus eine Zeit, in der wir einfach zusammen waren und Fülle erlebten, gemeinsam lernten, uns in dem Krankenhaussystem zurechtzufinden. Wir lernten, was man über Schlaganfälle wissen muss und wie wir kommunizieren können. Es gab viele Lektionen zu lernen.

Mein Vater sprach viel darüber, sich auf Situationen einzustimmen –
wir mussten uns einstimmen. Wenn ich mich aufmachte, mich in dem
System des Krankenhauses um seine Belange zu kümmern, rief er
mich zurück und sagte: »Nein, du bist nicht genügend eingestimmt
und in Harmonie. Wir müssen uns aufeinander einstimmen, eins
werden, du musst meine Stimme sein. Du musst mein Körper werden.«
Es war also sehr persönlich, sehr intim. Es ging darum, sich selbst
ganz dem Dienst für einen anderen hinzugeben. Es war eine besondere
Zeit, und vielleicht gelangte ich dabei in die langsame Zeit, von der er
spricht: die Zeit der Stille.

Während des Schlaganfalls, während ich darum kämpfte,
aufzuwachen, hörte ich Kitras Sirenengesang, ein wiederkehrender
Satz aus unseren Morgengebeten. Es war der himmlischste Gesang,
den ich je gehört habe. So sanft. ♪♫ Mein Gott, die Seele, die du
mir geschenkt hast, ist rein. ♪♫ Immer wieder sang Kitra mir
auf Hebräisch diese Worte vor, sodass ich den Satz ganz und
gar aufnahm – erst mit dem Herzen und dann mit meinem
Bewusstsein. Durch ihre Stimme glitt ich aus meiner Benommen-
heit. Es ist ein längeres Gebet, aber sie sang nur diese Zeile.
In der östlichen Tradition heißt es, dass die Weisheit aus dem
Herzen kommt.

Seine erste Reaktion war, kreativ zu werden. Anfangs wollte er jeden
Tag stundenlang schreiben – Gedichte, Predigten, Briefe,
Lobpreisungen. Er schien ein nie endendes Bedürfnis zu haben, sich
auszudrücken und schöpferisch zu sein, seine Erfahrungen in Worte
zu fassen, alles Erlebte herauszulassen. Das Pflegepersonal drängte
ihn immer wieder: »Stenografieren Sie. Einmal blinzeln heißt Ja,
zweimal blinzeln Nein.« Das erwarteten sie von uns: effizient mit

der Zeit umzugehen. Doch mein Vater wollte es blumig. Er wollte
Witze machen. Lange Witze. Und dabei konnte er sich nur durch
Blinzeln mitteilen.

*In mir fühle ich meine volle Kraft. Ich kann es nicht nach außen
übersetzen, aber es ist alles vertraut für mich. Es ist aufregend.
Wenn ich faul werde, verliere ich wieder, was ich gewonnen habe.
Aber die innere Kraft ist vollkommen präsent. Daher weiß ich,
dass sie zurückkehrt. Ich muss nur fleißig sein. Es gibt so viele
Dinge, die bedacht werden müssen ... am wichtigsten für mich ist
meine Stimme. Durch Kommunikation kann ich andere erreichen,
ihnen mein Herz, mein Inneres öffnen. Als Erstes kommt die
Fähigkeit, Verbindung zu anderen herzustellen und von ihnen
verstanden zu werden. Für einen Rabbi gilt das ganz besonders.
Aber das ist eine neue, ungewohnte Anstrengung, eine vollkommen körperliche Anstrengung. Es erschöpft mich, zu atmen
und richtig zu formulieren.*
*In meiner Jugend war ich Sportler – der Körper erinnert sich
daran. Ich war stark, und ich besitze immer noch innerlich diese
Intensität, aber sie lässt sich äußerlich nicht mehr umsetzen. Ich
kann mich nicht mehr so leicht und fließend bewegen, wie ich es
gewohnt war. Aber die Stärke ist immer noch da. Ich denke von
mir selbst wie von einem Samenkorn, das geduldig in der Erde
ruht und sich innerlich bereits als großer Baum sieht. Und das
Gefühl, das begann, als ich unter der Erde lag, war, dass mein
Kopf explodierte und meine Arme und Beine sich von meinem
Rumpf lösten, und alle Arbeit, die es für mich noch zu tun gab,
bestand darin, meine Arme und Beine zurückzuholen. Ich dachte,
dass ich in meinem Garten lag und nach meinem rechten Arm
rief, der sich eine Meile weit weg auf der Straße befand, und nach*

meinem linken Arm – der ebenfalls eine Meile entfernt in entgegengesetzter Richtung lag. Das war alles sehr klar und deutlich. Das eine Bein befand sich am anderen Ende der Stadt, und das andere – ich bat sie, zu mir zurückzukommen, zurück zu meinem Zentrum. Und ganz allmählich folgten sie meinem Ruf und kehrten zurück.

Es gibt noch andere, weitaus seltsamere Empfindungen. Der Geist kann alle möglichen Geschichten erschaffen, so wie in unseren Träumen. Er verfügt über dieses unglaubliche Gewahrsein für andere Dimensionen. So erlangte ich die Kontrolle über meine Nackenmuskeln zurück. Aber all das schien zunächst unmöglich. Meinen Mund öffnen zu können war ein Wunder. Anfangs konnte ich nur mit den Augen zwinkern.

Die Leute sagen oft zu mir: »Oh, Ihr Vater ist eine solche Quelle der Inspiration.« Ich denke dann immer ... er ist einfach er selbst. Ich habe den Eindruck, dass der Schlaganfall ihm geholfen hat, sich besser zu fokussieren. Er ermöglichte es ihm, sich seinen Glauben wirklich zu eigen zu machen, ihn zu verkörpern, auf eine Weise, die für die Menschen in seiner Umgebung deutlich spürbar ist.

Die Intensität des Schlaganfalls bewirkte, dass ich schon nach kurzer Zeit erkannte, wie sehr unsere inneren Quellen uns dabei unterstützen, jede Herausforderung zu bewältigen. Die Welt aus dieser Perspektive zu sehen ist vor allem ein wunderbares Privileg – die eigene persönliche Geschichte zu erleben, und das Abenteuer, durch das sie führt. Ich sehe alles in einem starken Kontrast zu dem Leben, das die Menschen in der normalen Welt führen. Ich habe tiefe, mikroskopische Einsichten. Ich bewege mich einfach in einem anderen Tempo.

Ich glaube, mein Vater hat immer schon ein extremes Leben geführt, und er liebt es, seine eigene Mythologie auszuleben ... er liebt seine eigene Lebensgeschichte. Die Situation ist extrem, und ich hätte gar keine andere Reaktion darauf von ihm erwartet. Meine Mutter sagt, dass er über ein gesundes Ego verfügt, und er führt mit großer Entschiedenheit seine ureigene Existenz. Er duldet nicht, dass irgendjemand diese Existenz für ihn definiert oder deren Verlauf bestimmt. Ich weiß also nicht, ob er mit seinem jetzigen Leben andere inspirieren will oder einfach nur hartnäckig darauf beharrt, unter allen Umständen er selbst zu bleiben. Und ich denke, der Schlaganfall gab ihm mehr Raum und einen Freibrief, leidenschaftlich er selbst zu sein.

In meiner Synagoge sagten sie: »Du bist immer noch unser Rabbi, nichts hat sich geändert.« Das zu hören ist eine große Ehre, denn ich hatte geglaubt, als Rabbi überhaupt nicht mehr präsent sein zu können. Es ist eine so wunderbare Gemeinde. Meine Kinder versicherten mir, dass ich ihr Vater bin. All das schenkte mir so viel Leben. Sie stellten mich wieder her. Ich habe nichts verloren. Meine Frau sagte mir, dass wir niemals voneinander getrennt waren. Also ist meine Realität nichts, was ich nicht bin. Sie haben mir gesagt, wer ich immer noch bin. Alles ist ein Wunder, wenn wir das wollen. Alles. Es liegt allein an dir, ob du bereit bist, dich überraschen zu lassen. Und heute gibt es für mich nur Wunder und erste Schritte. Ich finde das großartig. Wenn du abstumpfst, verlierst du deine Neugierde, und dann wirst du alt. Doch wenn du neugierig bleibst, gibt es ständig neue Anfänge. Das ist die Freude des Seins.

Mir war von Anfang an klar, dass sich hier etwas ganz Besonderes ereignete. Ich war überwältigt angesichts der Reaktion meines Vaters auf seinen Zustand und der vielen Menschen, die ihn besuchten und sich von ihm Trost erhofften. Es war erstaunlich, wie es ihm gelang, diese auf Gegenseitigkeit beruhenden Beziehungen zu schaffen, Begegnungen des Schenkens und Heilens, und wie er diese Gegenseitigkeit einforderte. Daher erwachte in mir der Wunsch, etwas aus diesen besonderen Erlebnissen und Erfahrungen zu machen, mit ihm gemeinsam etwas zu erschaffen. Ich hatte meine Kamera immer dabei, und ich wollte dokumentieren, was geschah.

Ich weiß nicht, ob ich anderen überhaupt helfen kann – ich weiß es wirklich nicht –, aber ich bin sehr dankbar dafür, dass die Leute mir erlauben, es zu versuchen. Das ist, für mich, die Definition von Liebe. Wir Menschen sind so leicht korrumpierbar und so schwach, so verletzlich gegenüber Herausforderungen, die sich uns in den Weg stellen. Ein Teil in uns will nicht wachsen. Ich suche immer nach dem Antrieb, dem Schwung in uns, der uns weitermachen lässt, uns über uns selbst hinauswachsen lässt. Unsere kleinen Einschränkungen sollten unser Wachstum, unsere Entwicklung nicht aufhalten. Wir brauchen einander, um mehr aus unserem Leben zu machen. Deshalb machen wir den nächsten Atemzug: weil wir mehr wollen.

Wenn ich an die Menschheit denke, denke ich stets an Beziehungen. So werden wir erzogen: Man bringt uns bei, dass es die Hingabe für andere ist, die Liebe zum Lebenspartner, zur Familie, die menschliche Nähe, die unserem Leben den Sinn gibt – ich verstehe das jetzt.

Früher musste ich darüber nicht nachdenken. Ich konnte es einfach tun, doch jetzt, wo ich keinen Körper mehr habe, verstehe ich die Sehnsucht nach anderen Menschen, die Sehnsucht nach Liebe.

Es ist eine wunderschöne innere Welt, die in mir kreist. Ich bin

glücklich über das Privileg, diese Nähe zu den Menschen zu erleben, die mir so am Herzen liegen. Das ist der physische Aspekt der Liebe, der auch über körperliche Distanz hinweg wirkt.
Es ist die machtvollste Wahrheit über unsere Selbstliebe. Es ist viel wichtiger zu wissen, wie tief man selbst lieben kann, die eigene Liebesfähigkeit zu kennen – inspiriert durch den geliebten anderen –, als geliebt zu werden. Natürlich ist Liebe etwas Gegenseitiges, aber ich bin sehr dankbar, durch Liebe die Ewigkeit zu erkennen. Wenn wir wild und uns selbst transzendierend lieben, erhaschen wir einen Blick auf das Unendliche, das Göttliche, das himmlische Paradies, den Garten Eden. Wir können zwar immer nur kurze Blicke auf den Garten Eden erhaschen (heißt es in der Thora), aber dadurch wissen wir, dass wir jederzeit dorthin zurückkehren können. Damit überwinden wir das Exil. Mein kleines Exil ist also unwichtig. Die unendliche Liebe wohnt in unserer Persönlichkeit, unserer Menschlichkeit und unserer Welt. Die ganze Welt hat diese Liebe.

Die Leute sagen, Kunst wäre therapeutisch wirksam. Das stimmt nicht ganz, sondern es ist einfach so, dass die Kunst Teil der Art und Weise ist, wie ich gerne existiere – in einem Modus der Zusammenarbeit und Kreativität. Also fing ich an zu fotografieren, wie ich es auch in jeder anderen Situation mache, in der ich mich befinde. Aber die Bilder wirkten oberflächlich. Sie dokumentierten zwar die Liebe und alles, was in dem Krankenzimmer geschah, aber wenn ich sie den Leuten zeigte, sagten sie: »Oh, ist das traurig.« Sie wussten nicht, wie sie darauf reagieren sollten. Die Situation wirkte auf den Bildern traurig. Die Fotos erschienen mir flach, zweidimensional. Sie besaßen ihre ganz eigene Schönheit, aber ich hatte nicht den Eindruck, dass sie die Kraft der Worte meines Vaters spürbar machten. Also suchte ich *nach einem visuellen Vokabular, das unsere Erfahrungen für andere erlebbar machte. Ich brauchte Bilder, die den Betrachter sofort in jene Stille führten, die seine Worte vermitteln.*

Also experimentierte und spielte ich mit meiner Fotografie. Dabei respektierte ich die Idee der »langsamen Zeit«, von der mein Vater sprach. Ich wartete geduldig auf die richtigen Fotos und fügte mit der nötigen Langsamkeit der Geschichte weitere Bilder hinzu.

Von allen Projekten, die ich bisher realisiert habe, war dies das langsamste und längste. Wir werden dieses gemeinsame Werk fortsetzen, bis einer von uns stirbt. Wir werden über diese langsame Zeit schreiben und sie dokumentieren – ich nenne das Projekt Still Man. Damit führen wir fort, was wir auf der Intensivstation und dann im Krankenhauszimmer begonnen haben, als wir uns auf die Situation einstimmten. Bei dieser kreativen Zusammenarbeit stimmen wir unsere Künstlerpersönlichkeiten aufeinander ein, und das betrachten wir als ein fortlaufendes Projekt.

Empfindest du es auch so?

    Gott sei Dank.

Gefällt dir, wie die Bilder dich zeigen?

    Du hast meine Welt erschaffen ... sodass ich in sie hineinwachsen konnte. Du hast mir gezeigt, wie ich aussah.

Beschreiben die Fotografien deine innere Welt? Die einzelnen Schichten? Die Langsamkeit?

    Es ist die Welt, die ich will. Sie ist vollkommen. Du hast sie erfahrbar gemacht, Kitra. Ich bin so dankbar.

Das ist es, was ich einzufangen versuche.

Du kennst meine Seele. Es ist Instinkt. Vater, Tochter.

Es ist generationenübergreifend. Meine Fotokunst ist sehr stark von der künstlerischen Arbeit meiner Großmutter inspiriert. Sie ist eine Holocaust-Überlebende und malte ihre Erfahrungen. Ich wuchs umgeben von ihren Bildern und mit ihrer Stimme auf. Wenn ich meine persönliche künstlerische Stimme suche und mich danach sehne, ihr Ausdruck zu verleihen, suche ich bei meiner Großmutter nach Führung und Inspiration. Die poetische Stimme meines Vaters erzeugt aus einem Strom von Worten ebenfalls eine Art vielschichtiges Bild. Ich denke, wir beide ergänzen uns gut. Ich verwende seine Stimme, seine physische Stimme, so gerne für meine Kunstwerke, weil sie so langsam ist. Sie fesselt meine Aufmerksamkeit. Sie erzeugt eine Art von Balance zu den Bildern und den Videos. Auch die Bewegungen in den Videos sind sehr langsam. Und das ist das Ziel: einen Raum zu schaffen für eine andere Zeit, einen Weg der Verlangsamung.
Meine Eltern haben uns alle sehr dazu ermutigt, wieder in unser eigenes Leben zurückzukehren und dann von dort aus zu Besuch zu kommen und zu schauen, wo wir helfen können. Ich denke, es wäre selbstsüchtig gewesen, wenn mein Vater mich gebeten hätte, für immer in seiner langsam laufenden Zeit zu bleiben. Aber wir werden stets dadurch verbunden sein, dass wir gemeinsam die Erfahrung gemacht haben, wie es ist, sich auf dem schmalen Grat zwischen Leben und Nicht-Leben zu befinden und dann zusammen zurückgekehrt zu sein.

Die Stille ermöglicht es uns, nachzudenken, aber dann, nach der Stille, gibt es etwas noch Größeres, und ich glaube, das ist unsere

Ehrfurcht. Wenn wir Ehrfurcht zum Ausdruck bringen, unsere
Aufmerksamkeit weniger auf unser »Ich« richten und mehr auf all
die Dinge, die »sind« und denen wir Ehrfurcht entgegenbringen,
öffnen wir uns und wenden uns anderen zu. Und danach suche ich
bei der Begegnung mit anderen Menschen: »Was in der Welt
erfüllt dich mit Ehrfurcht? Berichte mir davon. Ich bin bei dir.«
Dann gibt es einen echten Erfahrungsaustausch.
Gegenseitige Verletzlichkeit ist alles, worum ich bitte, von Seele
zu Seele. Das ist die aufrichtigste, die mutigste Art zu leben.
Die Angst vor der Angst ist unser Problem. Wenn wir unsere
Verletzlichkeit zugeben, können wir einander helfen – Liebe ist,
wenn wir unsere Ängste einem anderen Menschen anvertrauen.
Im Judentum bedeutet Gottesfurcht, demütig genug zu sein, um
zu Gott zu sagen: »Hilf mir.« Diese Kraft fehlt vielen Menschen.
Sie glauben, mit allem allein fertigwerden zu müssen. Aber wir
brauchen einander. Es ist eine wunderbare Wahrheit, wenn wir
sagen: »Ich brauche Hilfe. Bitte, lieber Gott, gib mir noch eine
Chance.« Das war mein Gebet während meiner Bewusstlosigkeit.
Es war wie ein Mantra, das ich ständig wiederholte. Ich betete zu
Gott: »Bitte, noch einen Kuss von Karen.« »Bitte, ich möchte noch
einmal meine Kinder umarmen.« Und: »Jedes Kind braucht noch
einen Beweis für die ewige Liebe. Bitte, gib ihnen noch einen
Beweis.« Und Gott schenkte es mir, weiterleben zu können.
Ich bin so unendlich dankbar. Ich habe inzwischen schon so viele
Küsse bekommen. Ich kann gar nicht genug dafür danken.
Das Wunderbarste, was wir einander sagen können, ist: »Ich
brauche dich.« Deshalb sagen Jugendliche zu ihren Eltern, wenn sie
ihnen richtig wehtun wollen: »Ich brauche euch nicht.« Weil sie
ihre Eltern in Wahrheit so sehr brauchen. Meine Mutter liebte
mich so sehr, weil ihr in Auschwitz von der Welt gesagt worden

war: »Du existierst überhaupt nicht.« Und meine Geburt und die Geburt meiner Geschwister bedeutete für meine Mutter: »Ich existiere jetzt, durch euch.« So wurden wir behandelt. Ich habe bedingungslose Liebe kennengelernt. Meine Mutter war erst fünfzehn Jahre alt, als sie von Tod umgeben war. Sie und ihre Schwester überlebten nur, weil diese Liebe unzerstörbar, unangefochten, unverletzlich war. Zu lieben ist etwas sehr, sehr Großes und Wunderbares.

Wenn ich intensiv träume, einen Traum mit einer Botschaft, erzähle ich ihn meiner Frau Karen, und sie sagt mir, wie der Traum ausgeht. Das machen wir so, seit wir verheiratet sind. Es hilft, uns das Wunder unserer Liebe bewusst zu machen. Wir haben diese Liebe nie für selbstverständlich gehalten.

Vor dem Schlaganfall war ich sehr rastlos. Und ich befand mich in der Gefahr, mir die viele Wut zu sehr zu Herzen zu nehmen, die ich ringsherum wahrnahm. Es fiel mir schwer, mich dagegen zu schützen. Ich hatte keinen Schutzschild gegen die toxische Wirkung der Wut. Wut ist reine Selbstsucht: Wir geben vor, dass wir es nicht verdienen, frustriert oder enttäuscht zu werden. Niemand ist dagegen immun, und es war schrecklich, dieser Wut ausgesetzt zu sein, die in vielen gesellschaftlichen Zusammenhängen das Kapital ist, auf dem zwischenmenschliche Beziehungen beruhen. Gott sei Dank lernte ich, innerlich stark genug zu werden, um mich gegen dieses Gift zu schützen. Es verunreinigt uns. Aber der Schlaganfall ermöglichte es mir, mich zu schützen. Sogar noch nach dem Schlaganfall wehrte ich mich gegen diese Lektion. Aber allmählich entdeckte ich die Stille für mich, öffnete mich ihr. Ich erkannte, wie die Wut uns dazu verleitet, den Charakter anderer Mensch falsch zu beurteilen.

Das macht uns blind und behindert unsere innere Reinigung.
Der Schlaganfall brachte für mich diese notwendige Reinigung.
Ich bin so dankbar für diese Lektion. Ich bin so dankbar, dass ich
am Leben blieb und diese Lektion lernen durfte.
Wir wurden dazu erschaffen, Freude zu erleben. Wir wurden dazu
erschaffen, Freude zu schenken. Liebe ist endlose Freude. Alles ist
von großer, ehrfurchtgebietender Tiefe – die Schönheit des Lebens,
die Erkenntnis, dass Gott Teil unseres Lebens ist, das Wunder des
Seins, die Unschuld der Vollkommenheit – es ist reine Freude. Und
diese Freude ist das, was uns miteinander verbindet, Nähe
zwischen uns schafft. Sie überbrückt die Distanz zwischen uns und
lässt uns erkennen, dass wir gebraucht werden, dass die Welt uns
braucht. Glück ist der Glaube an unsere Lebenskraft. Dieser Glaube
ist unsere Lebenskraft. Wir sollten ihn nicht zerstören.

Viele Menschen mit dem Locked-in-Syndrom können nur noch ein
Auge bewegen. Ich habe solche Menschen getroffen. Aber ich bin
auch jemandem begegnet, der heute wieder Fahrrad fährt und
vollständig zurückgekehrt ist. Er hat mich im Krankenhaus
besucht. Ich sagte zu ihm: »Tun Sie mir bitte einen Gefallen.
Tanzen Sie mit Ihrer Frau.« Er antwortete: »Ich tanze nicht.« Ich
schaute ihn an und wiederholte: »Tanzen Sie mit Ihrer Frau.« Also
fingen sie an zu tanzen, und das machte sie so froh und glücklich,
dass ich vor Freude weinte. Das Leben ist dafür geschaffen, zu
tanzen. Wenn Menschen darauf vertrauen, dass ihr Körper sich
selbst heilen kann, dass ihr Körper ihr Lehrer sein kann und dass
sie auf diese Weise in die Stille gelangen können, ist die Stille ein
wunderbarer Zustand. Und wir kommen darin in Kontakt mit
einer wichtigen Wahrheit. Wieder mit Karen tanzen zu können ist
meine größte Erwartung. Und ich weiß, dass es geschehen wird.

Und daher glaube ich, dass es ein großartiges Ziel ist, uns selbst von Zweifeln zu befreien. Zweifel verkrüppeln uns. Scheucht sie davon, weist ihnen die Tür! Zweifelt nicht. Wenn wir nicht zweifeln, können wir sein, woran wir glauben, und wir können selbst wählen, woran wir glauben wollen. Das ist Freiheit.

Ich frage die Leute immer: »Was ist deine Lähmung?« Jeden frage ich das. Wir alle haben Leiden und Einschränkungen, und sie erzählen mir dann davon. Das ist sehr befreiend. Meine Lähmung ist ziemlich offensichtlich. Aber ich fühle mich nicht eingesperrt. Ich fühle mich glücklich befreit. Das gibt mir so viel. Ich sehe eine Projektion meiner selbst und schaue einfach nur zu. Ich sitze in der ersten Reihe und schaue mir diese persönliche Wiederbelebung an. Und es geht mir glänzend damit. Es ist eine wunderbare Zeit.

»Einssein ist das Ziel.«

RABBI RONNIE CAHANA

●

FAZIT

Wenn wir Zeit in der Stille verbringen und durch Meditation und Achtsamkeitsübungen eine tiefe Verbindung zu unserem Herzen entwickeln, baut sich mit der Zeit eine Erfahrung der Verbundenheit (mit anderen Menschen, mit dem Planeten) auf. Das ist vergleichbar mit der »größeren Perspektive«, von der Astronauten berichten, einer Veränderung – oder Erweiterung – unseres Bildes von der Welt, die sich augenblicklich einstellt, sobald wir den Planeten Erde zum ersten Mal aus dem All sehen. Plötzlich, statt Grenzen, verschiedene Kulturen und politische Systeme zu sehen oder die Details und das tägliche Chaos unserer individuellen Leben, sehen die Astronauten eine leuchtende Kugel des Lebens von vollkommener Schönheit, die in der Weite des Weltraums schwebt. Das führt zu einer augenblicklichen Veränderung der Wahrnehmung. Statt sich als Individuen wahrzunehmen, fühlen die Astronauten sich – emotional, instinktiv – als Teile eines Ganzen, einer einzigen synchronen Gemeinschaft, die mit der Natur und dem gesamten Universum koexistiert. Es ist eine Erfahrung der Einheit – des »Einsseins« –, die sie zutiefst bewegt. Das ist genau der Bewusstseinswandel, den wir benötigen, um eine bessere Zukunft zu erschaffen oder überhaupt unser Überleben zu sichern.

Wir standen über lange Zeit in Kontakt mit mehreren Astronauten, die wir gerne im Film und im Buch zu Wort kommen lassen wollten. Leider lassen sich nicht alle schönen Ideen verwirklichen, aber während unserer Gespräche mit ihnen erwähnte die NASA-Astronautin Dr. Mae Jemison eine Hindu-Legende, die ihr als Kind erzählt worden war. Wir finden, dass der gegenwärtige Zustand unserer Welt darin ganz ausgezeichnet zusammengefasst wird.

Die Geschichte ereignete sich in einer längst vergessenen Zeit, in der die Menschen ihre wahre Essenz so schrecklich missbrauchten, dass Brahma, der höchste Gott, beschloss, ihnen ihre Essenz wegzunehmen und sie vor ihnen zu verstecken. Brahma wollte nicht, dass die Menschen sie jemals wiederfanden – er kannte die Menschen und wusste, dass sie dann wieder in ihre missbräuchlichen, gewalttätigen Verhaltensmuster zurückfallen würden. Also berief er eine Versammlung der Götter ein, damit sie ihm halfen, ein geeignetes Versteck zu finden. Einige Götter schlugen vor, Brahma solle die Essenz der Menschen tief unter der Erde vergraben, doch das lehnte er ab, weil die Menschen einfach graben und das Versteck finden würden. Dann kam aus der Versammlung der Vorschlag, sie im tiefsten Meer zu versenken, aber Brahma wusste, dass die Menschen lernen würden, ins Meer hinabzutauchen. Als Nächstes schlugen die Götter den höchsten aller Berggipfel als Versteck vor, doch auch das kam für Brahma nicht infrage, denn er wusste, dass die Menschen alle Berge besteigen würden. Es schien, dass die Menschen in der Lage waren, jeden Ort auf der Erde zu erreichen. Irgendwann gaben die Götter auf. Doch Brahma dachte weiter intensiv nach und fand schließlich die Lösung: Er würde die wahre Essenz der Menschen an einem Ort verstecken, an dem zu suchen ihnen niemals in den Sinn kommen würde. Und seitdem, so heißt es in dieser Geschichte, graben, tauchen, klettern und forschen die Menschen unermüdlich im Äußeren – auf der Suche nach etwas, das sich in Wahrheit in ihnen selbst befindet.

Als Zivilisation haben wir schon eine Menge Pfade beschritten, um jenes »Etwas« zu finden, das uns all das bescheren wird, wonach wir uns sehnen und von dem wir glauben, dass es uns von Geburt her zusteht – Reichtum, Glück, Liebe und ein Gefühl der Verbundenheit. Diese Suche hat unserer Spezies ein enormes Wissen eingebracht und eine unglaubliche Entfaltung unserer Fähigkeiten bewirkt – was angesichts unserer gegenwärtigen globalen Lage ein großer Aktivposten ist, auch wenn wir nicht immer gefunden haben, wonach wir wirklich suchten. Aber es weht heute ein frischer Wind der Veränderung. Während unsere Suche in der Außenwelt sich zunehmend erschöpft, lernen wir, unseren *inneren* Raum zu erkunden: ein noch wenig erforschtes Terrain.

Wir können nicht die Verantwortung für die Entscheidungen und Handlungen aller anderen Menschen übernehmen, aber sehr wohl für unsere eigenen. Die Meditation kann eine Schlüsselrolle spielen, indem sie uns hilft, genau das zu tun. Sie steigert unsere Fähigkeit, uns unseren persönlichen und globalen Herausforderungen zu stellen exponentiell. Dazu bedarf es wenig. Es ist so, wie der Beduinenführer einst zu Jacqui sagte: »Schließe deine Augen und öffne deinen Geist.«

Allein dadurch, dass wir hier auf der Erde leben – jetzt –, sind wir alle Teil von Entwicklungen, die unmittelbar bevorstehen. Jede und jeder Einzelne von uns wird dazu beitragen, den Schritt zur nächsten Entwicklungsstufe unserer Zivilisation möglich zu machen, indem wir kleine, alltägliche Veränderungen vornehmen und jeden Tag durch Meditation ein Fenster in die Stille öffnen. Einer von Toms Lehrern sagte einmal: »Frieden auf Erden: Jeder Meditierende baut daran mit.« Es ist nur eine Frage der Zeit, bis die meisten von uns sich aktiv dafür entscheiden werden, denn das nicht zu tun hätte unvorstellbare Konsequenzen. Während wir also zitternd am Rand der bevorstehenden Transformation stehen und über einige der besonders beängstigenden Probleme der Gegenwart nachdenken, laden wir Sie alle dazu ein, das Potenzial zu spüren, welches für unsere Spezies darin liegt, dass wir uns Zeit für Momente der Stille nehmen – und für unsere Fähigkeit, unsere Welt von innen nach außen zu verändern. Das ist unsere Evolution.

Wenn Sie sich an diesem bahnbrechenden – und doch unglaublich einfachen – globalen Gemeinschaftserlebnis beteiligen möchten, laden wir Sie ein, über www.entertheportal.com mit uns Verbindung aufzunehmen. Dort finden Sie weitere Informationen über Meditation, Transformation und aktuelle Aktionen und Veranstaltungen.

»Es ist viel wichtiger zu wissen,

wie tief man selbst lieben kann,

die eigene Liebesfähigkeit zu kennen –

inspiriert durch den geliebten anderen –,

als geliebt zu werden.«

RABBI RONNIE CAHANA

●

EINE EINFÜHRUNG IN DIE MEDITATION

VON TOM CRONIN

»Meditation gibt es schon seit Jahrtausenden.
Sie ist eine unglaublich tiefgreifende Methode zur Lenkung
und Verfeinerung der menschlichen Aufmerksamkeit.«

MIKEY SIEGEL

Mit der Meditation ist es im Prinzip nicht anders als mit unseren Smartphones, den sozialen Medien oder sogar unseren Problemen: Sie alle lenken unsere Aufmerksamkeit in eine bestimmte Richtung. Das Besondere an der Meditation ist aber, dass sie unsere Aufmerksamkeit von der Außen- auf die Innenwelt lenkt.

Von dem Moment unserer Geburt an richtet sich unser Bewusstsein auf die äußere Umwelt aus und verarbeitet tagaus, tagein Informationen, die es von dort erhält. Wie wir an den Erfahrungsberichten in diesem Buch gesehen haben, formen diese ständig von uns aufgenommenen Informationen von früher Kindheit an unsere Identität. Sie prägen uns, und nach einer gewissen Zeit ist unser formbares Gehirn durch diese Erfahrungen in einer bestimmten Weise kodiert. So bleiben sie an uns haften, während wir erwachsen werden und unser Leben gestalten.

Wenn wir anfangen zu meditieren, richten wir unsere geistige Aufmerksamkeit nach innen, also entgegen ihrer natürlichen Ausrichtung. Das Bewusstsein sucht ständig nach Ablenkung, und das Nachdenken über unsere Umwelt erzeugt in unserem Geist das Gefühl, auf reizvolle und aufregende Art beschäftigt zu sein. Warum sollte er sich also nicht auf diese attraktiven und faszinierenden Ablenkungen konzentrieren? Jeder Gedanke löst im Körper eine Gefühlsveränderung aus und damit eine sich permanent verändernde Freude-Schmerz-Dynamik. Manche Gedanken lösen angenehme Gefühle aus, andere unangenehme. Dem Bewusstsein ist es gleichgültig, welche Qualität ein Gefühl hat, es sucht lediglich nach Erregung. Während wir wach sind und durch den Tag gehen, bewegen wir uns ständig zwischen diesen Gefühlsgipfeln und -tälern auf und ab.

Wenn das Bewusstsein sich stattdessen nach innen wendet, sich auf die innere Stille konzentriert, jenseits der Gedanken, nimmt die Erregung ab. Deepak Chopra, Bestsellerautor, Arzt und Meditationsexperte, beschreibt es so: »Meditation ist kein Weg, um Ihren Geist zu beruhigen. Sie ist ein Weg, Zugang zu der Stille zu finden, die bereits da ist – begraben unter den 50 000 Gedanken, die der Mensch im Durchschnitt jeden Tag denkt.«[17] Wenn das Bewusstsein sich von den Gedanken löst und in diese Stille eintaucht, kommt der Körper zur Ruhe. Die Reduzierung der geistigen Reize bewirkt auch eine Reduzierung der körperlichen Reize. So gelangen wir in einen physiologischen und mentalen Ruhezustand. Zu den großen Herausforderungen für eine tägliche Meditationspraxis gehört das Ausmaß, in dem wir uns von der Erregtheit in der Außenwelt anstecken lassen: Treffen mit Freunden, Kinobesuche,

Geld verdienen, E-Mails lesen und sich durch die sozialen Medien scrollen – das alles sind sehr stimulierende Aktivitäten. Und kaum jemandem fällt es leicht, sich von ihnen abzuwenden, um seine innere Welt zu erforschen.

Was aber heute immer mehr Menschen dazu antreibt, die innere Stille zu suchen, ist ein tiefes Bedürfnis, sich Auszeiten zu gönnen und sich von der Überforderung von Geist und Körper zu erholen, die durch die rasant wachsenden technologischen Möglichkeiten und eine immer größere Fülle an Informationen verursacht wird. Ängste und Depressionen haben in der modernen Welt enorm zugenommen, besonders unter Teenagern, die mit der neuen Ära der sozialen Medien zurechtkommen müssen. Marco Grados, stellvertretender Direktor am Johns Hopkins Hospital, bemerkt zu den Auswirkungen der sozialen Medien auf junge Menschen: »Es dreht sich alles um das eigene Image: wie viele Likes sie bekommen, wer ihre Profile besucht, wer ihre Bilder anklickt. Und das kann sich sehr schnell ins Negative kehren. Kinder sind dem Tag für Tag ausgesetzt, und es tut ihnen nicht gut.«[18]

Meditation wirkt auf zahlreichen Ebenen, aber zuallererst ist sie eine unglaublich wirkungsvolle Methode, den Körper von dem nervösen Kampf-oder-Flucht-Modus auf den beruhigenden, heilsamen parasympathischen Modus des Nervensystems umschalten zu lassen, auch bekannt als Ruhe- und Verdauungszustand. Wenn der Körper in diesen Zustand übergeht, ereignen sich unglaubliche Veränderungen in der Biochemie unseres Körpers. Statt Cortisol und Adrenalin ins Blut zu pumpen, werden Melatonin (verbessert den Schlaf), Serotonin (bewirkt Glücksgefühle) und Oxytocin (weckt Liebesgefühle) in uns freigesetzt. Unsere Hirnfunktionen verbessern sich, und alle Teile des Gehirns arbeiten kohärenter zusammen. Die tiefe Ruhe, die sich durch das Erleben der inneren Stille einstellt, ermöglicht es unserem Körper, sich zu regenerieren. Zu den zahlreichen positiven Wirkungen der Meditation gehören unter anderem Angstabbau, Senkung des Cholesterinspiegels und Blutdrucks, Besserung bei Nebennierenschwäche, Heilung von Depressionen, Verbesserung des Schlafs und Verlangsamung des Alterungsprozesses.

Vielen Menschen fällt es schwer, sich Zeit für das Meditieren zu nehmen, weil sie das Gefühl haben, sie müssten »so viel mehr tun«, als sich einfach nur mit geschlossenen Augen still hinzusetzen. Alles, was wir tagtäglich tun, ist von unserer Suche nach Erfüllung geleitet. Sie motiviert jede unserer Handlungen, ob wir das Bad putzen, zu einem Rockkonzert gehen, schlafen oder in einem tibetischen Kloster meditieren – stets suchen wir nach Erfüllung. Die Frage lautet also: Ist Ihr Leben erfüllt? Leben Sie gesund, glücklich, mit Leichtigkeit und Freude?

Der Preis dafür, dass wir im Alltag »mehr tun« und »mehr für uns herausholen«, ist, sich gestresst, ängstlich, müde und unwohl zu fühlen. Wenn wir in der Außenwelt nach Erfüllung suchen, bekommen wir zwar immer wieder eine kleine Dosis Glücksgefühle, aber hinterher bleiben wir enttäuscht und mit dem Verlangen nach mehr zurück. Sicher haben Sie schon die Empfehlung »Tue weniger, erreiche mehr« gehört. Das gilt auch für die Meditation. Indem wir uns still hinsetzen, gönnen wir Geist und Körper eine Ruhepause und beginnen, unser inneres Gleichgewicht wiederherzustellen. Mein Vorschlag an Sie: Experimentieren und forschen Sie selbst. Finden Sie heraus, was für Sie am besten funktioniert. Wie verändert sich Ihr Leben, wenn Sie täglich morgens und am Nachmittag meditieren? Wie ist es, wenn Sie einmal täglich meditieren? Wie geht es Ihnen, wenn Sie gar nicht meditieren? Das ist ein großartiges Experiment, das ich Ihnen sehr empfehle. Probieren Sie es für ein paar Wochen aus und schauen Sie, welche Resultate sich einstellen.

Als ich lernte zu meditieren, empfahl mein Lehrer mir zwei tägliche Sitzungen von je 20 Minuten. Ich fiel fast vom Stuhl – wie sollte ich dafür Zeit finden? Aber es gelang mir dann doch, in meinem Tagesablauf Platz dafür zu schaffen. Ich rechnete mir aus, dass mein Tag aus zweiundsiebzig 20-Minuten-Segmenten bestand. Und jedes dieser Segmente diente mir dazu, nach Erfüllung zu suchen. Trotzdem fühlte ich mich miserabel, ängstlich und gestresst. Also beschloss ich, zwei 20-Minuten-Blöcke für die Meditation einzuplanen, so blieben siebzig weitere Blöcke übrig, in denen ich meinen anderen Aktivitäten nachgehen konnte. Das war immer noch eine Menge Zeit. Wenn Sie also das Gefühl haben, Sie hätten nicht genug Zeit, um die Meditation in Ihren Tagesablauf zu integrieren, dann unterteilen Sie den Tag in solche Segmente. Und wenn es eine 10-Minuten-Meditation sein soll, haben Sie immer noch hundertdreiundvierzig weitere 10-Minuten-Segmente zur Verfügung, um in allen anderen Bereichen Erfüllung zu finden.

Um Ihnen dabei zu helfen, die Meditation fest in Ihren Alltag einzubauen, habe ich im Folgenden einige Tipps zusammengestellt, wie Sie sich gut darauf vorbereiten können, gefolgt von einigen einfachen Techniken für den Einstieg.

Vorbereitung auf die Meditation

Setzen Sie sich bequem auf einen Stuhl oder Sessel. Wenn Sie sehr beweglich sind und es für Sie angenehm ist, können Sie sich auch mit gekreuzten Beinen in Lotoshaltung hinsetzen, aber das ist keineswegs notwendig. Ich empfehle Ihnen, dafür zu sorgen, dass Sie sich während der Meditation möglichst wohlfühlen. Deshalb eignet sich für den Anfang ein bequemer Sessel mit gut gepolsterter Rückenlehne sehr gut.

Nehmen Sie sich für Ihre regelmäßigen Meditationsübungen zehn bis zwanzig Minuten Zeit. Natürlich können Sie auch fünf Minuten oder nur eine Minute meditieren, aber damit Sie gerade am Anfang deutliche Wirkungen verspüren, sind zehn bis zwanzig Minuten ideal.

Finden Sie einen Ort, an dem Sie ungestört und möglichst wenig äußeren Sinnesreizen ausgesetzt sind. Wenn es windig ist, Sie in der direkten Sonne sitzen, viele Hintergrundgeräusche vorhanden sind, Fliegen oder andere Insekten herumschwirren, werden Sie feststellen, dass Ihre Aufmerksamkeit immer wieder von den Sinnen beansprucht wird, die diese Informationen aus der Umwelt verarbeiten. Das wird die Meditation stören. Denken Sie daran, dass es darum geht, die Aufmerksamkeit nach innen zu richten. Die Sinne beschäftigen sich aber mit der Außenwelt. Daher wird es Ihnen an einem Ort, an dem es nur wenige Sinnesreize gibt, leichter fallen, in den meditativen Zustand zu gelangen, vor allem wenn das Meditieren noch neu für Sie ist. Ich habe aber auch schon in überfüllten Bahnhöfen meditiert und trotzdem inneren Frieden gefunden.

Verwenden Sie einen Timer oder Wecker, um die vorgesehene Zeit einzuhalten. Dann können Sie sich ganz auf die Meditation einlassen, ohne zwischendurch auf die Uhr schauen zu müssen. Allerdings kann das Signal eines Timers Sie unsanft aus einer Meditation reißen, wenn Sie in einen Zustand sehr tiefer Ruhe abgetaucht sind. Wenn Sie die Zeit haben, sich auf eine längere Erfahrung einlassen zu können, sollten Sie sich das gönnen. Wenn nicht, stellen Sie Ihren Timer auf die gewünschte Zeit.

Aktivieren Sie den Flugmodus Ihres Handys oder schalten Sie es ganz aus. Selbst wenn Sie den Klingelton stummschalten, kann das Handy Ihre Konzentration beeinträchtigen, weil Sie den Drang verspüren, sich gedanklich mit möglicherweise eintreffenden Nachrichten oder Gesprächen zu beschäftigen. Unsere Smartphones sind gezielt daraufhin konstruiert, unsere Aufmerksamkeit zu fesseln. Sie bewusst abzuschalten befreit unseren Geist davon, zwanghaft in diese Richtung zu wandern.

Ihren Meditationsort vorzubereiten, kann ein schönes Ritual sein. Es ist aber nicht wesentlich, und ich will keineswegs die Idee propagieren, für die Meditation seien irgendwelche äußeren Utensilien nötig. Idealerweise sollten wir imstande sein, überall und jederzeit zu meditieren. Doch wenn Sie einen bestimmten Ort haben, an den Sie sich regelmäßig zum Meditieren zurückziehen, wird Ihr Körper es zu schätzen wissen und sich schon einstimmen, während Sie ein paar vorbereitende Handlungen ausführen. Auch wenn das seltsam klingen mag: Überlegen Sie, wie Sie sich vor einer Achterbahnfahrt fühlen. Ihr Puls schlägt bereits schneller, und Adrenalin fließt durch Ihre Adern. Die entgegengesetzte Körperreaktion geschieht, wenn Sie eine Kerze anzünden,

Weihrauch verbrennen, sich einen Schal um die Schultern legen und die Kissen auf dem Sessel zurechtrücken: Der Körper spürt, dass die Meditation unmittelbar bevorsteht, und beginnt bereits, sich zu entspannen. Wenn Sie also in einem bestimmten Zimmer meditieren und ein kleines Vorbereitungsritual praktizieren, kann Ihnen das bei der Einstimmung helfen.

Jetzt haben wir unseren Meditationsort vorbereitet, und es ist Zeit, mit der Meditation zu beginnen. Es gibt viele verschiedene Meditationsformen, so wie es Essen für jeden Geschmack gibt. Um die Dinge zu vereinfachen, habe ich die Methoden in drei Kategorien eingeteilt: konzentrierte Meditation, kontemplative Meditation und transzendierende Meditation.

Konzentrierte Meditation

Bei der konzentrierten Meditation richten wir unsere Aufmerksamkeit auf einen ruhenden Punkt. Das kann sich am Anfang etwas unangenehm anfühlen und schwierig sein, weil das Bewusstsein sich dagegen sträubt. Doch durch Disziplin und regelmäßiges Üben werden Sie mehr Kontrolle über Ihr Bewusstsein erlangen.

Schritt 1: Schließen Sie die Augen.
Schritt 2: Beobachten Sie innerlich, wie Ihr Atem ganz einfach und natürlich ein- und ausströmt. Ohne Zwang und mühelos.

Schritt 3:	Beobachten Sie innerlich, wie die Luft beim Ein- und Ausatmen durch die Nasenlöcher streicht. Richten Sie Ihre Aufmerksamkeit noch intensiver auf die kühle Empfindung, die von der über die Haut streichenden Luft hervorgerufen wird.
Schritt 4:	Richten Sie nun Ihre volle Aufmerksamkeit auf die Haut an Ihren Nasenlöchern, wo die Atemluft dieses kühle Gefühl erzeugt. Wenn Ihre Gedanken abschweifen, bringen Sie sie immer wieder zu diesem Fokus zurück. Es ist okay, wenn die Aufmerksamkeit immer wieder abschweift. Der Schlüssel zu dieser Meditation liegt darin, dann jedes Mal wieder bewusst zu den Empfindungen an den Nasenlöchern zurückzukehren.
Schritt 5:	Behalten Sie diesen Fokus auf die Haut an Ihren Nasenlöchern mindestens 10 Minuten bei. Mit der Zeit können Sie, wenn Sie wollen, die Dauer auf 20 oder noch mehr Minuten ausdehnen.

Wie Sie sehen, ist das eine sehr einfache Atemmeditation. Auf eine Sache können wir uns verlassen, solange wir leben: Unser Atem ist immer da, bei Tag und bei Nacht. Der buddhistische Mönch Ajahn Chah sagte dazu: »Wenn Sie Zeit haben zu atmen, haben Sie auch Zeit zu meditieren. Sie atmen, während Sie gehen. Sie atmen, während Sie stehen. Sie atmen, wenn Sie sich hinlegen.«[19]

Kontemplative Meditation

Die kontemplative Meditation ist eine Methode, bei der wir uns gezielt mit ganz bestimmten Inhalten gedanklich beschäftigen. Während eines Tages gehen uns im Durchschnitt 50 000 bis 70 000 Gedanken durch den Kopf. Oft sind sie negativ getönt, etwa wenn wir Sorge, Reue, Schuld oder Wut empfinden. Bei der kontemplativen Meditation wählen wir bewusst bestimmte Gedanken aus. Das bedeutet, aktiv zu denken statt reaktiv. Dabei können Sie eine geführte Meditation wählen, die Ihnen hilft, Ihre Aufmerksamkeit in eine bestimmte Richtung zu lenken, oder, wenn Sie sich dazu in der Lage fühlen, übernehmen Sie selbst die Führung.

Bei dieser Meditation werden wir unsere Aufmerksamkeit auf die Herzebene richten. Ein wichtiges Prinzip im Leben lautet: *Das, dem wir viel Aufmerksamkeit widmen, wird verstärkt und wächst.* Doch leider schenken wir unserem Herzzentrum nur sehr selten Aufmerksamkeit und erweitern und stärken das Gefühl der Liebe in unserem Inneren. Stattdessen suchen wir meistens in der Außenwelt nach Liebe, bei anderen Menschen, bei materiellen Dingen und Geld. In dieser Meditationsübung werden wir uns unserem inneren Liebeszentrum zuwenden, und als Resultat werden Sie, wenn Sie die Übung regelmäßig praktizieren, mehr Liebe in sich spüren.

Schritt 1: Setzen Sie sich bequem hin und schließen Sie die Augen.

Schritt 2: Atmen Sie dreimal tief durch. Spüren Sie dabei, wie sich Ihre Brust hebt und senkt.

Schritt 3:	Kehren Sie zu Ihrer normalen Atmung zurück und richten Sie Ihre Aufmerksamkeit auf Ihre Brusthöhle. Stellen Sie sich vor, dass in Ihrer Brust ein weiter Raum ist, groß und leer.
Schritt 4:	Stellen Sie sich nun vor, dass sich in der Mitte Ihrer Brust eine goldene Kugel von der Größe einer Grapefruit oder eines Softballs befindet. Spüren Sie das Licht, die Wärme und Liebe, die von dieser Kugel in Ihrer Brust ausstrahlen. Richten Sie Ihre Aufmerksamkeit für ein paar Minuten auf diese Lichtkugel, spüren Sie, wie sie leuchtet und Ihre Brust mit Liebe und Wärme erfüllt.

Transzendierende Meditation

Transzendierende Meditation ist eine tiefe Meditation, bei der Sie in einen Bereich jenseits Ihrer Gedanken gelangen. In diesem inneren Raum werden Sie die Stille, Ruhe und Präsenz erleben, die sich einstellen, wenn keine Gedanken da sind.

Bei dieser Meditationstechnik verwenden wir Mantras. Dieses Sanskritwort bedeutet »Bewusstseinsfahrzeug«. Ein Mantra »verzaubert« sozusagen den Geist und führt ihn in eine tiefere Bewusstheit. Stellen Sie sich den Geist wie einen Ozean vor. An der Oberfläche gibt es viele Wellen, doch Sie können in die Tiefe tauchen, wo weniger Aktivität herrscht. So ist es auch mit unserem Geist. An der Oberfläche gibt es Gedanken.

Wenn Sie aber tiefer eintauchen, gelangen Sie in Bereiche, wo die gedankliche Aktivität geringer ist. Normalerweise sucht Ihr Bewusstsein diese Bereiche nicht auf, weil es das Denken an der Oberfläche sehr verlockend findet. Hier kommen nun die Mantras ins Spiel. Ihre Wirkung besteht darin, die Aufmerksamkeit Ihres Geistes zu fesseln und ihn in tiefere Zustände zu locken.

Das ist eine sehr wirkungsvolle Meditation, denn wenn der Geist in diese tiefen Zustände gelangt, kann der Körper sich ausruhen und von Stress und Anspannung befreien. Für diese Meditationsform empfehle ich Ihnen, dass Sie sich einen qualifizierten Lehrer in Ihrer Nähe suchen, der Sie bei diesem Prozess anleitet und begleitet. Sie werden Lehrer für transzendierende Meditation in Ihrer Region finden, wenn Sie unter den Schlagwörtern transzendentale Meditation, vedische Meditation, Urklangmeditation oder »Yoga Zentrum Art of Living« suchen.

Diese Meditationstechniken können für Sie der Beginn Ihrer Reise durch das Portal in die Stille sein. Und in der Stille sind wir in der Lage, hinter unsere Geschichten, unsere Vergangenheit, unsere Zukunft zu reisen und die Essenz unseres Seins zu finden ... das, was wir in unserer einfachsten Form sind. Wie Rabbi Ronnie Cahana sagt: »Stille ist ein wunderbarer Zustand, und sie berührt eine Wahrheit.« Wenn Sie mehr über Meditation und Transformation erfahren wollen, besuchen Sie uns im Internet unter www.entertheportal.com.

»Es ist ein großartiges Ziel,

uns selbst von Zweifeln zu befreien.

Zweifel verkrüppeln uns. Scheucht sie davon,

weist ihnen die Tür! Zweifelt nicht.

Wenn wir nicht zweifeln, können wir sein,

woran wir glauben, und wir können selbst

wählen, woran wir glauben wollen.

Das ist Freiheit.«

RABBI RONNIE CAHANA

●

Empfehlenswerte Bücher, Filme, Podcasts und Links

Wenn Sie mehr über Meditation, Stille und die anderen in diesem Buch diskutierten Ideen erfahren möchten, empfehlen wir Ihnen die nachfolgenden Quellen. Eine ständig aktualisierte Version dieser Liste finden Sie auf www.entertheportal.com.

Bücher

Diamandis, Peter/Kotler, Steven: *Überfluss: Die Zukunft ist besser, als Sie denken*, Plassen Verlag: Kulmbach 2012

Bhagavad Gita, 1.–6. Kapitel, übersetzt von Maharishi Mahesh Yogi, J. Kamphausen Verlag: Bielefeld, 3. Auflage 2017

Quach, Due: *Calm Clarity: How to Use Science to Rewire Your Brain for Greater Wisdom, Fulfillment, and Joy*, TarcherPerigee: USA 2018 (nicht auf Deutsch erschienen)

Rodegast, Pat/Stanton, Judith: *Emanuels Buch. In Harmonie mit dem Kosmos leben*, Droemer Knaur: München 1997

Doty, James R.: *Der Neurochirurg, der sein Herz vergessen hatte*, Scorpio Verlag: München 2017

Almaas, A. H.: *The Point of Existence: Transformation of Narcissicm in Self-Realization*, Shambhala: USA 2017 (nicht auf Deutsch erschienen)

Tolle, Eckhart: *Jetzt! Die Kraft der Gegenwart*, Kamphausen Media GmbH: Bielefeld, 11. Auflage 2018

Rasha: *Oneness*, Earthstar Press: Indien, 2. Auflage 2008 (nicht auf Deutsch erschienen)

Harari, Yuval Noah: *Eine kurze Geschichte der Menschheit*, Pantheon: München 2015

Maharishi Mahesh Yogi: *Die Wissenschaft vom Sein und die Kunst des Lebens*, J. Kamphausen Verlag: Bielefeld, 7. Auflage 2017

Kotler, Steven/Wheal, Jamie: *Stealing Fire: Spitzenleistungen aus dem Labor: Das Geheimnis von Silicon Valley, Navy Seals und vielen mehr*, Plassen Verlag: Kulmbach 2018

Frankel, Estelle: *The Wisdom of Not Knowing: Discovering a Life of Wonder by Embracing Uncertainty*, Shambhala: USA 2017 (nicht auf Deutsch erschienen)

Swami Venkatesananda: *Yoga Vasishtha, Band 1 und 2*, Yoga Vidya 2013

Filme

Baraka: 1992 · Kriegsfilm/Dokumentarfilm
I Heart Huckabees: 2004 · Independent-Film/Drama
Knight of Cups: 2015 · Drama/Liebesfilm
Matrix: 1999 · Fantasy/Science-Fiction
Samsara: 2011 · Musik/Dokumentarfilm
Tree of Life: 2011 · Drama/Fantasy
What the Bleep do we (k)now!? – Ich weiß, dass ich nichts weiß!: 2004 · Drama/
Fantasy

Podcasts

Collective Insights, moderiert von Daniel Schmachtenberger
(neurohacker.com/collective_insights_podcast)
Future Thinkers, moderiert von Euvie Ivanova und Mike Gilliland
(futurethinkers.org/)
The Tim Ferriss Show, moderiert von Tim Ferriss (tim.blog/podcast/)
Waking Up, moderiert von Sam Harris (samharris.org/podcast/)

Kurse

www.entertheportal.com

Webseiten

The Portal · www.entertheportal.com
Tom Cronin · www.tomcronin.com · www.stillnessproject.com
Jacqui Fifer · www.jacquififer.com
Kitra Cahana · https://kitracahana.com/home/
Ronnie Cahana · https://rabbicahana.wordpress.com
James R. Doty · www.ccare.stanford.edu ·
www.Jamesrdotymd.com · www.Intothemagicshop.com
Heather Hennessy · https://heatherhennessy.com/
Julia Mossbridge · https://mossbridgeinstitute.com/
Due Quach · https://www.calmclarity.org/
Amandine Roche · http://amandineroche.com/
Daniel Schmachtenberger · https://civilizationemerging.com/
Mikey Siegel · http://Cohack.life · http://mikeysiegel.com/

Über die Mitwirkenden

Ronnie Cahana, Rabbi (Montreal, Kanada)

»Ich sitze in der ersten Reihe und schaue mir diese
persönliche Wiederbelebung an. Und es geht mir glänzend damit.
Es ist eine wunderbare Zeit.«

Rabbi Ronnie Cahana leitet seit 2001 die Beth-El-Gemeinde in Montreal. Er wurde in Boras, Schweden, geboren. Seine Eltern, der in siebter Generation chassidische Jude Rabbi Moshe Cahana, und die ungarische Holocaust-Überlebende und Künstlerin Alice Lok Cahana, betreuten dort nach dem Zweiten Weltkrieg Überlebende der Shoa spirituell. Als Ronnie noch ein Kind war, übersiedelte die Familie nach Houston, Texas, wo seine Eltern sich in der Bürgerrechtsbewegung engagierten.

Rabbi Cahana studierte an der University of Texas in Austin. Dort legte er ein Prädikatsexamen in Philosophie und Englisch ab. Anschließend studierte er in Israel jüdische Theologie und empfing seine *Semicha* von der 1956 gegründeten unabhängigen Rabbinerschule Academy for Jewish Religion in New York. Er ist Mitglied des Rabbinical Assembly, der Vereinigung der konservativen Rabbiner.

Sein Beruf führte Rabbi Cahana und seine Familie zu jüdischen Gemeinden in den Vereinigten Staaten, Lateinamerika, Schweden und Kanada. Er ist ein engagierter Bürgerrechtler. Man schickte ihn unter anderem in die damalige Sowjetunion, um die Refuseniks zu unterstützen und zu ermutigen: jene Juden, die darauf warteten, dass ihnen vom kommunistischen Staat die Auswanderung nach Israel bewilligt wurde. Auch setzte Rabbi Cahana sich für ökumenische Bestrebungen ein und engagierte sich im Dialog mit Vertretern der christlichen Kirchen und des Islam. In Schweden gehörte er zu den Mitbegründern des nordischen Zentrums für interreligiösen Dialog. Während des Bosnienkrieges reiste er mit einem

Priester und einem Imam nach Sarajewo, wo sie gemeinsame Gottesdienste in Kirchen, Moscheen und der großen Synagoge von Sarajewo feierten. Für ihr Engagement wurde allen drei Geistlichen in Schweden ein Friedenspreis verliehen.

In Montreal leitete Rabbi Cahana den dortigen Rat der Rabbiner und moderierte eine wöchentliche Sendung auf Radio Shalom Montreal. Er hat sich für die gesellschaftlichen Rechte der Agunot eingesetzt, der jüdischen Frauen, denen der Get, der Scheidebrief, verweigert wird, was sie in eine sehr schwierige soziale Lage bringt. Er wirkte aktiv am Zustandekommen des diesbezüglichen bahnbrechenden Urteils des kanadischen Obersten Gerichtshofes mit.

Als spiritueller Mensch, Ehemann und Vater vergleicht Rabbi Ronnie Cahana die Stille mit einer erzwungenen Verlangsamung der Zeit, was uns in die Lage versetzt, die Gegenwart intensiver zu genießen. Er fühlt sich dabei, wie er sagt, ähnlich einem Chagall-Mann, der bei Nacht über den Dächern schwebt, und nutzt die Stunden der Stille und Meditation, um die Dimension zu erkunden, die jenseits des Physischen liegt. Die Stille ermöglicht es Ronnie, wirklich wertzuschätzen, wie die Liebe die materielle, berührbare Welt transzendieren kann. Seine Tochter Kitra ist Fotografin, und dank ihrer Kunst wurde Ronnies Geschichte zu einer offenen Einladung an alle Menschen, ihre Vorurteile bezüglich Liebe und Transzendenz zu hinterfragen. Ronnie ist leidenschaftlich neugierig und liebt Neuanfänge. »Alles ist ein Wunder, wenn du es willst«, lautet seine Botschaft.

Kitra Cahana, Fotografin und Foto- und Videokünstlerin (Montreal, Kanada)

»Es war eine besondere Zeit, und vielleicht gelangte ich dabei
in die langsame Zeit ... die Zeit der Stille.«

Kitra Cahana ist eine angesehene Fotografin, Filmemacherin und TED-Rednerin. Ihre Fotografien erschienen unter anderem im *National Geographic Magazine*. Sie dokumentiert auf erstaunliche, beeindruckende Weise die Bewegung und den Reichtum der menschlichen Erfahrung. Kitra besitzt einen Bachelorabschluss der McGill University und einen Master in visueller Anthropologie und Medienethnologie der Freien Universität Berlin.

In den Jahren seit dem Schlaganfall ihres Vaters hat Kitra, sein ältestes Kind, die Fotografie als Medium genutzt, um ihre gemeinsame Zeit in einem Projekt zu dokumentieren, das sie *Still Man* nennt. Sie sagt dazu: »Meine Frage war: Lässt sich durch die Fotografie veranschaulichen, wie kraftvoll ein Mensch durch sein Verhalten die Heilung eines anderen Menschen entweder unterstützen oder beeinträchtigen kann? Ich ließ mich auf den Prozess ein, eine Geschichte in Bildern zu erzählen.« Das Ergebnis ist eine fortlaufende Serie wunderschöner, faszinierender Bilder, in denen die Langsamkeit der Zeit, die Lebendigkeit von Ronnies innerer Welt und die Leichtigkeit seines Seins miteinander verschmelzen.

Kitra erhielt für ihre Arbeiten zahlreiche Stipendien und Auszeichnungen, unter anderem zwei Stipendien des Canada Council für visuelle Kunst, ein TED Senior Fellowship im Jahr 2016 und 2015 ein Stipendium des Pulitzer Center for Investigative Reporting. 2014 bis 2015 war sie Resident Artist des Prim Centre, 2013 erhielt sie den Infinity Award des International Center of Photography, 2010 belegte sie den ersten Platz beim Fotowettbewerb World Press Photo. Sie war Stipendiatin bei FABRICA in Italien und absolvierte das Thomas Morgan Internship bei der *New York Times*. Mehr über Kitras Arbeit erfahren Sie auf kitracahana.com/home/.

James R. Doty, Neurochirurg, Neurowissenschaftler und Gründer/Direktor von CCARE (Kalifornien)

»Unser Grundmodus als menschliche Wesen – wenn Sie die Ablenkungen der modernen Gesellschaft weglassen – ist es, füreinander zu sorgen, und wenn wir dies auf authentische Weise tun, funktioniert und entfaltet sich alles auf bestmögliche Art. Das ist der ganz außerordentliche Entwicklungsweg unserer Spezies, unsere Natur.«

James Doty, Professor für Neurochirurgie an der Stanford University, ist Unternehmer, Erfinder und Philanthrop. Er war an bahnbrechenden Entwicklungen auf dem Gebiet der Medizintechnik beteiligt, unter anderem einer nicht invasiven Form der Krebstherapie, bei der ein neuartiges Bestrahlungsgerät zum Einsatz kommt. Von zentraler Bedeutung für seine Arbeit sind seine Forschungen, die belegen, dass ein von Mitgefühl geprägter Lebensstil sich überaus positiv auf die geistige und körperliche

Gesundheit auswirkt und die Lebensqualität der Menschen in unserem Umfeld verbessert.

Sein 2017 in deutscher Übersetzung erschienenes Buch *Der Neurochirurg, der sein Herz vergessen hatte* stand auf der Bestsellerliste der *New York Times* und ist inzwischen in sechsunddreißig Sprachen verfügbar. Er war außerdem leitender Herausgeber von *The Oxford Handbook of Compassion Science* (Oxford University Press, 2017). Mehr über James Doty erfahren Sie auf www.Ccare.stanford.edu, www.Jamesrdotymd.com, www.Intothemagicshop.com.

Heather Hennessy, ehemalige Leichtathletin und Moderatorin bei Fox Sports (Kalifornien)

»Was könnte es Schöneres geben, als Kinder Achtsamkeit zu lehren und ihnen dabei zu helfen, ihren eigenen spirituellen Pfad finden?«

Heather Hennessy musste sich in ihrem Leben mehrfach neu erfinden. Die Meditation spielte für sie eine Schlüsselrolle, weil sie ihr dabei half, Verbindung zu ihrem tiefen, intuitiven Selbst aufzunehmen, sie war ihr Weg von erzwungener Ruhe zu bewusst angestrebter Stille. So entdeckte sie eine Möglichkeit zur Stärkung ihrer inneren Stimme und befreite sich von ihren Ängsten und dem Drang, es anderen Menschen immer rechtmachen zu wollen, der sie in ihrer Jugend dazu getrieben hatte, ganz auf körperliche Stärke zu setzen und darüber ihre innere Stärke zu vernachlässigen. Die Wunden ihrer Kindheit zu heilen und ihrem Vater zu vergeben hat es Heather und ihm ermöglicht, von Generation zu Generation weitergegebene Muster der Gewalt zu durchbrechen und ihre Vater-Tochter-Beziehung von jahrelang aufgestauter Wut und Verbitterung zu befreien. So erleben Vater und Tochter heute viel mehr Freude, und Heather ebnete es den Weg zu einer neuen beruflichen Aufgabe. Sie hilft jetzt anderen Menschen dabei, Lebenskrisen zu bewältigen und ihre Gaben zu entfalten.

Heute möchte Heather Frauen und Kinder dazu inspirieren, zur eigenen inneren Kraft zu finden, indem sie lernen, auf ihre Intuition zu hören und authentisch ihr wahres Selbst zu leben. Heather arbeitet an einer Buchserie und Fernsehfilmen für Kinder, die ihnen helfen, schon früh Achtsamkeit zu entwickeln. Sie wirkt außerdem an einer Interviewreihe zum Thema Heilung mit, bei der sie zehn Menschen vorstellt, die Heather inspiriert oder ihr auf ihrer Reise geholfen haben. Mehr über Heather und ihre Videos, Serien, Bücher und Blogs finden Sie auf heatherhennessy.com/.

Julia Mossbridge, Neurowissenschaftlerin, Futurologin und Leiterin des Forschungsprojektes Loving AI (Kalifornien)

»Eine Technologie, die es Menschen ermöglicht, bedingungslose Liebe zu erleben, könnte eine Generation von Kindern hervorbringen, die diese Form der Liebe kennen. Und dann würde vermutlich schon eine einzige Generation reichen, um die Welt zu transformieren.«

Die Zukunftsforscherin und Neurowissenschaftlerin Julia Mossbridge beschäftigt sich lernend und lehrend mit der Liebe und der Zeit. Sie ist Gründerin und Leiterin des Mossbridge Institute und Gastprofessorin am Psychology Department der Northwestern University sowie Stipendiatin am Institute of the Noetic Sciences, wissenschaftliche Direktorin bei Focus@Will Labs und Dozentin für integrale und transpersonale Psychologie am California Institute of Integral Studies.

Mossbridge leitet das Forschungsprojekt Loving AI (»Liebevolle künstliche Intelligenz«), bei dem sie in Zusammenarbeit mit führenden Entwicklern aus der Robotik-Industrie und wissenschaftlichen Kollegen an der Evolution einer positiven, hilfreichen künstlichen Intelligenz arbeitet. Außerdem erforscht sie, inwieweit sich durch Hypnose ein Bewusstseinszustand bedingungsloser Liebe erzeugen lässt und wie bedingungslose Liebe zum festen Element im Alltag von Managern, Ingenieuren und Technikern werden kann.

Julia Mossbridge verfasste zusammen mit Theresa Cheung das Buch *Der Zukunftscode: Wie die Neurowissenschaft Vorhersagen erklären kann* (Trinity Verlag, 2019). Bisher nicht in deutscher Sprache erschienen sind ihre Bücher *The Calling: A 12-Week Science-Based Program to Discover, Energize and Engage Your Soul's Work* (New Harbinger, 2019; thecallingprogram.com) und *The Garden: An Inside Experiment.* Außerdem schrieb sie mit Imants Baruss *Transcendent Mind: Re-thinking the Science of Consciousness* (APA Books, 2017).

Mehr über Julias Arbeit erfahren Sie auf der Webseite www.mossbridgeinstitute.com/.

Due Quach, soziale Unternehmerin und Gründerin von Calm Clarity (Philadelphia, USA)

»Wenn sich Ihnen die Chance eröffnet, die Welt zu einem besseren Ort
zu machen, werden Sie sich nicht gleichgültig abwenden. Sie werden sagen:
›Ja, ich bin bereit. Ich werde tun, was in meiner Macht steht.‹«

Due Quach (ausgesprochen wird ihr Name *Zwäi Kwok*) ist Flüchtling aus Vietnam und wuchs in der Innenstadt von Philadelphia auf. Angesichts ihrer Herkunft ist ihr Werdegang äußerst bemerkenswert: Sie studierte erfolgreich am Harvard College und der Wharton School of Business und erarbeitete sich eine internationale Karriere im Bereich Management Consulting und Private Equity Investment. Da sie trotz dieser beruflichen Erfolge ihr Leben als unbefriedigend empfand, begab sie sich auf eine persönliche Suche, um ihr Trauma zu heilen und herauszufinden, was »wahres Glück« bedeutet. Dabei integrierte sie Erkenntnisse aus der westlichen Neurowissenschaft und Einsichten aus den spirituellen Traditionen Asiens.

Due entwickelte *Calm Clarity* als neurowissenschaftlich fundiertes Konzept für achtsames Management und Mitarbeiterführung. Dabei werden Methoden des Mind Hacking genutzt, um einengende Denk- und Verhaltensmuster zu durchbrechen und die Welt positiv zu verändern. Das von Due angebotene Calm Clarity Training hilft Menschen, die unter toxischem Stress, traumatischen Belastungsstörungen und Armut leiden. Sie leitet das Collective Success Network, eine von ihr gegründete Non-Profit-Organisation, die in Zusammenarbeit mit Sponsoren aus der Wirtschaft Hilfe und Begleitung für Studenten aus einkommensschwachen Familien anbietet.

Due ist Autorin des Buches *Calm Clarity: How to Use Science to Rewire Your Brain for Greater Wisdom, Fulfillment and Joy* (Penguin Random House, 2018). Mehr über Calm Clarity erfahren Sie auf www.calmclarity.org und über das Collective Success Network auf www.collectivesuccess.org.

Amandine Roche, Menschenrechtsexpertin und Gründerin der Amanuddin Foundation (Paris, Frankreich)

»Ich habe mich fünfzehn Jahre lang für Frieden, Demokratisierung und Menschenrechte eingesetzt und dabei gelernt, dass Frieden keine Kopfsache, sondern Herzenssache ist.«

Fünfzehn Jahre lang widmete die Menschenrechtsexpertin Amandine Roche ihr Leben der Aufgabe, durch Demokratisierung, die Verwirklichung von Frauenrechten und politische Bildung den Weltfrieden zu fördern. Während ihrer Tätigkeit für die Vereinten Nationen arbeitete sie in Krisengebieten, wo Entführungen und Morde bedrohlicher Teil des Alltags waren.

Mithilfe von Meditation und Yoga gelang es Amandine, die schrecklichen Ereignisse zu bewältigen, deren Zeugin sie geworden war, und ihre innere Ausgeglichenheit wiederzufinden. Heute leitet sie Meditations- und Yogakurse für humanitäre Helfer und Geflüchtete. So hilft sie ihnen, jenen inneren Frieden zu finden, der Grundlage einer erfolgreichen Arbeit für den Weltfrieden ist.

Im Jahr 2011 gründete Amandine in Kabul die Amanuddin Foundation. Später rief sie das Inner Peace Corps ins Leben, das Trainingsprogramme für die Beteiligten an internationalen Friedensmissionen anbietet. Sie hat mehrere Bücher in französischer Sprache verfasst, unter anderem *Le Vol des Colombes* (Robert Laffont, 2005), ein Tagebuch über ihre Erlebnisse in Afghanistan. Mehr über Amandine erfahren Sie auf amandineroche.com/.

Daniel Schmachtenberger, Evolutionsphilosoph und globaler Systemstratege (Kalifornien)

»Wir leben am wichtigsten, bedeutsamsten Wendepunkt der Geschichte.«

Als innovativer Denker und Vorkämpfer für gesellschaftlichen Wandel widmet sich Daniel Schmachtenberger dem Zivilisationsdesign. Er entwickelt Wirtschafts- und Regierungsmodelle, die lebensförderliche Verhaltensweisen belohnen, Problemlösung dezentralisieren und die Einbeziehung der Menschen vor Ort ermöglichen. Daniel, der von seinen

Eltern zu Hause unterrichtet wurde, kam schon früh in Kontakt mit der Design-Wissenschaft (Buckminster Fuller, Jacques Fresco, Permakultur usw.), der Systemwissenschaft (Fritjof Capra, Stuart Kauffman und andere), Philosophie und Psychologie (östliche und westliche Traditionen). Auch beschäftigte er sich intensiv mit politischem Aktivismus (Tierrechte, Umweltfragen, soziale Gerechtigkeit usw.). Seine Leidenschaft war es immer, diese Themen miteinander zu verknüpfen – um so den Übergang in eine reife, erwachsene Zivilisation zu realisieren, die in der Lage ist, andernfalls drohende Katastrophen zu verhüten, den bereits angerichteten Schaden zu reduzieren, eine erheblich bessere und zugleich nachhaltige Lebensweise für alle zu ermöglichen und eine optimale Verwirklichung unseres individuellen und kollektiven Potenzials zu erreichen.

Er ist Mitgründer und Direktor der Abteilung für Forschung und Entwicklung des Neurohacker Collective, wo er an Lösungen für die Zukunft der Gesundheitswissenschaften und an der Weiterentwicklung der menschlichen Fähigkeiten arbeitet. Für das Neurohacker Collective moderiert er einen Podcast zu diesen Themen. Außerdem ist er auf der Webseite civilizationemerging.com aktiv.

Mikey Siegel, Ingenieur für Robotik und Entwickler transformativer Technologien (San Francisco, USA)

»Es geht hier um das größte Potenzial der menschlichen Spezies, denn wir können uns in einer Weise weiterentwickeln, die unsere kühnsten Träume übersteigt.«

Kann die Technologie uns dabei helfen, Frieden und Wohlbefinden zu verwirklichen? Können die technischen Geräte, von denen wir umgeben sind, mehr leisten, als uns mit Informationen zu versorgen und unser Verhalten zu beeinflussen? Was wäre, wenn unsere Geräte uns dazu anleiten würden, besser in Kontakt mit uns selbst und unseren Mitmenschen zu kommen? Ein Leben im Flow ... daran arbeitet Mikey Siegel.

Mikey begann seine Reise als Ingenieur auf dem Gebiet der Interaktion zwischen Menschen und Robotern am MIT (Massachusetts Institute of Technology) Media Lab. Seitdem ist er als Pionier auf diesem Gebiet tätig – an der Schnittstelle zwischen Technologie und menschlichem Wohlbefinden. Sein Ziel ist es, aus der Perspektive des Ingenieurs das menschliche Glück besser zu verstehen und zu fördern.

Mikey, Dozent an der Stanford University, ist überzeugt, dass wir die Welt von innen nach außen verändern können. Er erforscht, wie unsere Technik uns helfen kann, ein achtsameres und friedlicheres Leben zu führen. Mikey ist Begründer der Bewusstseins-Hacking-Bewegung und Mitinitiator der Transformative Technology Conference. Weitere Informationen zu seiner Arbeit finden Sie auf cohack.life und mikeysiegel.com.

Ron »Booda« Taylor, ehemaliger Sergeant der US-Armee (Georgia, USA)

»Das Leben konfrontiert uns ständig mit Herausforderungen. Wir stoßen immer auf Widerstände. Wir können uns ihnen stellen, oder wir tun nichts und machen uns zum Opfer der Umstände. Ich persönlich gehöre nicht zu den ›Nichtstuern‹.«

Nach einer fünfundzwanzigjährigen Laufbahn bei den amerikanischen Streitkräften wurde Ron »Booda« Taylor wegen einer im Dienst erlittenen Gehirnverletzung und einer Posttraumatischen Belastungsstörung (PTBS) in den vorgezogenen Ruhestand versetzt. Indem Booda Meditation und die Erfahrung der inneren Stille zum festen Bestandteil seines Alltags machte, gelang es ihm, seine PTBS-Symptome in den Griff zu bekommen, was nach seiner langen Zeit als Soldat für ihn eine große Hilfe bei der Rückkehr in die Zivilgesellschaft darstellte.

Booda hatte anfangs in Erwägung gezogen, nach dem Ende der militärischen Laufbahn seine große Leidenschaft für das Kochen zum Beruf zu machen, doch dann entschied er sich, das INSPIRE-Projekt zu gründen, um anderen zu helfen und sie zu inspirieren. Aus dem Wunsch heraus, etwas für Menschen zu tun, die aus einem ähnlichen sozialen Umfeld stammen wie er, nahm er landesweit Kontakt zu Schulen auf, um dort Vorträge für die Schüler zu halten. Sein erstes Engagement führte ihn zum Reserveoffizier-Trainingsprogramm (ROTC) an einer Junior Highschool. Dort berichtete er den Schülern, wie sein Eintritt in die Armee ihm geholfen hatte, aus dem, wie er von sich sagt, jugendlichen »Schwachkopf«, der er damals war, einen reifen Erwachsenen zu machen und zu erkennen, dass er kein hoffnungsloser Fall, keine »verlorene Seele« war. Er erzählte, wie es ihm gelungen war, in der Armee etwas aus sich zu machen. Die ROTC-Ausbilderin war so beeindruckt, dass sie bat, auch zu den Abschlussklassen zu sprechen. Und schon bald herrschte rege Nachfrage nach seinen Vorträgen.

Boodas Qualitäten als Motivator für Kinder und Jugendliche kommen aus seiner Fähigkeit, sie zu akzeptieren, wie sie sind, und auf dieser Basis einen Kontakt zu ihnen aufzubauen. Er greift dabei auf seine eigenen Kindheitserfahrungen zurück und findet so eine direkte, authentische Ansprache, mit der er junge Leute ermutigt, auf ihre Umwelt anders zu reagieren und sich nicht davon abhalten zu lassen, die eigenen Träume zu verwirklichen. Seine Botschaft: Bestimmt selbst über eure Zukunft! Macht euch nicht zum Opfer der Umstände und lasst nicht zu, dass andere Leute über euch entscheiden.

Auf der Suche nach neuen Herausforderungen bildet sich Booda außerdem derzeit auf dem Gebiet der Cyber-Sicherheit beruflich weiter.

Dank

Der spirituelle Lehrer Ram Dass sagte einmal: »Wenn Sie sich für erleuchtet halten, empfehle ich Ihnen, eine Woche mit Ihrer Familie zu verbringen.« Als die Schöpfer von *The Portal* möchten wir es etwas anders ausdrücken: »Wenn Sie sich für erleuchtet halten, empfehlen wir Ihnen, einen Film zu drehen oder gemeinsam ein Buch zu schreiben.«

Die Fertigstellung dieses Projekts dauerte sechs Jahre. Es hielt mehr Probleme und Herausforderungen für uns bereit, als wir je gedacht hätten. Und es gelang nur dank der Hilfe vieler phänomenaler Menschen.

Zunächst begaben wir uns auf die Suche nach Erlebnisberichten über beeindruckende, inspirierende persönliche Transformationen, bei denen Meditation und die Entdeckung der Stille eine wesentliche Rolle spielten und das jedem Menschen innewohnende Veränderungspotenzial sichtbar wurde. Ein kleines, leidenschaftliches Team von Journalisten und Filmemachern führte eine mehrere Monate dauernde weltweite Recherche nach solchen bemerkenswerten Geschichten. Sarah Hudson, Georgia Darlow, Michelle Thomas, Ann Buchner, Adam Farrow-Palmer und Flavia Abdurahman lasen für uns wissenschaftliche Arbeiten und Zeitungsartikel, durchsuchten das Internet und die sozialen Medien und kontaktierten unzählige Lehrer, Schulen, Wissenschaftler, Meditationstrainer, Fachleute, Unternehmer – sogar Astronauten –, um die eindrucksvollsten Geschichten für dieses Buch zu finden. Ein besonderer Dank geht an die unvergleichlichen Georgia Darlow und Sarah Hudson, die unser Rechercheteam leiteten. Eure nie erlahmende Leidenschaft für unser Projekt, euer untrügliches Gespür für die perfekte Geschichte, euer Humor, eure Hartnäckigkeit und euer Einfallsreichtum bei unserer weltweiten Suche nach Transformativem und »Stillem« ermöglichten die beeindruckenden, zum Nachdenken anregenden Interviews in Film und Buch.

Paul Curie und Naomi Jensen, ihr wart die sanft führende Kraft, die dafür sorgte, dass wir auf Kurs blieben und uns nicht verzettelten. Mit euren kreativen Einsichten und eurer tiefen Leidenschaft für menschliche Schicksale habt ihr dieses Projekt entscheidend mitgeprägt.

Gary Woodward und Mat Graham, danke für eure Bereitschaft und Offenheit, mit uns neue Ideen zu erforschen. Ihr wart unsere Vertrauten und unser Resonanzkörper, und wir danken für euer unermüdliches Engagement, eure Unterstützung und Begeisterung. All das war von unschätzbarem Wert.

Richard Van Every und Heather Hollander: Von dem Moment, als wir uns auf dieser Party in San Diego begegneten, wussten wir, dass zwischen uns eine wunderbare Verbundenheit besteht. Ihr beide wart das tragende Fundament für dieses Projekt. Eure tiefe Leidenschaft für den Film spielte eine große Rolle dabei, dass *The Portal* in seiner jetzigen Form realisiert werden konnte. Danke für euren kreativen Rat, für eure Herzlichkeit und Aufgeschlossenheit.

Wir danken Ellenor Cox, dass du deinen Rückzug aus dem Filmgeschäft für diesen Film verschoben und uns mit deiner Erfahrung zur Seite gestanden hast, nicht nur mit deinem Wissen, was das Filmemachen angeht, sondern auch mit deiner tiefen Spiritualität. Du warst eine so wunderbare und verlässliche Mentorin, wie wir Neulinge auf dem Gebiet der Filmproduktion sie uns nicht besser wünschen konnten.

Dank gebührt Nick Broadhurst, der vor vielen Jahren diese Idee mit aus der Taufe hob. »Lasst uns einen Film machen, der Menschen in aller Welt dazu inspiriert, Meditation zu praktizieren.« Wir pflanzten ein Samenkorn, und es wuchs, blühte auf und wurde zu einer globalen Bewegung. Danke für deine Inspiration und dafür, dass du es warst, der den Stein ins Rollen brachte.

David Whealy und das Team bei DWA: Danke für die Myriaden Verträge, die ihr aufgesetzt habt, und euren klugen juristischen Rat. David, du warst uns ein zuverlässiger Führer durch die unglaublich komplexe Welt der Filmproduktion und -finanzierung.

Kelly Doust, Julie Mazur Tribe, Andrea O'Connor, Vivien Valk, Madeleine Kane, Lou Johnson, Lou Playfair, Carol Warwic und all die anderen exzellenten Mitarbeiter von Murdoch Books: Danke, dass ihr an uns geglaubt und uns mit Rat und Tat durch die Produktion dieses Buches begleitet habt. Wir sind so dankbar, dass ihr unsere Absicht teilt, diesen Planeten zu einem lebenswerteren Ort zu machen.

Josh Pomeranz, Adam Scott, Cat Armstrong und dem gesamten Team von Spectrum Films danken wir, dass ihr uns von Anfang an alle Unterstützung gegeben habt, die wir brauchten, damit all das geschehen konnte. Es hat einige Zeit gedauert, bis wir am Ziel waren, aber ihr wart immer da – geduldig und beharrlich. Danke!

Ein RIESIGES Dankeschön an unsere finanziellen Unterstützer Michael Taylor, Darren Perry, Will Britten, David Ioannidis, Colin und Tamara Gilbert, Solomon Steadman, Dmitriy Bataev, Shashi Vaswani, John McKenzie, Carol Look und Venture Crowd. Hättet ihr unser Projekt nicht unterstützt, wäre es nie Wirklichkeit geworden.

Hunderte Menschen unterschiedlicher Herkunft waren bereit, sich auf intensive Interviews einzulassen und ihre bewegenden und manchmal erschütternden Lebensgeschichten mit uns zu teilen. Alle diese bemerkenswerten Individuen trugen mit ihren persönlichen Erfahrungen, ihrem Engagement für andere, ihren Ideen und wertvollen Anregungen zu diesem Projekt bei. Ohne ihre Großzügigkeit und Aufrichtigkeit hätte dieses Buch nie entstehen können. Und Booda, Due, Heather, Jim, Amandine, Mikey, Julia, Daniel, Kitra und Ronnie – diesem leuchtenden Lichtstrahl – sind wir zutiefst dankbar, dass wir gemeinsam mit euch diesen Film und dieses Buch erschaffen durften, die nun eure Geschichten und eure Botschaft hinaus in die Welt tragen.

Zum Abschluss danken wir all den Weisen, Heiligen, Lichtarbeitern und Heilern, die diesem Projekt den Weg bereitet haben. Die Weisheit und Hingabe, mit der diese Menschen für die spirituelle Entwicklung der Erde wirkten und wirken, inspirierte uns dazu, nicht aufzugeben und unsere Arbeit fortzusetzen. Danke für euer ewiges Licht.

Von Tom

Tiefe Dankbarkeit empfinde ich gegenüber meiner Familie – Jen, Taj und Lauren –, die sich viele Jahre lang all die dramatischen Wendungen anhören musste, die dieses Projekt nahm. Ihr habt euren Vater und Ehemann unzählige Male entbehren müssen, weil er wieder einmal zu einem Drehort reiste, in Produktionsbesprechungen saß oder mit Voxer, Skype oder Telefonieren beschäftigt war. Ihr wart eine Quelle für Erdung, Feedback und Ermutigung und seid mit mir durch dick und dünn gegangen. Ihr seid meine Inspiration. Ich empfinde für euch grenzenlose Liebe und Dankbarkeit!

Mum und Dad, ich weiß, ihr habt oft gedacht, ich hätte den Verstand verloren, wenn ich euch von diesem Projekt erzählte, aber ihr wart da, auf euch war immer Verlass. Danke für eure unendliche Liebe und euren Rat.

Jacqui, ich danke dir für deine unerschütterliche Hingabe, Entschlossenheit und Vision. Du hast damit einen unermesslichen Beitrag zu diesem Projekt geleistet. Ohne dich hätte es nicht geschehen können – es geschah durch dich. Danke für dein leidenschaftliches Streben nach allerhöchster Qualität. Du hast mich dazu angetrieben, bei unserer Arbeit höher, weiter, tiefer zu gehen, als ich je für möglich gehalten hätte. Worte vermögen die Dankbarkeit nicht auszudrücken, die ich dir gegenüber empfinde.

Von Jacqui

Für Ramon, Kyla, Gary, Mat, Georgie, Naomi, Elle, Heather, Booda, Bruce, Radek, Vicente, Maria und viele andere geschätzte Freunde, die mich von der Seitenlinie anfeuerten: Euer kollektiver Geist erfüllt diese Seiten, und ohne euch hätte diese Zeit niemals so reich und sinnerfüllt sein können. Danke, dass ihr geduldig auf mich gewartet und mich mit offenen Armen und Herzen willkommen geheißen habt, dass ihr Wege fandet, mich zum Lachen zu bringen, wenn ich weinen wollte, dass ihr mich gedrängt habt, weiter und tiefer zu gehen, als ich je für möglich gehalten hätte, dass ihr durch eure ganz besondere Weisheit meine Perspektive ständig verändert und erweitert und euch unermüdlich meine unterschiedlichen Variationen der gleichen Themen wieder und wieder angehört habt – und für euer Verständnis, dass ich manchmal so viel zu sagen hatte, dass ich gar nichts sagen konnte.

Dank an meine Familie, deren Mitglieder mich alle auf ihre persönliche Weise unterstützten. Danke, dass ihr stets aufgeschlossen für meine unkonventionellen Wege seid und mir immer wieder die Schönheit der mystischen wie der praktischen Aspekte des Lebens vor Augen führt.

Meiner spanischen Familie danke ich für eure bedingungslose Liebe, die eine Tür zu meinem Herzen öffnete.

Francois, Dan, Pinky und der ganzen Crew danke ich dafür, dass ihr mit eurer Unterstützung, Hingabe, Lebendigkeit und eurem Humor stets eine Quelle der Inspiration wart. Mit euren künstlerischen Fähigkeiten und eurer Sanftmut habt ihr mitgeholfen, dass dieses Baby Gestalt annehmen konnte.

Und Tom danke ich, dass du an mich geglaubt hast, daran, dass ich die Richtige war, um dich auf deiner langen Reise zu begleiten und einen Traum lebendig werden zu lassen.

Anmerkungen

Einleitung

1. Noam Chomsky: »A perfect storm«, *Democracy Now*, »Noam chomsky in conversation with amy goodman on climate change, nukes, syria, wikileaks & more«, May 2017, https://www.democracynow.org/2017/5/29/noam_chomsky_in_conversation_with_amy.

1 | Die Programmierung beginnt

2. UNESCO Constitution from the United Nations (unterzeichnet am 16. November 1945), »Since wars begin in the minds of men, it's in the minds of men that the defences of peace must be constructed«, http://portal.unesco.org/en/ev.php-URL_ID=15244&URL_DO=DO_TO-PIC&URL_SECTION=201.html.

2 | Gefangen in einem System aus Gewinnern und Verlierern

3. Due Quach: »College is a time of self-discovery, but it is particularly hard to find who you are when you attend one of the most intensely competitive, hyper-critical and hypocritical universities on the planet«, *Poor and traumatized at Harvard*, 3. Januar 2016, https://medium.com/@duequach/poor-and-traumatized-at-harvard-e5938b702207.

4. The Philadelphia Urban ACE Study (2013), finanziert von der Robert Wood Johnson Foundation und durchgeführt von der Public Health Management Corporation (PHMC) für das Institute for Safe Families und die ACE Task Force, http://www.instituteforsafefamilies.org/philadelphia-urban-ace-study.

3 | Eine neue Phase steht bevor

5. Tim Ferriss: »Most people will choose unhappiness over uncertainty«, *The 4-Hour Work Week*, Crown Archetype (USA), 2010.

6. Charles Darwin: »It's not the strongest of the species that survives, but the most adaptable.« Dieses Zitat wird Darwin zugeschrieben,

wurde aber zuerst im Jahr 1963 von Leon C. Megginson, einem Öko-nomie-Professor der Louisiana State University bei einem Vortrag vor der Southwestern Social Science Association verwendet. Der Text seines Vortrags wurde im Journal der Association veröffent-licht. Megginson präsentierte hier seine ganz eigene Interpretation der zentralen Idee aus Darwins *On The Origin of Species (Der Ursprung der Arten durch natürliche Selektion)*. Megginson benutzte keine Anfüh-rungszeichen. Seitdem haben viele Autoren und Akademiker diese oder ähnliche Formulierungen verwendet, um Darwins Idee zu kommunizieren. Siehe auch Charles Darwin: »As many more indivi-duals of each species are born than can possibly survive; and as, con-sequently, there is a frequently recurring struggle for existence, it follows that any being, if it vary however slightly in any manner profitable to itself, under the complex and sometimes varying con-ditions of life, will have a better chance of surviving, and thus be naturally selected. From the strong principle of inheritance, any se-lected variety will tend to propagate its new and modified form«, *On the Origin of Species*.

7. Die Organisation für wirtschaftliche Zusammenarbeit und Entwick-lung (OECD), globale Statistiken: »Australia has one of the highest rates of obesity and one of the highest uses of antidepressants per capita.« https://www.oecd.org/australia/Health-at-a-Glance-2015-Key-Findings-AUSTRALIA.pdf. Skye Gould, Lauren F. Friedman: »Antide-pressant use is rising sharply around the world«, *Business Insider*, 4 Feb 2016, https://www.businessinsider.com/countries-largest-antidepres-sant-drug-users-2016-2?IR=T.

8. Vernon Barnes: »Impact of Transcendental Meditation on Psychotro-pic Medication Use Among Active Duty Military Service Members With Anxiety and PTSD«, *Military Medicine*, Jan 2016, http:// www.aca demia.edu/36219957/; https://www.academia.edu/people/search?ut f8=%E2%9C%93&q=trans cendental+meditation+psychotropic+medica-tion. Christopher Bergland: »Meditation Reduces Post-Traumatic Stress Disorder Symptoms«, *Psychology Today*, 13 Jan 2016, https://www.psycho-logytoday.com/au/blog/the-athletes-way/201601/meditation-reduces-post-traumatic-stress-disorder- symptoms.

9. Isaac Asimov: *I, Robot* und die Romanreihen *Robot* und *Foundation*, http://www.asimovonline.com/asimov_home_page.html; https://www.britannica.com/biography/Isaac-Asimov.

10. Oscar G. Anderson: American Association of Retired Persons (AARP) estimates that we're somewhere between two and three times lonelier now than we were 50 years ago. »Loneliness Among Older Adults: A National Survey of Adults 45+«, *AARP Research*, Sep 2010, https://www.aarp.org/research/topics/life/info-2014/ loneliness_2010.html; https://www.aarp.org/content/dam/aarp/research/surveys_statistics/life-leisure/2018/loneliness-social-connections-2018.doi.10.26419-2Fres. 00246.001.pdf; https://www.aarp.org/content/dam/aarp/research/surveys_statistics/general/2012/loneliness-2010.doi.10.26419%252Fres. 00064.001.pdf.

11. The Harvard Study of Adult Development, https://www.adultdevelopmentstudy.org/.

4 | Das Portal der Stille

12. *Kaufen für die Müllhalde* (Engl. Titel: *The Lightbulb Conspiracy*). Dokumentarfilm, 2010. Regie Cosima Dannoritzer und Steve Michelson. *Overdose: The Next Financial Crisis*. 2010. Regie: Martin Borgs.

13. Ray Dalio: Twitter-Post: »meditation has probably been the single most important reason for whatever success I've had«, https://twitter.com/raydalio/status/963797553098711041?lang =en.

14. Statistiken aus: https://www.statista.com/statistics/274774/forecatof-mobile-phone-users-worldwide/; http://www.pewinternet.org/fact-sheet/mobile/; https://venturebeat.com/2017/06/13/5-billion-people-now-have-a-mobile-phone-connection-according-to-gsma-data/.

15. Richard Rohr: »Pain that is not transformed is transmitted«, *On the Threshold of Transformation: Daily Meditations for Men*, Loyola Press, September 2010.

16. 1957 hielt UN-Generalsekretär General Dag Hammarskjöld anlässlich der Eröffnung des Meditationsraumes im UNO-Hauptquartier folgende Rede: http://www.un.org/depts/dhl/ dag/meditationroom.htm.

Eine Einführung in die Meditation

17. Auf *The Chopra Centre* finden Sie noch mehr tägliche Inspirationen: https://chopra.com/ daily-inspiration.

18. Amy Ellis Nutt: »Why kids and teens face far more anxiety these days«, *The Washington Post*, zitiert von Marco Grados, 15. Mai 2018.

19. Ajahn Amaro: *The Best of Inquiring Minds: 25 Years of Dharma, Drama and Uncommon Insight*. Wisdom Publications, September 2008.

Über die Autoren

Tom Cronin

Tom Cronin zählte sechsundzwanzig Jahre lang zu den führenden Börsenmaklern in Sydney. Schon früh während seiner Karriere entdeckte er die Meditation für sich, als er durch Stress und Ängste in eine seelische Krise geriet. Diese Entdeckung verwandelte sein Leben, privat und beruflich. Tom studierte in Indien, Bali und Australien Meditation und östliche Philosophie und ließ sich schließlich zum Meditationslehrer ausbilden.

Tom widmet sich leidenschaftlich der Aufgabe, im Alltag der Menschen Stress und Chaos zu reduzieren. Weil er erkannte, welches Potenzial diese uralte Methode für die persönliche Heilung und die Entwicklung der Menschheit hat, gründete er The Stillness Project, eine globale Bewegung, die eine Milliarde Menschen dazu inspirieren soll, täglich für eine Weile sitzend zu meditieren und so die innere Stille zu erfahren. Toms Arbeit als Lehrer für transformatives Management und Kultivierung des inneren Friedens durch Meditation führt ihn in alle Welt. Er leitet Retreats, berät, hält Vorträge, unterrichtet und hat die Film-Buch-Erfahrung *The Portal* erschaffen – für ihn alles Teil seines Engagements für den gegenwärtigen planetaren Wandel.

Tom hat sechs Bücher für Erwachsene geschrieben: *Insights; The Path to Peace: A Guide to Living with Ease in a Rapidly Changing World; Spirit & Soul: Exploring the Seven States of Consciousness; Faster Deeper Sleep: The Ultimate Guide to a Daily Recharge;* und *Faster Deeper Calm: How to Live Without Anxiety and Panic.* Zudem hat er hat ein Kinderbuch veröffentlicht: *Missy Moo Meditates.* Besuchen Sie ihn auf www.tomcronin.com und www. stillnessproject.com.

Jacqui Fifer

Jacqui Fifer ist leidenschaftliche Filmemacherin, für die authentisches Erzählen im Mittelpunkt steht. Sie liebt große Visionen. (Wenn sie an etwas glaubt, ist sie schwer zu stoppen.) Jacqui hat bei mehreren Spielfilmen die Filmteams von der Entwicklung bis zur Postproduktion geführt. Sie produzierte den vielfach preisgekrönten Film *Concealed* (2017) und wirkte maßgeblich an der Produktion der Filme *Better Watch Out* (2016), *The Osiris Child* (2016) und *Infini* (2015) mit. Während ihrer Zeit in Spanien gehörte sie zu den Organisatoren der Filmfestivals Dones en Art (Frauen im Film) 2012 und 2013.

Für Jacqui, die auf Ibiza DJ war, gilt: Leben ist Arbeit ist Freude ist Leben – es gibt da keine Trennung. In alles, was sie tut, bringt sie eine Philosophie der Offenheit und Verbundenheit ein. So entsteht eine einzigartige, die Seele bewegende Verbindung aus Klängen, Worten, Bildern und Herz. Als Vorkämpferin für die Entwicklung des menschlichen Potenzials liebt sie die Herausforderung, sich Themen anzunehmen, die ihr am Herzen liegen. *The Portal* ist ihr erster Dokumentarfilm. Mehr über Jacqui und ihre Arbeit erfahren Sie auf www.jacquififer.com.

ERLEBEN SIE DIE
PROTAGONISTEN
DIESES BUCHES UND
GEHEN SIE MIT IHNEN
GEMEINSAM DURCH
DAS PORTAL DER STILLE.